国 家 清 史 编 纂 委 员 会
文化和旅游部清史纂修与研究中心 编

清史镜鉴

部级领导干部清史读本

第十二辑

国家圖書館出版社
National Library of China Publishing House

图书在版编目（CIP）数据

清史镜鉴：部级领导干部清史读本．第十二辑／国家
清史编纂委员会，文化和旅游部清史纂修与研究中心编. —
北京：国家图书馆出版社，2020. 8
　　ISBN 978 – 7 – 5013 – 7010 – 8

　　Ⅰ. ①清⋯　Ⅱ. ①国⋯　②文⋯　Ⅲ. ①中国历史 – 研
究 – 清代 – 干部教育 – 学习参考资料　Ⅳ. ①K249. 07

　　中国版本图书馆 CIP 数据核字（2020）第 114046 号

书　　名	清史镜鉴——部级领导干部清史读本·第十二辑
著　　者	国 家 清 史 编 纂 委 员 会 文化和旅游部清史纂修与研究中心　编
责任编辑	景　晶

出版发行　国家图书馆出版社（北京市西城区文津街 7 号　100034）
　　　　　（原书目文献出版社　北京图书馆出版社）
　　　　　010 – 66114536　63802249　nlcpress@ nlc. cn（邮购）
网　　址　http://www.nlcpress.com
排　　版　北京文雨信来科技发展中心
印　　装　河北三河弘翰印务有限公司
版次印次　2020 年 8 月第 1 版　2020 年 8 月第 1 次印刷

开　　本　850 ×1168（毫米）　1/16
印　　张　19. 75
字　　数　270 千字
书　　号　ISBN 978 – 7 – 5013 – 7010 – 8
定　　价　68. 00 元

序

　　清朝是我国历史上最后一个封建王朝，统治中国长达 268 年之久，其前期在发展经济文化、巩固国家统一、加强民族团结等方面甚有功绩。中叶以后，内外矛盾尖锐，外敌入侵，国内动荡，政治日益败坏，其失误和教训，实足发人深省。清亡距今不足百年，离我们时间最近，对我们的现实生活影响较大。"今天的中国是历史的中国的一个发展"，要根据中国国情，建设中国特色社会主义，就要学习和研究历史，特别是离我们今天很近的清史。

　　新中国成立后，为了弘扬文化、传承国脉，党和国家领导人十分重视清史纂修，曾成立相关机构进行筹备，但由于种种原因，修史之事，几起几落，一直未能启动。2002 年 8 月，中央领导作出纂修清史的重大决定，相继成立了清史纂修领导小组、清史编纂委员会，清史纂修工程，于焉肇始。

　　清史纂修不仅具有重大的学术价值，还和现实生活有着密切的关系，它不是网罗奇闻逸事，不是观赏陈迹古董，不是"发思古之幽情"，而是和时代脉搏的跳动息息相关。中国封建社会发展缓慢，延续了两千多年，到了清代，它具有什么特点？它的经济、政治、文化发展到了怎样的高度？清代众多的历史人物应该怎样评价？清代很多扑朔迷离的事件真相如何？为什么古代中国一直处于世界的先进行列，而到了清代却愈来愈落后？在统一多民族国家和整个中华民族发展史上，清朝统治的 268 年究竟处于什么地位？应该对其如何评价？如果没有外国的侵略，中国将会沿着什么方向发展，发展的前途可能会是怎么样？这些都是此次清史纂修所要研究和揭示的重大问题。

清史编纂工作自 2002 年启动以来，在党中央、国务院的关心下，经过海内外专家们的鼎力合作和辛勤努力，目前已有大批阶段性研究成果相继产生。在有计划、按步骤推进清史纂修的同时，为了更加全面、广泛、客观地反映纂修中取得的重要成果，及时将其应用于我国新时期新阶段社会主义现代化建设，充分发挥清史纂修在资政、存史、育人等方面的重要作用，经清史纂修领导小组副组长、文化部副部长周和平同志提议，在清史纂修领导小组办公室诸同志的努力下，于 2006 年 7 月开始编发《清史参考》。刊物集学史和资政于一体，兼顾资料性和时政性，择要刊登在清史纂修中形成的部分科研成果。内容大致涉及典章制度、名人史事、轶闻掌故、档案文献、学术争鸣、资料考证等，力求如实反映三百年清朝历史的真实面貌，给读者以较丰富、较切实之清史知识。

历史是已经逝去了的人和事的记录，是各个国家和民族的文化创造。人有反思往事的感情，有寻根问先的愿望，有从自身的经验教训中学习的天赋。人类在不断前进，但每一代人都是在前人的基础上进行创新，不断前进的。这就形成了文化的传承和历史的延续，形成了历史、现实、未来之间相通的无穷无尽的长链。现实深深植根于历史之中并通向遥远的未来。历史研究可以帮助人们在过去的远景中认识自己，并为未来的创新指点方向。历史学虽然不能像应用科学那样快速而直接地取得实用效益，但它的功能是长期的、巨大的。人类如果忘记了自己的历史，将会在现实和未来中迷失方向。历史学是传承文明、陶冶心灵、提高素质、建设社会主义精神文明所必需，也是了解社会、掌握国情、管理和建设国家、进行战略决策所必需。

《清史参考》创刊后赢得了较好的社会反响。办刊两年来，共有50余位专家在《清史参考》刊发文章。《清史参考》的作者，大多为清史纂修工作的项目承担者，也有一些是清史编纂委员会的骨干专家，都学有所长，是各自研究领域的佼佼者。所载文章不仅有很强的学术性，还多富深刻的现实意义，具有一定的参考价值，且篇幅短小、风格朴实、文字流畅、可读性强。应该说，对于现阶段社会上流行的种种"戏说"清史的文艺作品，能够起到一定的校正作用，用真实的历史史实来教育青年，教育大众。这本身也是历史学家们理应担负的一种社会责任。

近日，欣闻国家清史纂修领导小组办公室计划将《清史参考》结集出版，以扩大清史纂修的社会影响，使刊物资政、存史、育人之价值泽及社会、服务学界、繁荣文化，心喜之余，略缀数语，以为序言。

戴　逸

2008 年 7 月 28 日

目　录

序 …………………………………………………………… 戴　逸（1）

政治

"崛起的时代"更应汲取历史智慧 …………………………… 戴　逸（1）

清朝的政区分等和国家治理 ………………………………… 胡　恒（5）

清代刑部对案件的审理 ……………………………………… 郑小悠（13）

康熙六年清郑和谈始末 ……………………………………… 唐　博（23）

"河工案"与康熙朝内阁人事再调整 ……………………… 张　霞（30）

清代八旗衰落的原因 ………………………………………… 张世明（38）

1691 年多伦淖尔会盟始末 ………………………………… 陈　跃（51）

清代广州的"一口通商" …………………………………… 李国荣（60）

登高一呼，众商皆应的近代商会 …………………………… 朱　英（68）

汉冶萍公司的光荣与启示 …………………………………… 周积明（78）

晚清江南民众对太平军恐惧心理的形成 …………………… 刘　晨（84）

晚清权监势力与朝政 ………………………………………… 董丛林（93）

顶端与末端联合：戊戌时期的帝党与维新派 …………… 郭卫东（101）

庚子俄难：瑷珲旗民的归业之途 ………………………… 邵琳琳（108）

清末橡胶股票风潮的启示 ………………………………… 陈旭东（113）

文化教育

古代海上丝路的一抹晚霞：明清时期的外销瓷 ………… 张国刚（122）

清朝官员的读书与著书 ……………………………… 李治亭（134）

从细节来阅读故宫历史 ……………………………… 周　乾（139）

从拍卖信息看圆明园文物的流散 …………………… 刘　阳（147）

晚清香港的西医和医院 ……………………………… 罗婉娴（153）

中国近代第一套教科书诞生记 ……………………… 吴海涛（157）

百年教科书中的三张黄帝面孔 ……………………… 王世光（162）

严复的教科书启蒙情怀 ……………………………… 吴小鸥（168）

蔡元培与清末《中学修身教科书》 ………………… 朱锦丽（175）

"寓禁于税"：晚清教科书学部印花税的失败尝试 ……… 刘常华（181）

人物

雍正帝对台湾官员的任用与管理 …………………… 李国荣（187）

林则徐笔下的清代西北丝绸之路 …………………… 王晓秋（192）

传奇将军特依顺 ……………………………………… 潘洪钢（198）

《翁心存日记》的史料价值 ………………………… 徐雁平（203）

李鸿章甲午战前对日认识及其外交策略 …………… 李细珠（211）

郑观应、盛宣怀和王之春的捐纳之途 ……………… 邵　建（220）

张德彝的《五述奇》：留声机、赛金花及其他 ……… 钟叔河（230）

美国汉学之父卫三畏与《中国总论》 ……………… 顾　钧（239）

李提摩太与山西教案善后 …………………………… 张德明（247）

同盟会元老冯自由及其辛亥革命史著 ……………… 王　鹏（253）

"新清史"研究

"新清史"若干观点辨析 …………………………… 杨益茂（258）

"新清史""内陆亚洲"研究视角述论与辨正 …………… 刘凤云（267）

也谈清史研究中的内陆亚洲因素 ………………………… 刘文鹏（275）

《嘉峪关外》是一部什么样的书？

    ——评"新清史"几个观点 ………………………… 李治亭（283）

"新清史"对"汉化"的又一说

    ——柯娇燕《孤军》读后 ………………………… 刘姗姗（290）

清末民初"国家构建"问题再阐释 ………………… 刘文鹏（296）

后记 ……………………………………………………………（303）

"崛起的时代" 更应汲取历史智慧

戴　逸

　　盛世是社会发展中的一个特定历史阶段，是国家从动乱走向稳定，并且在较长时间内保持繁荣的一个历史时期。盛世必须具备的条件是：国家统一、经济繁荣、政治稳定、国力强大、文化昌盛等等。就此而言，中国历史上曾有三个盛世。第一个是从"文景之治"到汉武帝、昭帝、宣帝统治时期，大约130年；第二个是从唐太宗"贞观之治"到唐玄宗开元年间，大约120年；第三个是康雍乾盛世，从康熙元年到乾隆六十年，长达134年。传统的观点认为，汉、唐才是真正的盛世，因为汉、唐的综合国力都达到了昌盛，而清朝已开始衰落。但我认为，康雍乾时期是中国历史上各方面发展最好、最繁荣的时期，清朝亦是中国历史上非常重要的一个朝代，在中国历史发展中作出了重要贡献。

　　为什么说康雍乾时期是当之无愧的盛世？我们先看其经济水平。传统社会里，没有现代工业，衡量经济水平的标准是看农业，农业的发展就看粮食产量。康雍乾时期，我国人口已达3亿，也就是说，那时候我国农业生产的粮食能够养活3亿人。能够养活3亿人口的国家，它的经济实力是非常强大的。当时全世界也只有大约9亿人口，中国占了三分之一，其余三分之二分布在几十个国家里。那时候英国、法国都只有一两千万人，整个欧洲的人口加在一起也没有中国多。与中国其他朝代相比，汉朝人口 5000 万，唐朝人口最多不超过 8000 万，那时候的经济条件只能养活这么多人。城市的迅猛发展也是衡量经济水平的重要标志，美国学者罗兹曼在《中国的现代化》一书中指出，18 世纪全世界 50 万人口以上的大城市一共有 10 个，而中国就占了 6 个——所以，不论是从纵向还是从横向来看，康雍乾时期都是一个非常繁荣发展的历史时期。

再看边疆治理。在康雍乾时期，边疆治理的成绩非常突出，实现了中国的统一，组成了多民族的国家，形成了中国现在的版图。从清军入关到康熙前期，中国各地是各自为政的，长江以北由清政府管辖，长江以南最初归属南明政权，后来又发生吴三桂、尚之信、耿精忠等人的三藩之乱。台湾则完全由郑成功的后裔统治。北中国有强大的蒙古，且又分为漠北蒙古、漠南蒙古、漠西蒙古，而漠西蒙古的势力最为强大，伊犁是其根据地，占有蒙古的大部分地区以及北部新疆，连南部新疆的维吾尔族也在其管辖之内。准噶尔部噶尔丹的势力也非常强大，一直威胁中国的统一。俄国则入侵黑龙江，建造许多军事据点……面对这种种势力，清王朝多次出兵，逐渐使边疆地区完全隶属于清朝。到了乾隆年间，收复准噶尔与维吾尔部，终于实现了统一中国的愿望。这一系列重大事件都发生在康雍乾时期，清朝在西藏、青海、新疆、蒙古等地进行了 80 多年艰苦卓绝的斗争，最终使中国实现统一，这是清朝最大的丰功伟绩。

在文化上，清朝也颇有建树。17—18 世纪，中国完成了许多宏伟的文化工程，康熙时完成《全唐诗》《康熙字典》《律历渊源》《皇舆全览图》，雍正时完成了《古今图书集成》，乾隆时完成了《明史》《四库全书》《十三经石刻》等。其中《四库全书》是一项十分浩大的文化工程，对后世的文化发展产生极大影响。

清朝尤其是康雍乾时期，是一个大有作为的时期，而且是中国历代皇朝发展的巅峰。但康雍乾时期既是盛世，又是国家命运的转折点，尤其是乾隆朝，存在着许多隐患，主要表现在以下几个方面：

一是闭关锁国。清政府自认为天朝大国，不愿意与外国有经济接触。严禁渔船出海，如果需要出海，对船的大小有严格限制，一般不能带铁器，更不能多带粮食；如果已在国外，还限定两年必须回国，超期回国的将被没收财产、充军戍边。这无疑影响了经济发展，同时也对国民思想形成束缚，人们根本不了解外国情况，特别是欧洲各国的发展状况。从康乾盛世到鸦片战争，中国与世界的力量对比发生了巨大变化。甲午战争前夕，中国工业生产总值仅占世界的6%，而全欧洲占62%。

二是重农轻商。康雍乾时期，政府认为工商业不是社会经济的根本，因此抑制工商业发展。效益好的行业都被政府严格控制，更没有竞争机制。对外贸易交流、盐业生产等重要行业，只有经过政府批准的商人才有资格经营，而一般商人赚的钱大部分要上交政府。清朝在思想观念上看不起商人，商人的地位很低。这与国外鼓励人们经商、鼓励航海完全不同。在西方国家，工商业者已经形成独立的强大力量，而中国的工商业者始终依附于政府。

三是禁锢思想。有清一代，思想禁锢前所未有，朝廷又大兴文字狱，文人议政、编写史书，常常引来灾祸。于是，人们噤若寒蝉，思想上得不到解放，也不敢有新的探索。文坛死气沉沉，偶尔有学者表达观点，也是用曲折隐晦的方式，这不利于思想的健康发展。而同一时期，法国百科全书派迅速发展，伏尔泰、罗素、狄德罗等启蒙思想家对法国乃至欧洲人民的思想进步都产生深远影响，由于思想发展趋势上的差异，社会发展状况也出现天壤之别。

四是轻视科学。中国古代科学一度兴旺发达，但后来却停滞不前。科举考试只考四书五经，自然科学不在考试范围之内，自然科学就很难登大雅之堂。在乾隆时期，编辑《四库全书》时才猛然发现古代数学书已经失传。而这一时期，西方的自然科学迅猛发展，先后涌现伽利略、牛顿等一大批杰出科学家，他们是西方社会近代工业革命的知识保障。

当我们回头看一个朝代的兴衰，可以看到很多成功经验与失败教训，所以说，历史是一面镜子，可以为后人提供镜鉴。如今，我们正处在一个"崛起的时代"，只有充分重视历史的智慧，充分汲取古人的经验，才能更好地把握当下，不辜负历史的良机。

作者简介

戴逸，1926年生，江苏常熟人。中国人民大学教授，国家清史编纂委员会主任。著有《中国近代史稿》《1689年的中俄尼布楚条约》《简明清史》《乾隆帝及其时代》《18世纪的中国与世界》《清通鉴》《履霜集》《繁露集》《语冰集》《涓水集》等。

清朝的政区分等和国家治理

胡　　恒

一、清朝的地方治理困境与政区分等制度的确立

　　清朝对于郡县制区域的治理，一直有一个令人不解的疑团，即清朝大大扩充了自己的疆域规模，人口增长的迅速又是显而易见，费正清在《剑桥中国晚清史》中充满疑惑地写道"中华帝国是一个不可思议的地方，就是它能用一个很小的官员编制来统治如此众多的人口"。清朝的官僚队伍确实是非常精简的，根据《大清会典》和《缙绅录》的记录，文官规模基本维持在一万四千人上下，到了晚清，由于有了诸多新式机构如总理各国事务衙门的建置，文官数量稍有扩充，但也未超过两万人。清朝是怎样利用这区区不到两万名的文官管控如此广袤的疆土，就成为认识清朝国家政治结构的关键所在。

　　学术界在对清代州县政府的讨论中，认为基层社会存在大量的"准官员"，也就是衙门的胥吏及保甲长等，虽不在官员序列，但实际上属于编外"准官员"，一定程度上弥补了正式官员编制不足的困境；对基层社会的解释中，特别强调与士绅阶层的结合，即政府通过与乡绅阶层的合作，将大量行政事务消弭于末端

而不至上升至州县政府去处理，既为乡绅阶层在民间社会发挥积极作用提供了条件，也缓解了基层政府官僚资源不足的困境。这些解释都是合理的。

当然，我们还必须要注意到清朝政府自身的主动调整，也要注意到清朝自身的制度变化，这其中，尤其值得关注的是政区分等制度。政区分等古已有之，从秦汉以降一直到明清，或以人口、赋税，或以治安等因素为主。到了清代，政区分等制度更趋完善。

清朝在地方治理时面临的两对主要矛盾：一、官员数量不足，必须尽量把"好钢用在刀刃上"；二、吏部铨选，带有很强的随机性，无法保证官员与任职地域的匹配。督抚更了解官员的素质，但官员选任又不可权操于下，需要皇帝与吏部掌控，必须在二者之间建立起一套合理的分权机制。雍正九年（1731），在广西布政使金鉷（hóng）建议下，雍正帝建立起"冲繁疲难"制度，"地当孔道曰冲、政务纷纭曰繁、赋多逋欠曰疲，民刁俗悍、命盗案多曰难"，即将交通、政务、赋税和治安四要素综合考虑，来确定州县等第。与这套政区分等制度相匹配，清朝另有一套最要、要、中、简缺四缺分的选官任官制度，并将四等第与四缺分相联系，最终在乾隆年间形成了"冲繁疲难"四字与最要、要、中、简缺四缺分之间的对应关系，即兼四字者为最要缺、兼三字者为要缺、兼两字者为中缺，一字或无字者为简缺，其中最要缺和要缺由督抚来题调，而中缺、简缺则由吏部铨选。

雍正年间开始，各地督抚便确定了各州县的等第和缺分，后来又迭次奏请更改，尤其是以中缺、简缺改为要缺为主，这就迫使清廷不得不以定额的方式将各省缺分数量确定下来。乾隆四十三年（1778）时吏部规定一省若将某府县由简缺改为繁缺，则必须同时将另一府县由繁缺改为简缺，自此直至清末，除了新设州县单独奏请缺分和等第外，一省之内各州县的缺分比例保持了大体稳定，从而也使得督抚和吏部在选任官员方面达到了一种权力平衡。

清朝确立的政区分等制度有两个非常重要的特点：一是对政区的等级以四项综合指标来衡量，包括了地理位置、行政事务、赋税征收和治理难度，这比以往或简单以人口或赋税，或标准不统一有了很大的进度，也具有很强的可操作性；二是通过"冲繁疲难"将其与选官任官结合起来，从而成为了官员分流的调解机制，即不同类型的官员依照不同的序列进行选任，在中央与地方之间也具有了合理的分权机制。

二、"冲繁疲难"隐含的王朝"治理密码"

"冲繁疲难"四字背后各自隐含着一套独特的治理密码。笔者将全国宣统三年（1911）的"冲繁疲难"四字的信息点在地图上，呈现的结果颇为有趣：

"冲"字代表的是交通位置。全国共有 806 个府厅州县中含有"冲"字，其在地图上的走向与全国主要驿路分布完全一致，可见，"冲"字与驿路关系最为密切。史料中也看到大量因为新设置驿站而在州县缺分上加了"冲"字，而一旦被裁撤，就要面临"冲"字被取消的结果。相对于全国各驿路的稳定程度，"冲"字的分布也极为稳定，与嘉庆二十五年（1820）相比，除了部分边疆地区外，内地"冲"字的府州县分布基本是稳定的。

至于"繁"字，代表的是政务纷纭。实际上我们对传统时期州县行政事务的繁剧，是很难有一个比较确切的判断标准的，是依据审案数量的多寡或是依据行政文书数量的多少？事实上，不仅标准是难以确定的，就是这些具体指标由于材料的缺失，也是难以衡量的，可是，"难"字背后代表的正是清朝官方对政务繁剧程度的衡量，可以作为一种替代性指标。根据统计，"繁"字共出现过 984 次，清廷眼中政务繁剧之地有几个重要区域：江南一带最为繁剧，其次为直隶顺天府及直隶、山东、河南交界附近、成都府及其附近。此外，自太原府而南经运城一带至西安，两湖及南昌府附近，广州府附近，昆明府及贵阳府附近也相对比较繁剧，这些基本是全国及各省政治、经济中心所在。

"疲"字仅仅出现过 448 次，在"冲繁疲难"四字中出现最少。对于州县官员来说，赋税和治安是衡量政绩的两项标准，被称为"刑名"和"钱粮"。钱粮征收的难度各区域之间差异很大，这既有政府行政能力的原因，也有自然条件的原因。从"疲"字分布来看，有几个重要的分布区域：一是江南，含有"疲"字的州县占了全国将近五分之一，"江南重赋"，征收惟难，于此可见；二是直隶省南部直至山东、河南交界一带，"天子脚下"赋税反而难以征收，这是比较耐人寻味的，清朝文献里也常常见到皇帝对直隶钱粮难以足额上缴的指责；三是甘肃和奉天，这两个省的钱粮不足，需要其他各省协济，仅有的钱粮也非常难以征收，甘肃省的情况尤其特殊，省域过大而县份和官员数量太少，钱粮征收成本高昂；四是福建沿海及广州府附近，这些区域宗族势力比较发达，官方在钱粮征收中遭遇的基层抵抗较为强烈。

至于"难"字，强调的是治理难度，尤其是与民风相连。中国史书中对各地风土人情的记载，系统性的资料并不是很多，大多是一些零星的感性认识。《汉书·地理志》中曾记载了刘向的《域分》和朱赣的《风俗》，但在后来的正史中，类似这样的"风俗"记载越来越少。民国时期在纂修《清史稿》时，也曾经有人提议要增补进这一内容，可是由于缺少材料和民风难以衡量，不得不放弃。实际上，清朝"冲繁疲难"中的"难"字就是代表民风的一个替代性指标，以往并没有太多人留意于此。文献中常常看到由于一县民刁健讼，爱打官司，州县缺分上就加上一个"难"字，而如果风俗渐淳，又会去掉"难"字。全国"难"字共出现了 1030 次，在"冲繁疲难"四字中最多，将其点在地图上，也可以看到官方认定的民风刁悍区主要是：直隶区，属于全国政治中心地带；省会附近，属于各区域政治中心；江南区，两湖区，属于经济中心地带；政区交界地带，包括湖南、广西临界的苗疆区、闽粤交界、山西陕西河南交界地带、直隶、山东、河南交界地区、山东、河南、江苏、安徽交界地带等等，属于中心的边缘，这些也是有清一代重要农民起义如白莲教、苗民、义和团、捻军等起事的区域。如果从各省区的分布来看，南方省份带"难"字的州县比例要大大超过北方省份，这也代表了清廷眼中，北方是民风淳朴，易于治理的，而南方则民风刁悍，难以治理。

三、缺分设计与官员选任的分流模式

按照四等级与四缺分的制度设计初衷，"冲繁疲难"中无字或一字的，对应"简缺"，二字的对应"中缺"，三字的对应"要缺"，四字的对应"最要缺"。最要缺、要缺由地方督抚来选任，而且是要从已经做过州县官的人员中来调任，可以配备更具有行政经验的官员；而中缺、简缺则由吏部来选任，其中多是一些初次担任官员的人员，如新进的进士等等。这是一种官方分流机制，即初次担任官员的人员首先到一些治理较为简易的州县进行历练，待有一定政绩，可被督抚选拔任命到要缺、最要缺这些高等级州县中去，如此，则将有限的官僚资源进行了一次合理分流，使得最好的官员能够到最难的州县去任职。

先看 345 个府级政区的记录，最要缺 45 个，占比 13%；要缺 210 个，占比 60.9%；中缺 63 个，占比 18.3%；简缺 27 个，占比 7.8%。最要缺和要缺比例达 73.9%，除去部分极其重要府份由皇帝亲自简任的"请旨缺"外，其余大多归地方督抚调补，中缺和简缺比例仅 26.1%，多由吏部选任。再看 1570 个县级政区的记录，最要缺 71 个，占比 4.5%；要缺 447 个，占比 28.5%；中缺 419 个，占比 26.7%；简缺 633 个，占比 40.3%。最要缺和要缺比例占到 33%，其中多由地方督抚来选调，中缺和简缺比例为 67%，多由吏部掌握。可以看出在地方官员选任上，吏部与地方督抚之间维持了巧妙的平衡，但又各有侧重。在府级官员的选拔上，地方督抚的权力要远大于吏部；而县级官员的选拔上，吏部的权力要远大过地方督抚。

在制度实践时，还存在一些特殊的地方，多数是不符合条件的无字、一字或两字，本来应该对应中缺和简缺的，却因清朝政府的重视，被提升为要缺、最要缺，这样的情况共出现了 249 次，这意味着这些职位原本是由吏部铨选初任人员，但通过提升其等级，使得地方督抚可以从那些已担任过地方职务的人员中调补，这既体现着督抚权力的扩大，一定程度上意味着清朝朝廷对这些区域给予了特殊的政策照顾。这些特例主要分布在边疆或新开发地区，尤其是云南、广西、贵州、湖南西部南部、四川西部南部、奉天等地，沿海岸线一带，陕西西南秦岭山区、直隶、山西北部与蒙古交界地带。如依省区排名，位居前列的依次是云南、广西、四川、贵州、直隶、奉天、湖南，七省擢升的最要缺、要缺占到全国该类特例缺分的 73.2%。这套擢升府县等级的制度设计包括设置"苗疆缺""烟瘴缺""沿河缺""沿海缺"

等特殊官缺，给予其特殊优待，不受"冲繁疲难"这套四要素对应体系的限制。烟瘴缺主要分布在广东、广西，苗疆缺多分布在云南、贵州、四川等地，而沿河缺主要是分布于黄河沿线，沿海缺主要分布在江苏、浙江、广东沿海的府县，这就是为什么云南、广西、四川、贵州擢升特例最要、要缺数居多的原因。

在"冲繁疲难"标准之外，清朝通过特定的制度设计有意识地提高特殊府县的缺分等级，以便让最干练的官吏调到最难以治理的府县去任职。这些区域多分布于边疆地区，鲜明地体现出在大一统的整体格局下，国家治理体系中极为注重内地与边疆区域之间官僚资源的均衡，这与今天在官员选任中注重援疆援藏和艰苦行业历练的经历有些相似，从中可以看到很强的中国选官任官体制的传统因素。

有趣的是，缺分对官员的晋升影响甚大。根据统计，清朝知县的总体晋升率只有11.3%左右，其中大部分只是能够再上一个台阶，做到知府的副职而已，能够升为省级官员的只有0.4%左右，这是一场极其惨烈的晋升锦标赛。可是，假如是在最要缺的县担任知县，则会有18%的几率被提拔到更高一级的职位，而要缺知县为15.8%，中缺和简缺则在9%上下。最要缺和要缺之间的晋升概率没有明显差别，中缺与简缺亦然，但最要缺、要缺的知县晋升的几率是中缺、简缺知县的将近两倍。在晋升省级官员概率上，最要缺知县更是有3.4%的几率，远远超过要缺、中缺和简缺，无怪乎清朝官员费尽心力要到最要缺的州县任职。

四、理解清朝的规模之累、财政困境与官僚资源调配

理解清朝的制度设计，必须关注两个核心指标：国家规模和财政困境。中国这样一个地广人众的国家治理模式，与小国寡民

式的治理模式当然存在很大差别，必须要考虑到它可能的财政征收的能力与规模都是有限的。以清代为例，它把财政以"定额"的方式加以固定，量入为出，并不试图强化财政征收，这当然受到了儒家薄赋思想的影响，但也受制于传统赋税征收技术手段的限制，赋税增收的成本远大于收益并面临巨大的社会风险，最终使得政府选择了将赋税总额定为恒数的定额赋税制度。这也就意味着清朝政府无法自如地扩张官僚资源，而必须在人口增长和疆域扩大的背景下，考虑如何使得官僚资源的配置上达到较好的平衡。

在这一背景下，清朝发展出一套利用地理信息来调配官僚资源的模式，以"冲繁疲难"四字将千差万别的地理信息加以标准化、指标化，并根据标准化信息，将其划分为不同的选拔序列，实现了地方督抚、吏部之间合理的权力划分，也使得官员与地理之间达到统治者宣称的"人地相宜"，理论上经受历练、能力更高的官员可以被安排到最重要的岗位上，而初任或行政能力一般的官员被选派到较易治理的地区，通过制度上的安排，把担任高等级缺分州县的职位更易获得升迁的机会作为激励机制。

同时，又充分考虑到区域之间的差异，最为明显的做法是提高边疆区域包括内地边缘地带和重要区域州县的等级，以鼓励行政能力较强的官员服务于边疆和艰苦地区，并给予其晋升上的优势，这是大一统体制的集中体现，从中亦可看出清朝至今官员选拔制度上的某种延续性。

作者简介

胡恒，1984年生。历史学博士，中国人民大学清史研究所副教授。

清代刑部对案件的审理

郑小悠

清代政府行政以钱粮、刑名两项为基础。刑名一词在清代的语境中主要代指与谳（yàn，审判定罪）狱相关的政务。在地方，刑名事务有内地直省与边疆地区两种管理体制，其中直省由州县、府（道）、按察司、督抚组成；边疆地区则根据各自情况由理刑章京、驻防将军等组成。二者都以"同级集权、纵向监督"为基本运作特点，每一级的权责高度统一。相比之下，中央刑名体制的安排要复杂一些，有资格参与刑名事务的衙门和官员很多，其中刑部之权独重，具有"天下刑名之总汇"的地位。

康熙年间的刑部尚书徐乾学将当时刑部的职权归纳为："其外自提刑按察司所定三流以上罪，内自八旗、五城御史诸案牍，统归于刑部十四司。每岁报闻，而轻重决之。至于新旧条例，宜归画一，非时矜恤，务广德意。天下督抚之所帅以奉行者，惟视刑部之所颁下而已。"（《刑部题名碑记》）按照他的说法，此时刑部的主要职权包括：第一，对外核定各按察司"三流（指流刑）以上罪"。第二，对内审理八旗和京师五城案件。第三，岁定秋审实缓。第四，主持刑名大政特别是律例的修订颁布。

其中第二点，在当时被称为"刑部现审"，即由刑部官员亲自问讯的案件。刑部现审主要包括两大类，第一是京师地区旗、民的徒、流以上案件；第二是皇帝亲自指定由刑部审理的案件，如涉及高官的政治类案件，因为地方官审理无果而需要刑部亲审的重大、疑难刑案等等。

一、移送与派审

刑部现审案件中，数量最多的是京师地区的移送案件。京师地区包括北京内城、南城，以及五城巡城御史所领属的顺天府部分辖区。清代的京师旗、民杂居，刑名案件采取地域与身份双重管理的办法。相对而言，在清前期，由于旗、民分居程度较高，管理更侧重于身份；步军衙门侧重旗人，都察院五城侧重民人。中期以后旗、民相对混居，管理也更侧重于地域。步军衙门侧重内城及城门周边区域，都察院五城侧重南城和城外领属的顺天府部分地区。

大致到乾隆中期，除内务府偶有处理所管上三旗包衣及内廷太监徒罪案件的纪录外，京师地区的旗人、民人，及旗民交讼的徒罪以上案件，不论最初受理的衙门是步军统领衙门、都察院五城司坊、还是八旗各佐领、各部院、内务府，都要移送刑部审理。宗人府受理的皇室成员徒刑以上案件，则要与刑部会审。

刑部办理现审案件的部门和人员，清代中前期有多次变化。康熙以前沿袭明朝制度，直隶和京师地区的案件由十四司（中枢六部均分司办事，刑部下辖14个清吏司，后改为17个）分别管理，京师案件送部后分司审理。不过，十四司工作繁简不一，繁杂之司如山东司、湖广司等，所管省份的咨奏案件已经应接不暇，一旦遇到现审繁难大案特别是钦派案件，往往难以兼顾。雍正年间，刑部奉旨添设左、右二现审司，配置相应员额的司官，左司专办钦交案件，右司专办直隶案件。

经过一段时间的运转，刑部发现，这样的安排也有两个问题。第一，现审司定员之后，官员的升补与其他各司相同，司官的办事经验、法律素养与各司水平相当，但现审司，特别是左司的工作压力明显大于一般的司。因此，即便在雍正朝设立现审司以后，考虑到司官的办案能力问题，遇到重大钦案，堂官仍会挑选各司精干司官审理，全失设立现审左右二司之初意。第二，京师官民消息灵通，长期固定现审司官员，易开交结串通之弊。因此，到乾隆六年（1741），刑部奏准将左、右二现审司分别改为奉天、直隶二司，专核奉天、直隶两地案件，而将京师现审案件改由十七司轮流掣签派审。

步军衙门、都察院五城等在对所管地区的刑案犯证进行初步审讯后，先对照律例对该案犯的罪行进行大致判断。如果是笞、杖轻罪，步军衙门、五城可以自行完结。如果涉及徒刑、流刑以上罪名，则要马上移送刑部。案犯移送到部后，由本日值班的司官即"当月司官"负责登记，查对步军衙门等处来文，将人犯收禁，证人等取保。随后当月司官将人犯送到提牢厅，由提牢主事掣签，将犯人收入南、北两监中人数较少的监房。其中同案犯要隔别监禁，以防串供。女犯会被单独安置在女监。宗室人犯不必押送刑部监狱，而是关在宗人府空房中待审。收禁次日，收禁犯人的当月司官将该案文卷呈堂，由堂官掣签，分配给十七清吏司中的一个审理。

不过，这一处理方式又重现了康熙年间的问题。如果案件重大，碰到本司事务繁冗或缺少干练官员，案件就非常难办。面对这一问题，乾隆中期体制已近完备，秋审处给出了解决方案。这一时期，刑部律例最熟，能力最强的司员都聚集在秋审处，碰到现审的烦难案件，刑部将掣签与派审结合，除接案时仍将案件掣交某司审理外，由"当家堂官"指派秋审处干练司官若干名与之会审。在这种情况下，派审司员自然而然成为真正的主审官，本司人员不过"拱手陪坐"而已。总的来说，乾嘉年间派审的情况尚少，道光以后则逐渐形成现审大案无不派秋审处司官的局面。到同光年间，现审大案则全由派审司官处理，本司官员似全然不必参与。如光绪九年（1883）沈家本担任奉天司主稿，九月三十日记本司掣得现审案一件，"堂派徐兆丰来司办现审，李念兹帮办现审"。十月初四日记："徐、李二君到司，现审有徐君办理，可以弛肩矣。"可知此时各司掣签现审不过名义而已，本司司官对案件已无过问之权责。

二、审讯与用刑

现审案件分配到司后，就进入了审理程序。乾隆以前，刑部现审有所谓汉人不问满事的倾向，这是延续了清廷在关外的习惯。在康熙中期以前，刑部审理旗人案件需要用满文录供，汉官虽然也可以参与审案，但看不懂供词，只能审阅经笔帖式翻译后的招册。另外许多案件涉及到旗人内部的习惯、利益，汉官也不愿过多参与。因此，康熙四十三年（1704）以后，虽然旗人案件招供改为兼录满、汉双语，但汉官不问满案的习惯一直保持到乾隆末年。

不过，清初满官的文化水平较低，对律例的理解更是远不能与汉官相比，满官即便遇到旗人案件，也往往会就律例的适用问题向汉官请教。康熙年间的律学家王明德在《读律佩觽（xī）》中记载，康熙九年他在刑部福建司任职时，旗下有一小叔收嫂案，全司的满汉官员都找不到对应的律条处理。河南司的掌印满司官名叫库而康，平时学习汉文很是用功，他认为应该适用《大清律》中"出妻"一条注释中"期亲以杖一百、流三千里"。王明德解释说，《大清律》中"出妻""完娶"分属不同的条目，不能混淆在一起适用。几番辩论后，库而康对王明德十分佩服，其他满汉官员也都很认可。不过，该案最终并没有按照王明德的意见断拟，而是由福建司掌印郎中宜成格裁定。由此可见，此时的满官虽然努力学习汉文与律例，但在熟练程度上还存在很大问题，遇到旗人案件，也需要与汉官讨论相应的法律适用问题。当然，最终的决策仍要由满官做出，汉官即便稍有异议，也不会越俎代疱。

乾、嘉以后，所谓汉官不问满事的惯例被逐渐打破，移送或是钦交的现审案件不分旗汉，普通案件由各司统筹分派官员审理，大案则由堂派的秋审处司官会审。与清代其他行政事务的做法相同，刑案派审一般都采取满汉兼用的做法，如一满一汉、两满两汉之类。

如果是本司审理的普通案件，本司多选派一满一汉两位司官坐堂。司官手写一票，命衙役送到南北二监，交司狱官提取人犯，由帮班禁卒押带至司堂听审。审讯大多安排在白天，如果案情复杂、限期紧迫，也会在夜间熬审。至于堂派秋审处司官到司会审的案件，审讯安排须以秋审处司官为准。秋审处部案累累，如果正值秋审核稿之期，更是繁忙，拖延的时间往往更长。至于钦命刑部与其他衙门会审的案件，虽然谕旨上通常指派由某大臣前往会审，但真正到堂参与审讯的多是该大臣所在衙门的司官。当然，如果是极其重大的钦案，特别是针对高级官员的政治类案件，也有钦派亲王大臣与刑部堂官（即尚书、侍郎）同堂会审的情况。如雍正朝审理有关年羹尧的一系列案件时，就多以亲王、重臣会同刑部审理。《文献丛编》中收录有《戴铎口供》一份。戴铎系雍正帝潜邸亲信，因为与年羹尧关系匪浅，此时亦被牵连在内，押赴京师受审。对于这样的人物，如果仅以刑部司官坐堂，必然被其轻视。因此雍正帝命他最信任的弟弟怡亲王允祥与刑部会审。戴铎口供开头写"十三王爷同大人问"，即指怡亲王与刑部堂官当堂所问。

在问讯过程中，理想的方式是运用"听辨五辞"，即运用《尚书·吕刑》中提出的辞、色、气、耳、目五种方式理刑狱、求民情，要以诚待之，以理鞫之，则"未有不得其实者"。那些洞悉人情的"名吏"在传记中也往往被赋予这样的形象。如孙家鼐记载晚清法律大家薛允升审案经常审到半夜，一盏孤灯照在屋内，吏役都已经睡去，只有薛允升一个人平心静气，毫无疾言厉色地与囚犯絮絮对语。囚犯忘记了他是官员，他也似乎忘记了囚犯是犯人。所以凡是他审理的案件，没有不情罪相当的，囚犯即便最后被判处死刑，仍然感念他的恩德。但是，受刑侦技术局限，清代刑官问案，还是以口供为重，是以刑讯一事，在审讯中几乎不能避免。精干高明如沈家本，也曾对犯人"分班拷讯"，且并不讳言。

刑部官员刑讯犯人一般以掌嘴、杖刑为主，对拒不招认的重犯则用夹棍、拶（zǎn）指。审讯三品以上大员，如需动刑，则要事先请旨。刑部的刑具由四川司掌管，按例设有"夹棍十副、拶指十副、枷一百四十具、板二十副、镣锁各八百件，又扛子二十根"，各依典章制造。但事实上，刑具的规格也并非那样统一，衙役借此上下其手，收受贿赂。这样的情况在清初比较常见，连康熙帝也有耳闻，并曾亲自告诫刑部堂官："犯人各有应得之罪，今闻尔部枷孔大小不一，板有厚薄。贿嘱者板薄而孔大，否则板厚而孔小……此等情弊尔等宜亲行严察禁止。"（《清圣祖实录》）

刑部官员虽然以慎刑自勉，但常年从事审讯工作，对刑讯的危害也难免冷漠麻木。越是遇到疑难大案，特别是限期迫近，经过皇帝亲自督促的案件时，刑部官员用刑的力度就越大。如嘉庆九年（1804）二月，刑部部内的赃罚库被盗，涉及看库吏役、兵丁二十余人，屡供屡翻，审讯数月，毫无结果。嘉庆帝大为震怒，痛斥：刑部是天下刑名总汇，自己衙门被盗了都这么久破不了案，其他棘手大案，还能指望你们迅速审理清楚吗？此后，皇帝又多次就此事对刑部提出批评，使刑部堂司倍感压力。为了早日审结此案，刑部将疑犯反复刑求，二十余人"备受各刑，体无完肤"。与之类似的是道光二年（1822）刑部承审的御史常赓滥责酿命一案，刑部在审讯中直接将本案要证唐七刑讯毙命。不过，刑部地处京师，上有皇帝，旁有科道言官，与地方官署一手遮天的情形还是有所不同。刑部如果出现刑讯过度的情况，会被言官揭发弹劾，引来皇帝的干预。前举嘉、道时期两案，都是如此。

三、定稿与上奏

刑部官员在问讯犯人时由书吏为犯人录供，如系徒、流轻罪，司官即可就供拟出判语，呈堂发落。一件案子通常由满汉两名司官审理，二人需商酌办理，如果出现抵牾，难免要有一番争论。乾隆年间的刑部司官王友亮记载了这样一件事，他说：乾隆五十年我接到某甲偷砍了自己家祖坟上两棵树卖了的案子。我们司的书吏说应该刺字，我表示律例上没有这种规定。书吏说虽然没有这样的规定，但是前不久浙江司刚接到了类似的案子，他们将案犯某乙比照窃盗之例刺了字。和我一起办案的满洲主事五泰很困惑，我说：不应该这样判，子孙盗窃父祖的财产，父祖会对他施以家法但不会将事情公诸于街市，是不忍心子孙留下盗贼的名声。那么盗祖坟上的树木和盗父祖的财产有什么区别呢？将他施以杖刑就可以了，如果刺字，就是将他的偷盗行为公诸于世，绝了他的自新之路，他父祖在天之灵也会伤心。法律当然不可以任意增减，但愚民无知，如果深文周纳，比照不孝律治罪，那杀了他都不过分，何况是刺字呢？五泰说：你说得很对，不过，本案的某甲和浙江司的某乙都是贫民无赖，以后一定都会再犯，那么在稽查他们的案底时，尚书大人一定认为浙江司刺字的做法对，而咱们则会因为宽纵而受到处分，如果有这一天，我会和你一起领受处分的。一年以后，果然如五泰所言，吏部将我们两分别给予了罚俸半年的处分，而在续修条例时，还增加了不能因为盗窃的赃物价值不高而免于刺字的条款。我在刑部工作六年，经常和人意见不一致，五泰公这样的同事真是不易得啊！

此案系王友亮与五泰二人承审，二人本意将该犯按律定罪，被书吏告知浙江司有从严的成案在先，王友亮坚持原议不肯俯就。五泰深知其时政尚严厉，本案如与浙江司所断不一，碰到犯人复犯，自己作为承审司官难免要因为"误出人罪"受到处分。他明知处分在即，能慨然与王友亮"分任之"，同事之宜颇笃。而从王友亮的感慨中也可以体会出，同审司官之间对案情与法律适用出现争执，在当时是比较常见的情况。

如果是钦交重案，司官在审讯后，应将口供送各堂官审阅。回定供稿之后，司官不必再同地方官那样拟写招册、看语等文书，而是直接拟写奏稿。现审案件的奏稿与直省刑案题本、奏折的形式不同，既包括刑部对该案的叙述，也需包括犯证的供词。因此，有经验的刑部司官在问口供时必须兼顾奏稿的内容，如果供词与最终适用的律例有出入之处，就很棘手。光绪年间的兵部司官陈夔龙、工部司官端方在与刑部会审大凌河马场一案时，趁刑部司官不在场时，问出犯人口供，刑部司官却说：这件案子你们二位变着法的让犯人招供，甚好甚好。但是供词里叙述的情节，很难与律例对得上，我们没办法拟定结案报告上奏，只能重新审理，再录正供。陈夔龙认为这是刑部司官自己审不出实情，看到我们取得了口供，他们面子上过不去，才故作挑剔之语。站在陈夔龙的角度上，这样说法固然不无道理，但也确有陈、端等人不知道刑部问供要领的原因。

钦交案件特别重大，有时也由精通律例的刑部堂官亲自拟写奏稿。薛允升因为极善作稿，任司官时与同事蔡赓良并称为"薛三千、蔡万言"。他在升任堂官后也常常亲拟奏稿，审理江宁三牌楼一案时就曾"闭门八日，手治爰书"。

京师现审的死刑案件，刑部在初审后，还要有"会法"的程序，即三法司会审。刑部初审官将审讯口供抄送都察院、大理寺各一份，由院、寺择期派出官员到刑部会审。最终结案的题本也要由三法司堂官共同署名。不过在实际运作中，"会法"极少有推翻初审的情况，特别是乾隆以后，现审会法的程序完全流于形式。

刑部结案报告拟好后，即可上奏。需要特别提到的是，一些重要的钦交大案，皇帝常常在办案过程中就向刑部堂官询问审理进度。一些殷勤主动的堂官，也往往愿意及时将审理的情况向皇帝汇报。这样的做法固然对督促刑部审案，避免拖延扰累有正面作用，但另一方面，皇帝在了解案情时，往往要发表自己的看法，这又给刑部的审理带来一些麻烦。案件讯问未尽，许多情节还没有弄明白，或有反复也未可知。而皇帝并非审官，对全案掌握并不清楚，听堂官口奏几句，难免产生先入为主的主观猜测。皇帝的身份又决定他一旦说出自己的看法，很容易造成审官先意承志，顺从其思路进行后续问讯的结果，审讯客观性难以得到保障。这是皇帝直接干预钦案审理之弊端。

作者简介

郑小悠，女，1987 年生。历史学博士，国家图书馆国家古籍保护中心办公室工作人员。著有《年羹尧之死》。

康熙六年清郑和谈始末

唐 博

从顺治三年（1646）郑成功起兵到康熙二十二年（1683）郑克塽降清，清郑双方进行了长达30多年的较量。这期间，除了军事斗争之外，双方还曾围绕台湾地位和郑氏集团的前途等问题展开多次谈判。其中，康熙六年的清郑和谈具有一定的代表性。

一、和谈缘起

康熙元年五月，郑成功去世。其弟郑世袭在部将萧拱宸、黄昭等人支持下在台自立，留守厦门的世子郑经闻讯后也发丧嗣位，郑氏集团爆发了叔侄争权的内乱。尽管郑经胜出，但在台根基不稳，人心浮动，故而抽调大量军队渡海赴台，造成厦门、金门等大陆据点空虚。郑经迫切希望通过和谈赢得时间、稳住阵脚，并借机捞取更多好处。

康熙二年十月，清廷在荷兰人的协助下进攻郑经在福建的根据地。经过近半年激战，清军先后攻陷金门、厦门、铜山等地，郑经在大陆的据点丢失殆尽。康熙三年十一月和次年四月，清军福建水师提督施琅两次率水师渡海东征，冀图乘胜夺取台湾。结果均遭台风重创，舰船损失巨大，无功而返。攻台失利的情况，使清廷内部畏惧海洋风浪的意见占了上风。于是，清廷对郑策略又从战争转向招抚。

派谁去招抚，怎样去招抚，双方究竟谈些什么？就在清廷为这些问题犯愁之际，一位名叫孔元章的赋闲官员向清廷主动自荐，"愿往台湾招抚立功"。

孔元章，字孟文，祖籍河南，生于江阴。早年家境贫寒，充当侍童，后来应征入伍。明末乱世，战事频仍，武人提拔普遍较快，崇祯年间他已官至总兵。由于麾下将士不属额内，相当于编外部队，军饷供应不稳定，时常处于困窘状态。

明清鼎革之际，孔元章索性弃官出家，在寺庙剃度，既可混口饭吃，又能躲避"剃发令"带来的血雨腥风，一举两得。然而，他不甘心平静的寺院生活，又打出明朝总兵的招牌，自称是浙东抗清将领张煌言的部下，在江浙地区四处奔走，以联络反清力量为名到处敛财。被人揭发后，蓄发变更衣冠，携捏造的温州等地抗清义士名册，诈称自己是郑成功麾下总兵，向驻守京口（今江苏镇江）的清镇海大将军刘之源投降。

刘之源听说孔元章是郑成功部下，推荐进京陛见，获赐弓刀裘马，宠遇甚隆。顺治十八年十一月，清廷以康熙帝名义发布谕旨，嘉许他"诚心向化，仍升为总兵官"，由此获得"京口镇海将军军前招抚总兵官署都督同知"的空衔。

孔元章德行败坏、恶名远扬，被时人称为无赖，"素阴贼，每挟私怨兴大狱，杀人、流宁古塔者以百计"（杨宾《柳边纪略》）。这些情况清廷也有所了解，故而对他只利用，不信任，只闲置，不重用。久而久之，孔元章本人也闲得发慌，便主动自荐，前往招抚郑氏集团。

二、赴台招抚

康熙五年十一月初四，孔元章向清廷奏称，郑氏集团内部失和，"各相疑忌"，"昔臣曾与洪旭、翁天佑等共事日久，素知其心可以招徕。倘得此机会，朝廷遣持重之臣，特谕前往说合，即令不能使其自相矛盾，擒渠献俘；其党羽自可招之来归。羽翼既去，则逆锦（郑经）不能孤立，终为釜中之鱼，其欲久延，岂可得乎"（《内阁档案》，孔元章奏本，康熙五年十一月初四日）。

接到这份奏报，清廷即传旨孔元章急赴北京面奏。孔元章抵京后，详陈郑经内部矛盾，以及他设计的招抚方案。其时，康熙帝年幼，清廷决策权由鳌拜等四大臣掌控。他们对孔元章的提议表示赞同，便派他负责招抚。

康熙六年四月初一，孔元章和道员刘尔贡、知州马星一道抵达福州。他们从降清的郑经部下里选了几位可靠的官员作为使团成员，携带孔元章的招抚信和郑经舅父董班舍的劝降信，渡海赴台招抚。孔元章本人坐镇泉州，协调当地驻军配合行动。

在这次和谈中，清方提出只要郑经率众剃发归顺，就可被册封为"八闽王"，并管辖沿海岛屿。对此，郑经婉拒，坚持不剃发、不登岸，以外国之礼相待和互市贸易。郑经在给孔元章的复信中声称，"王侯之贵固吾所自有，万世之基已立于不拔"；"不佞亦何慕于爵号，何贪于疆土，而为此削发之举哉"。他还希望清方"以滨海为虑、苍生为念，则息兵安民"，"通互市之好，彼此无虞"，"沿海渔农，复归故业，使老幼男女，皆得遂其生育，而贵朝亦可岁赢数百万之赋"（《内阁档案》，郑经致孔元章书，永历二十一年六月二十三日）。

在给董班舍的复信中，他再次表达了自己的和谈诉求：一是

"曩者各岛全盛之时，犹以剃发不肯"；二是希望清廷"能以外国之礼见待，互市通好，息兵安民"。同时，他还不忘向舅舅炫耀自己治台的成就："今日东宁，版图之外，另辟乾坤，幅帧数千里，粮食数十年。四夷效顺，百货流通，生聚教训，足以自强，又何慕于藩封，何羡于中土哉？"（《内阁档案》，郑经致舅父董班舍启，永历二十一年六月二十三日）

孔元章读了郑经致董班舍的复信，看到其中有"但据孔督都来启未有实指"的字眼，以及"倘清朝以滨海为虞、苍生为念，能以外国之礼见待，互市通好，息兵安民，则甥亦不惮听从"，坚信郑经在和谈态度上留有余地，招抚仍有希望。于是，他奏请清廷，亲往台湾招抚，获得批准。

康熙六年八月二十一日，孔元章由海澄出发，在台湾海峡航行近一个月后（多数时间在等候季风），于九月十六日抵达台湾。郑经对其给予高规格礼遇，安排文武官员迎接和豪华公馆安顿，并于次日亲自接见。在其后给清廷的奏疏中，孔元章写道，"伪逆虽陈列甲士环护，冀张逆势。臣备言，伊父兵甲非不坚利，以逆天犯顺，卒败以死。伪锦俯首无辞"（《内阁档案》，孔元章奏本，康熙六年十一月十六日）。他的一番慷慨陈词，竟让甲兵环护的郑经低头无语，似乎有些夸张。

九月十八日，即面见郑经的次日，孔元章开始与郑经进行具体问题的磋商，并提出 6 项条件：奉朔、称臣、纳贡、剃发、登岸、遣质。给郑经的优惠待遇是"以沿海地方与世子通商"（夏琳《海纪辑要》）。郑经表示，同意"奉清廷正朔"和"称臣纳贡"，但无法接受剃发登岸和派遣人质。郑经甚至说出了"和议之策不可久，先王之志不可坠"的豪言壮语。显然，双方依旧在郑氏集团前途定位的原则问题上谈不拢。

孔元章在台湾住了二十多天，于十月初七日启程离台，二十五日抵达海澄。虽然谈判无果，但收获颇丰。郑经对孔元章给予厚礼相待，"较接待以前招抚诸臣，大是恭谨"（《内阁档案》，孔元章奏本，康熙六年十一月十六日）。

孔元章满怀信心地认为，既然郑经给予的礼遇规格较高，和谈还是有进展、有希望的。在给清廷的奏疏中，他竟然坚称郑经，"仰慕朝廷德化，奉朔称臣纳贡，皆所甘心。臣即檄示，必取剃发登岸，方副臣奏使之职，取有回文，仰凭廷断"（《内阁档案》，孔元章奏本，康熙六年十一月十六日）。事实证明，他在政治上不太成熟，被郑经制造的假象彻底蒙蔽了。

三、和谈结局

孔元章在台逗留期间，获知了一些郑氏集团内部的秘密材料，并进京面奏。这个所谓的"秘密材料"，就是施琅暗通郑经，图谋叛变。施琅本是郑成功部将，投降清廷后虽因军功升任水师提督，但始终得不到清廷充分信任。除了孔元章的密奏，还有三件事加重了清廷对他的猜忌：施琅此前两度攻台失利，坚决反对孔元章赴台招抚，不断向孔元章的随员探听消息。这些蛛丝马迹令清廷断定，施琅做贼心虚，值得怀疑。

于是，康熙七年正月，清廷将施琅召入京城，改授内大臣的虚衔，就近观察动静，裁撤其指挥的福建水师，将施琅在水师里的部将分散到各省屯垦。由于施琅主战且善于海战，号称"海霹雳"，为郑经所忌惮，他的调离也就成为郑经在此次和谈中取得的意外收获。

事实上，孔元章搞到的所谓"秘密材料"是伪造的。郑经利用清廷用人疑人的心理，略施离间小计即达目的，确保台湾继续偏安一隅，其情节和效果颇似《三国演义》中的"蒋干盗书"。

孔元章则恰扮演了蒋干的角色。

康熙六年清郑和谈，是在双方总体均势的情况下举行的。为了推动谈判成功，双方都做了一些让步，比如郑经愿意"奉朔"、称臣、纳贡，但仍有较大分歧。郑经主张援引朝鲜、安南例，享受清王朝藩属国待遇，不剃发、不登岸、不遣质，遭到清方拒绝。

清廷主持谈判的官员孔元章误判形势、乐观过度，谈判策略失误，节奏控制失当，过早暴露底牌，导致清方在和谈中陷入被动，阶段性受挫。郑经借由和谈渠道，取得了与清廷平等对话的机会，摸清了清方谈判底牌，也为其巩固政权、恢复经济和军力争取了时间。尽管清廷此后并未放弃和平解决清郑对峙局面和台湾问题的努力，但双方分歧犹存，和谈困难重重。

或许孔元章意识到自己事没办成，名声坏了。出于改善自身形象，博得乡民好感的考虑，他在回京途中路过江阴，亲赴当年自己做侍童时的主子吴焕如墓前哭祭，"见家主称叔，做戏请宴，俱有馈遗，次请绅衿张有誉等"（计六奇《明季南略》）。张有誉曾任南明弘光政权的尚书，弘光朝覆灭后退居家乡，粗茶淡饭，聊度残生，在当地有较高知名度，被誉为"人望""完人"。孔元章主动宴请当地知名人士，具有政治用意，就是为了塑造重情感、知谦逊、恋故旧、尊长辈的新形象，改变当年破坏抗清复明运动的恶劣形象。

然而，这些做法后来被证明只不过是自作聪明。清廷意识到，由于用人失误，导致招抚行动劳而无功。在清廷看来，孔元章不仅已经没用，而且回乡擅自宴请南明退任高官，又触犯了政治忌讳。康熙六年冬，就在孔元章回京复命后不久，清廷以"自请招抚不效"的罪名，将其流放宁古塔。在这座关押各类犯人的特殊城堡，他仇家云集，"众欲毙之"。孔元章在唾骂声中"无所事，日为人诵经"，又苟活了二十多年才去世，享年 80 岁。

作者简介

　　唐博，1981 年生，河南郑州人。历史学博士，国务院台湾事务办公室秘书局副调研员。研究方向为清代及民国经济史、城市史、台湾史。出版专著《住在民国：北京房地产旧事（1912—1949）》《驿站小史》《清案探秘：官闱秘闻》等。

"河工案"与康熙朝内阁人事再调整

张 霞

康熙二十七年（1688），担任河道总督已有 12 年之久的靳辅被革职。与此同时，明珠等多位大学士也一同被免去职务。这就是康熙朝著名的"河工案"。这次罢免风波是否只因黄河治理意见相左而起？作为整个案件的仲裁者，康熙帝是否还有其他用意？

一、"河工案"引发的罢免风波

康熙二十七年，河道总督靳辅被革职。这是他为官道路上首次遭遇挫败，也是担任该职多年来遇到的空前挑战。当时，江南道御史郭琇指责靳辅治河无功，户部尚书王日藻也称屯田一事加重了百姓的负担。其实，靳辅自康熙十六年上任以来，受到的质疑屡见不鲜。黄河泛滥的灾患在历史上不计其数，治黄是困扰历朝统治者的心头大患。康熙初年，黄河下游连年决溢，河道、运道陆续被严重破坏。河务与漕运、三藩并列为朝中三大事，靳辅正是在这种情形下临危受命。经过十余年的整顿，决口泛滥之灾大为减轻。其间，质疑声仍时有出现。如康熙二十一年，当他再次提出"支银十四万余两，另开运河于骆马湖之旁"时，左都御史魏象枢予以反对；候补布政使崔维雅提出与其相左的治河意见；工部屡次疏称其治河无功，要求将其革职。不过，这些声音始终未能影响靳辅在河务中的职权，河工也在有序进行。

与此前不同，康熙二十七年的弹劾内容渐渐偏离河务正题。郭琇指称靳辅听信幕宾陈潢，试图阻挠下河开浚，并将其与大学士明珠的种种劣迹相联系；漕运总督慕天颜也称，户部尚书佛伦等奉命会勘河工时都听从靳辅的说法，自己未敢附会；山东道御史陆祖修疏言，"靳辅身虽外任"，但"与九卿呼吸甚灵"，以至"会议之时"，吏部尚书科尔坤、户部尚书佛伦、工部侍郎傅拉塔、左都御史葛思泰等纷纷偏袒他，而置"公议"于不顾；工部左侍郎监修下河孙在丰奏称：会勘河工时，佛伦等原本商议要挑浚，且"拟有疏稿"，后来却未向皇帝汇报。此事"虽系佛伦主稿"，但实为"靳辅阴谋"。靳辅的幕宾陈潢亦受到严厉指责，"黩货无藉、法所不宥"。

陈潢为浙江钱塘人，在治河方面颇有建树，是靳辅整顿河务的得力助手。所谓"会勘"一事，指尚书户部佛伦、吏部侍郎熊一潇、给事中达奇纳、赵吉士等人受皇帝旨意前往勘察河工一事。康熙二十三年，皇帝首次南巡。目睹高邮、宝应诸州县被水淹后尚未复业的实情，认为应该重视下河和海口工程。考虑到靳辅正在督理黄河堤岸，而且两处各在一地，便决定另差其他人负责。这项重任就落到了"才守堪委"的时任安徽按察使于成龙身上。于成龙主张"开浚海口故道"；靳辅认为应"开大河"，建长堤可抵海潮。两人各执己见、争执不下。"下河之议"和"海口之争"由此开始。面对这种局面，皇帝不仅听取了多方意见，而且于康熙二十七年派出佛伦等人前往当地进行考察。历经两个多月的实地勘察，他们仍支持靳辅的治河主张，认为应当按照其原有思路来开展治理。

面对蜂拥而至的疏参，靳辅等人展开回击，指责慕天颜等朋谋陷害、阻挠河务。但这些争辩并没能阻止随后的罢免风波。先是佛伦、熊一潇、达奇纳、赵吉士因明珠结党事被免职，接着靳辅被革职，其幕僚陈璜不仅被"革去职衔"，而且饱受"杖流"之刑。"河工案"至此暂告一段，但事情还没有结束。考虑到新河臣尚未到任，便派学士凯音布、侍卫马武等去看阅河务。于成龙之前称："靳辅开中河，无所裨益，甚为累民"，"河道已为靳辅大坏"。凯音布等人看到的局面却与之截然相反，"中河内商贾船行不绝"。康熙二十八年，皇帝再度南下，阅视河道时亲眼目睹了靳辅的治河成效，而且得知江南多地百姓对前任河道总督赞誉不绝。这些正面信息都为靳辅重新参与治河事务提供了有力依据。此后，尚书苏赫等奉旨前往勘阅沙河南北两河水势时，靳辅亦在其中；漕运总督董讷疏请"放南旺湖水"，皇帝要求听取靳辅等勘河大臣的意见；户部侍郎博际、兵部侍郎李光地、工部侍郎徐廷玺"前往查阅"时，靳辅亦一同前去。康熙三十一年，复职不久的靳辅去世。不过，在被罢职的四年间，他始终在河务中发挥作用，黄河治理仍延续了其原来的规划。

二、案件仲裁者康熙帝的态度

担任河道总督之初，经实地调查并详细研究历代治理举措后，靳辅连呈八疏，系统陈述自己全面治理黄、淮、运的规划。这符合康熙帝一劳永逸的治河初衷。黄河治理关系国计民生，各项事宜都需要中枢机构来参与决策。清朝入关后，中枢决策机制几经变更。其中，最主要的决策形式有议政王大臣、九卿、"御门听政"三种。其基本运作模式是以皇帝为核心、议政王大臣和九卿为会议政事主体、阁臣充当顾问。可见，最终的商议结果都要由皇帝来裁决。因此，靳辅的大修主张虽然遭遇了议政王大臣的反对，但并未改变其治河的总思路。

作为朝廷重大事务的仲裁者，康熙帝向来注重从多个渠道获取信息。当于成龙和靳辅在下河开通与否问题上发生争执时，鉴于两人的说法都很有道理，皇帝便要求"传问高、宝、兴、盐、山、江、泰七州县见任京官"。之后，为知晓当地民众的看法，又派工部尚书萨穆哈、学士穆称额"速往淮安高邮等处"，实地走访民意。

靳辅任职河道总督的十余年间，皇帝对他的治河举措总体上呈支持态度。这主要体现了其以河务本身为重的惯有原则，而非个人情感使然。康熙帝也曾向大学士表达自己对靳辅的不满，认为他"为人似乎轻躁，恐其难以成功"。这种偏见在河流回归故道的喜讯传来且亲自勘察后才有所改观。工部三次疏参，称靳辅修理河工"并无成功"又"虚糜钱粮"，要求将其革职。康熙帝当时的考虑是，"河工重大"，"因一时不能成功即行处分，或另差人修理，恐致贻误"。于是，决定"俟一二年后，看其若何"。这种"以河务为重"的惯有立场在与内阁学士席柱的一番言论中再度显现，"河道关系漕运，甚为紧要"，"若另用一人，则旧官离任，新官推诿，必致坏事"。之后争议空前的"下河"事务中，康熙尽管倾向于成龙的主张，但仍未撤换靳辅，同样出于河务的考虑。

面对种种质疑声，康熙帝都没有动摇继续让靳辅负责河务的决心。而康熙二十七年的一连串弹劾事件中，双方争论的焦点逐步偏离河务，进而促使事态发生大转变。郭琇对靳辅的疏参开始波及明珠，指责两人"交相固结，每年靡费河银，大半分肥"，"所题用河官，多出指授，是以极力庇护"。弹劾队伍中还有工部尚书、工部左侍郎、江南道御史、山东道御史、漕运总督等官员。被弹劾者也据理力争，双方在激烈的争论中相互揭发。这成为案件发展的转折点。

借着科道官的弹劾，康熙帝开始将讨论的矛头转向当时朝政中的种种诟病。最显著的就是"在廷诸臣"之间"三五成群、互相交结、同年门生、相为援引倾陷"。大学士为内阁长官，是文臣中的最高官位。其职责包括起草诏令、批答奏折、参议国政、宣布谕诏；九卿会议本该"各出己见、公同商酌"。可眼前的情形却是，彼此要么附和不已，要么针锋相对而茫然无知、"随众画题"的官员也不占少数。作为三大中枢决策机制之一，九卿会议扮演着颇为重要的角色。清朝立国后不断扩大其人员范围，主要是为了集思广益、博采众长，以尽可能地提高中枢决策的准确性和合理性。结果，却事与愿违。早在"下河"问题产生分歧时，康熙帝已敏锐地捕捉到，"与靳辅善者，为之称美；与靳辅不善者，言其过失"。可见，官员们"挟私意、纵偏论"的用意甚为明显。

此外，康熙帝还表达了自己对用人方面的不满。清朝初年，采取多种措施广招贤俊之才。科举制确立以后，荐举依旧是选拔官员的重要途径。如康熙十八年开博学鸿儒科。由现任官员推荐有识之士的招揽人才方式，在当时受到鼓励。通过推荐获得贤才固然快捷，但也隐含着一些负面效果。最大的危害就是官员们相互拉帮结党、徇私受贿。这一点令康熙帝颇为不满。

三、康熙帝借机整顿朋党、调整内阁人事

弹劾事件中，双方争论的焦点逐渐由河务转向相互间的批驳与揭发。这种积蓄已久的不正之风促使康熙帝下决心整顿朋党，因此出现了被弹劾者与弹劾者一律被罢免的局面。就连曾被派去勘察河工的佛伦、熊一潇、达奇讷、赵吉士以及一同前往的江南

总督董讷、漕运总督慕天颜也都在免职之列。

至于革职缘由，要么未提及，要么仅有"居官不善""极其庸劣"等类似的虚语。以户科给事中赵吉士为例，他被革职的理由为"行止不端"，实指其"寄籍"应举一事。赵氏世居徽州休宁，早年入籍浙江钱塘（今杭州市）参加科举，顺治八年考中举人。原籍应试是清代科举制的一项基本原则，即考生必须在原籍所在地以自己所属户籍类别参加科举考试。此外，还有针对流动人口而设的寄籍应试之法。根据相关规定，若具备置有田产、庐墓等必要前提条件，士子可以向流入地呈请入籍（即落户），满足一定年限的规定后即可在该地参加科举考试。而且，这种做法在当时的现实生活中也十分普遍。即便如此，赵吉士还是被冠以"行为不端"之名而被免职。可见，康熙帝借机清除朋党之弊的用意颇为显著。他认为，朋党之争扭曲了人们对是非的判断，"河工案"便是残酷党争的结果。

被免职的官员中，除陈璜被捕不久便因病去世外，其他人后来都重新获得为官机会。而罢免风波中明珠等人的情况则截然不同。他们不仅先于靳辅等被免职，而且日后的仕途境遇也是另一番情形。大学士勒德洪、李之芳、余国柱三人直到去世都没有再担任过任何职务。科尔坤于康熙三十二年"复尚书原衔"；明珠被革职后不久再度获授"内大臣"，此后的二十年间"虽权势未替"，但"竟不复柄用"。结合处置先后顺序、所受处分及日后的复职情况，"河工案"中被罢免的官员可分为上述两类。整体来看，事件对明珠、勒德洪、李之芳、余国柱四位内阁大学士的影响更大，靳辅等其他人的官宦生涯似乎并未受到实质影响。所以，清除朋党之外，康熙帝的其他用意仍值得追问。

清朝入主中原的同时，统治集团内部的整肃也是刻不容缓。该项工作在顺治时期已受到高度重视，特别是对满族宗室势力的控制。等到康熙帝即位，全国形势日趋稳定，使统治重心的转移成为可能。康熙帝幼年登基，初期由索尼、苏克萨哈、遏必隆、鳌拜四大臣辅政。异姓辅佐皇帝处理朝政，这是对满洲旧制的重大变革。随着皇帝日渐年长，亲政的渴望也愈发强烈。凭借自己的聪明才智，康熙帝顺利解决四辅臣问题。有了前车之鉴，有效牵制新势力成为必然。以索尼之子索额图为例，此人在清除鳌拜过程中立有头功，很快荣升为内国史院大学士。但为了限制其权势，康熙帝还是采取了一些平衡之术。明珠和勒德洪就是这种情形下擢升为武英殿大学士的。这是康熙十六年的事。明珠势力的膨胀得益于平定三藩，他在极力支持皇帝撤藩的过程中立下功劳。索额图被逐出内阁后，明珠权重一时。

从辅臣到三藩，再到索额图，任何势力的独大都是康熙帝不能接受的。明珠等人日后被革职自然也在情理之中。对于郭琇等人的弹劾内容，康熙帝并非不知晓。疏参事件正好提供了契机，他便顺势大谈朝廷内部的不正之风，指明朋党问题是朝政中最大的弊端，进而促成了内阁人事调整。就个人官宦生涯而言，李之芳的仕途大发展也是在三藩之乱后。康熙十三年，吴三桂发动叛乱。当时，李之芳正在担任浙江总督。平叛行动中的战功，使其得以迅速升迁，直至大学士。康熙帝这次的内阁人事调整主要是针对平定三藩后成长起来的一批新势力。此次调整并非没有预兆。康熙二十四年山西巡抚穆尔赛加征火耗案、二十五年蔡毓荣案等事件都牵扯到明珠，皇帝对科尔坤、佛伦等人的不满也在与日俱增。最终，夺职罢官便是顺理成章之事。

结　语

康熙二十七年，因"河工案"而起的弹劾事件引发了空前的罢免风波。从起初的河务之争，到不同势力间的相互揭发，案件逐渐偏离治河事务本身，演变成官员们的一场辩论。作为整个过程的仲裁者，康熙帝在其中起了颇为关键的作用。靳辅担任河道总督的十余年间，尽管阻力重重，但皇帝始终都坚持以河务为重。郭琇等人的疏参改变了他的这种惯有立场，并促使其展开了关于朝廷不正之风的一番大论述，尤其是党争问题。从这一点来看，利用官员之间的质疑和反对，打击朋党势力、整治为官风气，是康熙帝此次决定将数人革职的关键原因。党争的发生源自部分官员位高权重，对这些人及其势力的抑制甚至清除，才能使问题得到根本解决。因此，看似与"河工案"关系不显著的明珠等人不仅先行被革职，而且从此再未得到重用，其原因即在此。至此，康熙帝顺利完成了对内阁人事的再一次调整和统御。

作者简介

张霞，女，1986 年生，山西离石人。历史学博士，山西大学历史文化学院讲师。

清代八旗衰落的原因

张世明

传统观点认为，清军入关之前，满洲八旗剽悍勇猛，能征善战，但随着清军入关之后，迨承平日久，享有特权的八旗子弟，终日养尊处优，游手好闲，提笼架鸟，唯知鲜衣美食，荡费赀财，无所事事，武艺逐渐荒废，后来"八旗子弟"遂成为承受祖荫、百无一能的纨绔子弟的代称。事实上，清代八旗军队走向衰落是多种因素复合作用的产物，任何历史单因归论都失之片面，而且可能将一些不甚重要的因素放大而视之为根本原因。下面，谨就八旗衰落的原因略陈管见，就正于方家。

一、八旗的兵役制度

《中国古代军制史》一书认为，我国古代交替辗转实行过的兵役制度主要有四种基本类型，即族兵制、征兵制、世兵制、募兵制。所谓族兵制，是指刚脱胎于原始社会尚未摆脱部落制影响的奴隶制国家，或尚处在部落行政组织与军事组织相结合阶段的王朝所实行的全族有兵役义务的适龄男丁皆当兵参战的制度。这是一种由原始社会末期居民自动组织为武装力量的军事习惯演变而来的军事习惯法。它被国家或王朝首领认可，并强迫其全族成员接受，具有强制为兵的性质。所谓征兵制，是指国家根据所制定的关于国民必须承担兵役义务的法律或具有法律效力的规范性文件，按照军队补充、扩编需要，强制征集丁壮服现役和预备役的制度。这种制度是在国家相对统一、专制集权政治制度比较健全、经济比较发达、人丁比较旺盛的条件下实行的。实行征兵制，国民兵役负担较为平均，从征者有退役还民的可能。所谓世兵制（或称军户制），是指国家强制部分国民固定服兵役，脱离民籍，另立军籍，成为兵役世家。在军者终身为兵，并且父死子继，兄终弟及，世代为兵；同时还要屯田积粮，以供军资。所谓募兵制，是指国家以出钱雇佣的形式募集兵员的制度，又称雇佣兵制。形式上，从役者自愿应募，役期以合同为据。但在我国封建社会经济条件下，应募者通常是失地或无业的流民，一经应募，往往终身为兵，唯不及子孙。我们认为，上述分类的最大不足在于划分标准不统一。在我们看来，从动员方式来看，中国古代兵役制度可以划分为征兵制和募兵制两种制度，有时以征兵为主、募兵为辅，有时以募兵为主、征兵为辅；从征调方式来看，可划分为义务兵制和世兵制两种，世兵制又可区分为军户制下的世兵制和部族兵制下的世兵制；从服役时间的长短来看，可划分为义务兵和职业兵两类，义务兵主要与义务兵制相联系，而职业兵则主要来自于募兵制；从兵民关系上看，可以分为兵民合一与兵民分离两种情况。张其昀所著《中国军事史略》一书中这样写道："募兵制先于征兵制约一百年，征兵制为募兵制之扩充，此读史者所宜注意也。后世学者动言古者寓兵于农，井田废而兵农始分。按之史实，适得其反。东周以前全为贵族兵役制，战国以后始行国民兵役制，中间春秋之世则系转变时期，而儒、墨之思想即为其旋转之枢纽，与创化之重心。"对于上述这一段话，我们不以为然，但这段话提醒我们注意募兵制先于征兵制、征兵制为募兵制的扩充却实为精辟之见。在中国历史上，无论征兵制还是募兵制，都没有成为维持中央集权国家军队的决定性制度，一个朝代单行或并行何种兵役制度以及实行过程中的变化，都不是简单地呈现出线性发展的特征。

八旗兵制是满族特有的传统制度。最初，满族八旗是在本民族内部实行的族兵制。旗为部族的区分，亦为军事单位。以族统人，即以族统兵，凡族人男丁"人尽为兵，不啻举国皆兵焉"，以军民结合、军政结合、耕战结合为其特点。八旗的起源是"牛录"。牛录是满语的音译，意为射野兽用的大披箭。当时，女真人行师出猎，不论人之多寡，皆以血缘和地缘为纽带，结队而行，十人中立一总领，称为牛录厄真。努尔哈齐在统一女真的过程中，把牛录加以改造、充实、强化，使牛录成为固定的战斗组织。明万历四十三年（1615），努尔哈齐规定，五牛录编为一甲喇，五甲喇编为一固山，共设八固山，每固山为一旗，这样便建立了正黄、正白、正红、正蓝、镶黄、镶白、镶红、镶蓝八旗。皇太极即位后，在保持八旗组织完整性与严密性的基础上，实行"三丁抽一"，使八旗社会的兵役与战争稳定地结合起来。皇太极把后金的兵役制度与明朝相比较后指出："南朝（指明朝）规矩，兵民为二，民有常业，兵有常粮；我国兵民为一，出则备战，入则务农，兼以收拾兵器。"这种族兵制把经常性的生产、狩猎、训练结合在一起，与当时满族社会低下的生产力水平是相适应的。清朝统一全国后，八旗的军事职能加强，旗人但砺刀剑，无事于农亩，族兵制逐渐演变成为封建社会的世兵制。据我国一些学者研究，族兵制基本上属于奴隶制社会的兵役制度，世兵制即军户制，在我国古代几起几落，反复出现，其实行的情况之一就是由族兵制过渡而来，"如北魏的鲜卑中军、镇戍兵，东魏、北齐的中外军，西魏、北周的府兵，元、清统一全国后的蒙古军、探马赤军、八旗兵，大体属于这种情况。原来的士兵及归附他们的士兵，包括其家属，被强制列入军户，世代为兵，成为固定的兵役对象；而新统治区域的广大居民则为民户，成为国家长期获取赋税、力役的对象"。

学者们往往都认为，清朝入主中原后，八旗的集兵方式和战斗组织由单一形式向多样化发展，出现了许多应运而生的特殊军营，这些军营一般从各佐领中抽调一定的人数重新编制，包括亲军营、前锋营、护军营、圆明园护军营、步军营、骁骑营、火器营、健锐营等。然而，这些特殊军营与原先的八旗制度究竟是怎样的关系，学者们均没有加以论述。我们发现，北京这些所谓特殊军营的兵数恰好在 10 万人左右，等于除了八旗驻防以外的八旗禁旅的总数。也就是说，除了这些"特殊军营"外，住在北京的其他旗人都不是军人，而是平民。换言之，清朝入关后，八旗制度发生了一个为目前学者们所忽视的，或者说没有弄清楚的重大变革，即：军民分离，八旗禁旅采取了营的建制，与绿营相仿，都逐步趋于正规化。当然，这并不意味着营制与原先的八旗制度截然分离而毫无关系。因为步军、前锋、护军、亲军各营都是由各旗合组而成。尽管骁骑营仍然分旗设营，由各八旗都统统辖，而步军、前锋、护军、亲军各营均由皇帝派专职军官统率各营官兵。八旗禁旅的营制的特点是：不是先定出营内各级组织的统一编制，然后再按编制补人，而是根据大致所需兵力，按八旗佐领数平均分配名额，由各佐领各出兵员若干人，然后在不打乱各旗人员的原则下编组为营。由此可见，这种营制的确立意味着与传统八旗制度的某种程度上的背离，意味着一场军事体制的变革，意味着皇权对军队的控制加强。这种营制不是我国目前大多数学者所谓的"特殊军营"，它是一种普遍的制度。组成后的营，才是国家的军队，由皇帝任命官将统领、指挥，八旗都统在原则上无权管理指挥各营。

二、八旗衰落于何时？

学术界对清朝前期军队建设的演变历史的传统观点是："清军队中的八旗兵，曾是清入关和进行征服统治所依靠的主要力量。但随着清在全国统治的巩固，旗人也就日益腐化。乾隆时，八旗已经成为一个社会典型的寄生集团。在腐朽的生活中完全失去其原有的战斗力。康熙帝平定三藩叛乱时，八旗就已经显示出腐败无能了。雍正乾隆时期的对外征服战争中，主要军事力量，不是八旗兵而是绿营兵。乾隆中叶以后，绿营兵也因腐朽而纪律废弛，失去了他作为清统治工具的作用，而不得不依靠地方汉族地主组织的乡勇。"但学术界对此种传统观点也存在不同意见。台湾学者赖福顺就说："清高宗'十全武功'中历次派兵遣将，挞伐敌寇，参与斯役之军队种类不少，一般称为八旗、绿营、蒙古（旗）兵、回兵、藏兵、屯土番练兵等。大体而言，在这十次重大战役中足称为骁勇善战者首推八旗，次为屯土番练兵、蒙古兵，再依次为绿营、藏兵，至于回兵仅二百名奔驰于疆场上，尚看不出端倪。八旗兵以驻地而言，可分为京营、驻防，其中以京营之京兵与东三省驻防兵最为勇猛，'十全武功'中共参与八次，仅安南、第一次廓尔喀之役，迅速完结，未曾征调远征，其余所有参与之战役中，无不奋勇杀敌，高宗倚为国家支柱，开疆拓土，立功厥伟。然近人每涉及清朝军事，惯有一既定模式，即清初八旗兵力强盛，至康熙三藩之乱而衰颓，此后清廷均仰赖绿营，迨洪杨事起，又转用乡练。此姑不论清朝于高宗前后之军力，仅以清代臻至全盛之高宗时代而言，八旗兵力甚为强盛，论兵则有索伦、达呼尔等之东三省兵及健锐、火器营之京兵，论将则有兆惠、富德、明瑞、阿桂、海兰察等勇谋俱全之将帅，然难免有如攻大金川之讷亲，库车围城之雅尔哈善，及木果木败亡之温福者流，惟究属少数。高宗深知每逢战役均须派遣八旗满兵，作绿营表率，不惟如此，当时统兵将领亦有满兵与绿营优劣之认知，连敌方亦有此项记载。至此事理已明，八旗兵力在高宗时代重新恢复骁勇善战之气势，御敌拒寇，夺得多次战争之胜利；而绿营却表现平平，不尽人意，不似三藩之乱时之奋勇矣。窥知史实，诚不容吾人再持续认为高宗时代以绿营代替八旗之说法。"

战斗力由人、武器和人与武器的社会组合方式三个要素构成，它是军队这一特殊社会集团在战争实践中所表现出来的主体能力，但这种客观存在的主体能力受自然、地理条件的差异和其他偶然因素的影响，其发挥程度不尽相同，所以我们这里谈论八旗在平定三藩之役和十全武功时期战斗力大小时，若不经过数量分析便率尔做结论，似乎有失科学性。不过可以肯定的是，乾隆帝组建健锐营是极为英明的决策。史载，京旗外三营除了圆明园为驻守外，火器、健锐二营有意识地被安置于郊区，从而形成18世纪令人注目的"香山旗营"，目的即在于"令其远屯郊圻，不近繁华"。这对乾隆时期京旗能够在历次战争中有不俗的表现关系极大。此外，在18世纪，清政府把达斡尔（历史上曾译为"达呼尔""达瑚尔"）人、索伦（今鄂温克族）人、席北（今锡伯族）人、赫哲（又写作"黑斤""黑津"）人、鄂伦春人纳入"大满洲"而成为其中组成成员，称为"伊车满洲"（汉译"新满洲"），与"佛满洲"（汉译"旧满洲"）相对称。清政府在使这些少数民族编佐领隶旗籍后，采取以旧满洲兵训练新满洲兵、以入旗时间长的新满洲兵帮助刚入旗的新满洲兵的滚动式办法，使之成为"往往能勇猛敢战，取翠翎珊顶及巴图鲁名号如寄"的劲旅。正是这样，尽管八旗官兵早在平三藩战役中就已无上佳表现，但直到乾隆朝的历次征战，八旗兵力仍不可轻视，原因即在于清廷手中还握着这样一支边疆少数民族组成的强悍的后备军。这些基本上不靠国家兵饷为生的旗丁，源源不断地被用来补充、替代内省日渐衰败的旗兵，使整个八旗的战斗力延续了相当长的时期。正如昭梿所说："国家挞伐四夷，开辟新疆二万余里，南驱缅夷，西翦金川，唯赖索伦轻健之师，风飙电击，耐苦习劳，难撄其锐。"应该说，清政府在 18 世纪加强对东北地区驻防的控制和整饬，使东北作为大后方备有一支随时可用于调遣的劲旅，这是一项颇为成功的措施。但是，这支力量是建立在边疆地区落后的生产方式的基础之上的。为了保持这种野战军的战斗力，清廷必须保障其生计，奉行"封禁"政策，以免汉人出关垦荒侵占旗地，威胁少数民族的生存环境。但从长远来看，它导致了东北地区经济落后，防务空虚，最终造成了边疆武力的衰败。

三、八旗衰落的制度原因

台湾学者田震亚在《中国近代军事思想》一书中这样写道："在古代，中国一向认为理想的军事制度，乃是兵农合一或寓兵于农。在这种制度下，每一农民或一部分选定的农民，在其一生中，一定要服务军中一次。遇到战时，必须应征服役，为国效力。然而自秦汉以来，几乎没有任何朝代曾始终贯彻此一制度。一般而言，仅少数几个朝代像汉、唐两朝，在初兴时有效推行，一俟国家安定和平，统治者多半不再注意，任其荒废。不下数代，即腐败而归无用。满人未入关前之八旗兵制，以部落为单位，所有部落中之男士，几乎人人皆兵，多少有似中国古代的兵农合一。但入关后，旗人即成特权阶级，旗兵又是世袭。其腐化败坏之快，较之古代各朝之兵制，犹有过之。因此旗兵之制虽存，但在世袭之下，经过数代之后，早成了社会的寄生虫，完全丧失了军队的战斗精神，不能作战。"首先，我们不同意八旗腐化极快的说法，其理由前面已有论述。其次，把兵农合一似乎看成是导致八旗腐化的根本原因，更不能为我们所接受。在18世纪，清廷将"国语骑射"政策置于极其重要的地位。在许多情况下，统治者反复强调的内容往往是社会基层中存在缺陷的弊端最严重的方面。如果这些方面已经尽善尽美了，那么统治者就会自吹自擂而不会三番五次地要下级加强、重视这方面工作了。换而言之，正因为入关后满族的"国语骑射"水平严重下降，所以清朝统治者才会把"国语骑射"作为一个口号提出来并加以强调，百计督促，极力挽回颓势。我们认为，清朝统治者一方面尊孔崇儒；另一方面，清朝统治者又反对全盘汉化，力图确保满族的"国语骑射"，这两者很难并行不悖。有人说："二百年间，满人悉归化于汉俗，数百万之众，佥为变相之汉人。"推究其故，"以小量加诸巨量，譬如一杯水对一车薪之火，不特水不胜火，而火犹将胜水，其势然也。"清代旗人对于汉族人民，怀着一种又自大又自卑的复杂心理。诚如满族词人纳兰性德在《浣溪沙·一半残阳下小楼》中所书："有个盈盈骑马过，薄妆浅黛亦风流。见人羞涩却回头。"我们对这句话可以作如是观：擅骑善射的满族人对本民族的习俗、文化特点，既引以为自豪和"风流"，同时亦受中原汉族封建文化的影响，有"羞涩却回头"之态。在仰慕汉族文化的社会风气下，八旗军队轻于军事、争趋文事的现象日益普遍。而清朝统治机构腐败现象像病毒般蔓延的社会大环境也对八旗军队产生了影响。有位外国学者指出：由于获得科举功名的人增多，向社会上层流动的潜力相对削弱，许多有功名的士子须要花很多年候补官位。通过合法手段获得官职的困难意味着寻求保护人制度的加强，这导致了分裂主义的增长。另一个结果是，随着社会商业化程度提高，在官员与企冀获得官位者之间赠送礼物具有新的重要性。这位外国学者用结构分析的方法，解释了18世纪清朝官场腐败现象有增无减的原因。显然，这种现象也不能不对军队产生深刻的影响。

乾隆四十四年（1779），西安驻防满洲子弟由于世代相传，"在外已百有余年，未免沾染汉人习气"，其突出表现是"软弱"。乾隆帝认为这是由于将军管束过严，"稍有错误，即从重办理，遇斗殴等事，革退钱粮"，兵丁"恐失生计，心存畏惧，自然志气萎靡，流于软弱"。这种现象的确是八旗制度本身的问题。其实，八旗制度本身存在的最大的问题是清政府对八旗兵丁采取了全部包下来的政策。清政府为了保持八旗军战斗力，给八旗兵的饷银是比较优厚的。八旗兵的住房由政府用官费建造，一切修缮费用也由政府承担。遇到有婚丧嫁娶的时候，政府还有种种名目的赏银。由此可见，八旗兵丁的衣食住行、各种社会福利津贴均由清政府大包大揽地"包下来"了。这不仅是政府养军队，而且成了政府办社会。一方面，清政府具有一种"超人情结"。八旗兵丁的土地典卖给汉人了，政府出面掏腰包赎回；八旗兵丁由于生活上讲排场而债台高筑时，政府大笔一挥将积欠的旧债概行豁免……如此等等，不一而足。另一方面，在政府这种"父爱主义"的呵护下，八旗兵丁逐渐形成了一种"依恋情结"，坐、等、靠思想比较严重。这种"包下来"的做法使政府背上了沉重的包袱，而且朝廷惠泽虽频，但兵丁空乏如故。随着物价的上涨，随着八旗人丁的增加，"房地减于从前，人口加有什伯"，不仅由公家提供的住房开始紧张，人均居住面积减少，而且由于兵有定数，饷有定额，清军入关前可以三丁抽一，康熙时为五丁一兵，乾隆时则降为八丁一兵，兵丁比例日趋扩大。"披甲当差"

益綦难矣，但这又是八旗子弟唯一的出路。成丁不能顶替他们的父辈而谋到差使，安排不了工作，就没有饷银，这样八旗兵丁的人均家庭抚养系数就增大了，生活水准必然下降。

赵书《外火器营满族乡镇杂忆》的记述虽然主要是有关晚清的事情，但可以为我们贴近18世纪的历史提供一些佐证。据赵书说"历史上，外火器营中历代都出了不少鳏寡老人，近代就更多。在清代营房中的人，只要不死，国家总是要养活的，但生活却非常凄惨。我听到过两个孤独老人的故事，一个是一位老养育兵，他虽考上了弓箭，但马甲兵的额数是定死的，没有空额就补不上去，结果一生未娶，一贫如洗，只养了两只小黄狗相依为命。老人去世后，同族人给他出殡，让小黄狗穿上丧服领丧。"赵书的爷爷在当时也每每叹息，赵家每代都出一个没出息的人，考不上弓箭，拿不到钱粮，补不上正式旗兵，只好当一辈子"余兵"。后来虽然有了养育兵，比余兵的钱粮多一点，但是一般也无法成家，只好打一辈子光棍了事。赵书看到自家坟地中有整坟，有孤坟，所谓整坟，就是夫妻合葬，尸骨完整，而孤坟是生前孑然一身，死后也进不了祖坟序列，因此埋在坟地两侧。赵书在回忆录中所讲到的一首名叫《探清水河》的曲子也很能够说明问题。这首小曲描写的是一对名叫奚小六和松大莲的满族青年男女悲惨的爱情故事。奚小六年轻俊美，人称小六哥，得到了松大莲的爱恋。这位小六哥武艺虽好，但是，家中兄弟多，补不上缺，还只是个养育兵。所以，松大莲的父亲松老三反对这门亲事，一怒之下，把怀有身孕的亲生女儿推进了清水河。奚小六十分气愤，变卖了自己那份家产，为大莲在河边举办了隆重的追悼丧事，以示抗议。这一有关西蓝靛厂外火器营的青年男女恋爱故事正是一个时代的写照。笔者时常在夕阳西下时徜徉于蓝靛厂路、火器营路一带，看到如今车水马龙的繁华都市，听到收音机每每播报一些关于老北京传统文化中的炸酱面、高末茶等等如何韵味悠长，但仔细思索，炸酱面、高末茶等等的起源都是穷人饮食，是紧缺经济的产物，一般旗人的生活与贵胄子弟的悠哉乐哉的旗人文化相去甚远。

学术界和一般民众均指责八旗子弟贪图安逸，恃有天庾之正供，整日无所事事，泡茶馆，逛戏园，游手好闲，俨然纨绔子弟的形象，使满族这个来自旷野的血性的民族惰于劳作，荒于嬉戏，终于由骑射的文明走向遛鸟唱曲的休闲文明。这种解释八旗腐败的原因是从"本我"好逸恶劳这一人性出发的。但社会结构学派的代表人物涂尔干告诫我们，行为既不是意志，也不是心理本能的功能，而是一种社会的产物。我们不能以一种心理学简化论形式来解释八旗子弟腐化的社会现象，而应该从社会结构的角度加以说明。众所周知，凡旗人生则入档，壮则当兵，上则服官，下则披甲。八旗兵丁在康熙中叶以前都还是"生计颇称丰厚"的，但八旗兵丁的子弟受环境影响，在科举应试方面多不如汉人那样胜任愉快。尽管清廷也曾加意庠序，但并不主张八旗子弟以风雅自命，与文人学士争长，而且这不是八旗子弟的长项。在18世纪，八旗子弟真正读书走仕途者寥寥无几。在成丁之前既不能披甲当差，又不能读书成才，那么泡茶馆、逛戏园可以说是接受一些通俗文化、填充空虚的精神头脑的合理选择。雍正二年（1724），雍正帝在一道谕旨中充分表现了对八旗人丁增加造成的社会问题感到棘手难办的心理。他说：满洲户口滋盛，余丁繁多，不得披甲之闲散满洲无钱粮，至有窘迫不能养其妻子者。"朕每加悯念，将如何施恩，俾得资生之处，再四筹度，并无长策。若欲增编佐领，恐正项米石不敷。若不给与钱粮养赡，伊等何以聊生？既不能养其家口，何由造就以成其材？"雍正帝在绞尽脑汁之后想出的办法是建立养育兵，这意味着增加八旗子弟就业的机会。但养育兵等措施都治表不治里，杯水车薪，无济于事。到乾隆朝，清政府对八旗生计问题的解决显出漏卮不可堵塞、走一步算一步的趋势。由于清政府对八旗制度进行结构性变革牵涉到广大八旗兵丁的既得利益，所以清廷只能在原先的窠臼打转而找不到冲破网罟的津梁。不仅如此，清政府对八旗制度的一些补救性措施还引起了副作用。例如，清廷为了解除八旗兵丁的后顾之忧，由政府拨款建立"生息银两"制度。不可否认，"生息银两"制度使普通八旗兵丁得到了一定的实惠，但这些"生息银两"的营运生息的实权操之于八旗中上层官员，即使审核稽查制度非常周详，也不免这些官员将"生息银两"放贷给关系户，从中收取好处费，所以"生息银两"制度的最大受益者是官而不是兵。这样，"生息银两"制度加剧了官与兵的贫富两极分化，加剧了八旗军队官员的腐败，加剧了八旗官与兵的感情对立，而军队官与兵的内部对立无疑将削弱八旗军队的战斗力。我们从史料中发现，由于体制上的问题，八旗军队建设的经费并不是十分充足的。到18世纪中叶，广州驻防八旗已开始把驻防内的房屋、土地、鱼塘、厕所和荒地出租给了一般汉人，以进行军队创收活动。乾隆二十九年，将军杨宁奏请皇帝，恩允将军、副都统署外房、地均由驻防右司"招租"，每月所得租银作为递送奏折盘费及修理衙署之用。当时，共出租正房1288间、偏厦512间，计1800间，鱼池10口，菜地16块。以上各项每月收租银154两有奇。乾隆五十六年，乍浦驻防不得不让满营交出过去削减马匹后多余的1.5万亩牧场，租出去换取租金，救济杭州、乍浦两营孤寡，支付应差及印房各司心红纸张费用。八旗军队建设经费拮据是八旗战斗力下降的重要原因。

基于此，笔者在《法律、资源与时空建构：1644—1945年的中国（五卷本）》中将资源纳入法律制度的分析，认为资源的视角堪称是解读法律生命之钥，制度的功能分析对我们研究清代八旗衰落这一问题大有裨益。

作者简介

张世明，1966 年生，四川内江人。中国人民大学法学院及清史研究所双聘教授，博士生导师。著有《法律、资源与时空建构：1644—1945 年的中国》等。

1691 年多伦淖尔会盟始末

陈　跃

　　明末清初，居住在我国北方和西北方的蒙古族分为漠北喀尔喀蒙古、漠南蒙古和漠西厄鲁特蒙古三大部。其中，喀尔喀蒙古分为土谢图汗部、车臣汗部和札萨克图汗部三大部，厄鲁特蒙古分为准噶尔部、和硕特部、土尔扈特部和杜尔伯特部四部。

　　清朝非常重视与蒙古族的关系。早在入关前，漠南蒙古已经归附清朝，接受封号，保持联姻关系。喀尔喀蒙古和厄鲁特蒙古也与清朝维持密切联系。崇德元年（1636）皇太极出兵平定察哈尔，悉定漠南蒙古，遣使宣捷于喀尔喀蒙古。崇德三年，喀尔喀蒙古就向清廷进献方物，皇太极下诏定制，三部岁献"九白之贡"（白驼一头，白马八匹）。顺治十二年（1655），图谢图汗之子察珲多尔济、车臣汗之子巴布、札萨克图汗诺尔布及赛音诺颜部丹津喇嘛遣使乞盟。清政府赐盟于宗人府，设喀尔喀八札萨克，分左右翼，对其羁縻而治。

　　和硕特部首领兼厄鲁特蒙古盟主的固始汗（又译顾实汗）图鲁拜琥早在崇德二年向皇太极遣使进贡，建立与清政府的联系。顺治三年，顺治帝赐固始汗以甲胄弓矢，令其统辖厄鲁特诸部。十年，顺治帝封图鲁拜琥为"遵行文义敏慧固始汗"，赐金册、金印。

17 世纪初，准噶尔部在其首领巴图尔珲台吉的带领下，逐渐强盛，进而威逼其他三部。土尔扈特部大部向西迁移至俄罗斯伏尔加河下游地区，和硕特大部也迁居至青海地区。准噶尔部遂控制了杜尔伯特部及和硕特、土尔扈特部未迁走的部众。历经巴图尔珲台吉、僧格两任首领后，僧格之弟噶尔丹夺取准噶尔部统治权。此后，随着准噶尔部势力大增，噶尔丹逐渐向外扩展，南灭叶尔羌汗国而统一西域，一度侵犯西套蒙古。势力强盛的噶尔丹于康熙十六年（1677）自称"博硕克图汗"，并于康熙十八年遣使至京进奉，请求清廷承认其汗号。康熙帝接受其贡品，加以赏赐，但否认其汗号。确立了对西域的统治后，噶尔丹拓展领土的野心也随之膨胀，他蓄谋吞并漠北喀尔喀蒙古。

噶尔丹侵占漠北与喀尔喀诸部南迁

康熙二十五年，噶尔丹侵犯西套蒙古和硕特部鄂齐尔图汗时，喀尔喀土谢图汗察珲多尔济先出兵救援，后又与鄂齐尔图汗之孙罗卜藏阿拉布坦联姻。这引起噶尔丹对土谢图汗的怨恨。此后，土谢图汗藏匿了札萨克图汗沙喇的逃亡部众，两部由此产生纠纷，这为噶尔丹从中挑拨提供了可乘之机。

康熙二十五年八月十六日至二十三日，为协调土谢图汗与札萨克图汗的矛盾，康熙帝派理藩院尚书阿喇尼带札萨克图汗赴库伦与土谢图汗会盟，由达赖喇嘛派出的使者噶尔旦西勒图从中调解。不过，土谢图汗并没有赴会，而是派其弟即喀尔喀的宗教领袖哲卜尊丹巴呼图克图参加。虽然阿喇尼极力劝说喀尔喀三部蒙古应并力捍御，切勿骨肉相残，致为他人吞并，但因哲卜尊丹巴呼图克图要求与噶尔旦西勒图地位相同且拒不交还札萨克图汗的部众，此次会盟并未获得实质性成果（《亲征平定朔漠方略》)。

虽然清政府积极协调喀尔喀三部和睦，但噶尔丹却不愿看到三部的团结而暗中挑拨离间。康熙二十六年六月，噶尔丹一面斥责哲卜尊丹巴呼图克图不尊重达赖喇嘛，一面与札萨克图汗沙喇会盟，挑唆后者与其会兵一处，合兵进攻土谢图汗部。不料，土谢图汗抢先出兵，袭杀沙喇，并追杀噶尔丹之弟多尔济札卜。这样，噶尔丹与喀尔喀的矛盾已经尖锐化，为噶尔丹侵入漠北提供了借口。

此后，噶尔丹一再扬言要袭击土谢图汗，而无实际举动，如此反复欺诈令后者放松警戒。康熙二十七年六月，噶尔丹率兵三万突然越过杭爱山（在今蒙古国中部）抢掠土谢图汗部众，土谢图汗之子噶尔旦台吉等率兵迎战，但遭惨败，仅存八人逃回。噶尔丹又派其弟罕都阿拉布坦率兵进犯额尔德尼沼之地，企图抓捕哲卜尊丹巴呼图克图。后者一边撤离，一边遣使向清廷求援。噶尔丹随即越过土拉河（今蒙古国中北部的图拉河），攻掠车臣汗部。噶尔旦台吉等率兵再次迎战，依旧惨败。哲卜尊丹巴呼图克图携土谢图汗妻、子及喇嘛班第等三百余人夜遁。惊恐之下，喀尔喀三部数十万众"各弃其庐帐、器物、马驼牛羊，纷纷南窜，昼夜不绝"（《亲征平定朔漠方略》）。

就在喀尔喀溃散而走投无路之际，俄罗斯派人诱降。喀尔喀贵族们产生分歧，有的想投奔俄国，有的则想归附清廷。在此关键时刻，哲卜尊丹巴呼图克图果断表示："俄罗斯素不奉佛，俗尚不同我辈，异言异服，殊非久安之计，莫若全部内徙，投诚大皇帝，可邀万年之福。"（《绥服纪略图诗注》）众人表示遵从，遂投奔漠南蒙古以示内附。康熙帝令理藩院尚书阿喇尼等前往抚慰，发归化城（今呼和浩特市）、张家口、独石口（今张家口市赤城县独石口镇）的仓储以赈其乏，赐茶、布、白银以助其用，赐牲畜十余万以资其生，将其暂时安置在科尔沁水草丰茂之地以休养生息。

与此同时，噶尔丹也遣使要求清廷将哲布尊丹巴呼图克图等人交还。康熙帝派人指责噶尔丹入侵，令其退回本土，归还喀尔喀牧地。不料，噶尔丹却借口追击喀尔喀而不断南侵，同时与俄国勾结，企图与俄军共同侵占喀尔喀地区。

鉴于噶尔丹的嚣张态度，康熙帝下令加强防御，调集大军奔赴边防前线积极备战。康熙二十九年五月，噶尔丹带兵越过乌尔札河南侵，并扬言借兵俄罗斯，会攻喀尔喀。面对强敌，康熙决定亲征。七月，康熙帝亲征噶尔丹，但途中因病于二十三日从波罗河屯（今河北隆化）半路返回。八月初一，双方在距离京师仅七百里的乌兰布通（今内蒙古自治区克什克腾旗乌兰布统乡）发生激战。虽然清军因指挥不当等原因伤亡超过准军，但通过此战遏制了后者侵犯京师的势头，取得了战略性胜利。且由于部署疏漏，致使噶尔丹乘夜逃遁。乌兰布通之战，给气焰嚣张的噶尔丹当头痛击，暂时缓解了喀尔喀的局势，为清政府静心安置归附的喀尔喀蒙古三部提供了宝贵时间。

举行多伦淖尔会盟与确立对喀尔喀蒙古统治

乘乌兰布通战役胜利之威，加之内附的喀尔喀三部的数十万部众散乱无序，清政府认识到必须进行整顿，训知法度，以"抚绥安辑"（《清圣祖实录》）。康熙三十年正月二十二日，康熙帝决定于清明前后往临喀尔喀进行会阅，谕令领侍卫内大臣苏尔达等人商议具体时间与地点。苏尔达等人建议于三月青草发萌时出临会阅。三月十四日，理藩院等奏请于上都河、额尔屯河两间七溪之地会阅。七溪之地亦名七星潭或多伦泊，当地人语多伦淖尔

（多伦，意是七；淖尔，意是湖泊。今内蒙古自治区多伦县多伦淖尔镇）。当地川原平衍，水草丰茂，适宜大量人口聚集；且位于热河（今承德）西北 300 里，距独石口 250 里，距蒙古各部道里适中，便于各方前往。

康熙帝令大学士与兵部大臣集议，决定遣大臣分道先往，各令所在地方蒙古驻于会阅七溪百里以外议事。议政王大臣、兵部尚书马齐等召集左翼喀尔喀诸王前至上都土尔根伊扎尔交界之地，理藩院尚书班迪等召集右翼喀尔喀诸王前至上都黑棚交界之地以待，左右两翼在四月十五日抵达期约之地。

四月十二日，康熙帝携皇长子允禔、皇三子允祉启程。上三旗官兵出张家口，由定北将军都统瓦岱率领随驾出行；下五旗官兵出独石口，由安北将军都统郎谈率领，奔赴御营周边防御。

康熙帝一路于四月底抵达多伦淖尔。此时的多伦淖尔早已戒备森严，八旗护军及前锋十六营官军分 28 哨各设庐帐，绕御营环护。喀尔喀蒙古各部及漠南蒙古四十九旗，移附御营五十里驻扎，不得进入哨内。

五月初一日，康熙帝遣内大臣索额图、一等侍卫吴达禅谕土谢图汗、哲卜尊丹巴呼土克图二人将喀尔喀蒙古发生事宜详细陈奏。土谢图汗、哲卜尊丹巴呼土克图各具疏请罪。马齐等奏应予以严惩，但康熙帝表示二人率众来归，不忍治罪，免予处罚；同时将札萨克图汗之弟策妄札布封为亲王，代领部众，车臣汗可仍存其汗号。随后，理藩院奏请酌定喀尔喀坐次，令土谢图汗、哲卜尊丹巴呼土克图、札萨克图汗弟策妄札布、车臣汗坐第一行，余分七行，以次序坐。从之。寻命喀尔喀七旗与漠南蒙古四十九旗同列（《亲征平定朔漠方略》）。

初二日，会盟开始，康熙帝命土谢图汗、哲卜尊丹巴呼土克图进御幄朝见，后命大学士伊桑阿等传谕喀尔喀官员：大皇帝原谅土谢图汗的罪过，又令札萨克图汗之弟策妄札布承袭，以示优恤。喀尔喀贵族纷纷表示感恩，行三跪九叩。礼毕，以次序坐，乐作大宴。内外王、贝勒等俱列坐于左，喀尔喀等俱列坐于右。随后，喀尔喀车臣汗，及第二班次札萨克之墨尔根、济农古禄西希等十四人，第三班次札萨克之魏徵诺颜、阿玉锡等十三台吉俱令近御座前，康熙帝亲赐酒，余皆令侍卫等分赐之。

初三日，康熙帝先是赐喀尔喀土谢图汗、哲卜尊丹巴呼土克图、札萨克图汗弟策妄札布、车臣汗、济农、台吉等银、蟒缎、茶叶等物，再赐宴会晤。

宴毕，康熙帝发布谕令："因尔等互相偷夺，故于各处添设管辖札萨克，以便稽察，且念尔等素无法纪，故颁示定例，令各遵行。"（《清圣祖实录》）具体而言，将喀尔喀三部与漠南蒙古一例编旗；土谢图汗、车臣汗名号俱仍旧存留，札萨克图汗弟策妄札布封为和硕亲王；去札萨克济农、诺颜之名，皆封为多罗郡王；土谢图汗之长子噶尔旦、车臣汗之叔札萨克额尔德尼、济农纳穆扎尔，因功俱封为多罗郡王；此外，原各级贵族以清朝规制分别授为多罗贝勒、固山贝子、多罗台吉、镇国公等不同爵位。康熙帝要求各部应各守法度，力行恭顺，若违法妄行，必依法治罪。

初四日，举办盛大阅兵式。八旗满洲、汉军火器营及绿营古北口总兵官蔡元标下官兵，排列火炮，静待检阅。康熙帝躬御甲胄，骑乘战马检阅军队。阅毕下马，拉弓射箭，发十矢九中。次命十五名善射并硬弓侍卫等演示射箭。康熙帝御黄幄，漠南蒙古四十九旗王、贝勒及喀尔喀土谢图汗、台吉等随驾大阅军容。八旗满洲官兵、汉军火器营官兵及蔡元标下官兵，各依次列阵鸣角。一时间，枪炮齐发，声动山谷，将士进退威严赫奕，行伍布列整齐壮观。喀尔喀土谢图汗、台吉等悚惧失措，有欲趋避状。

康熙帝笑谕曰："此不过示尔等以军容耳，何惧之有？"

初五日，康熙帝亲赴喀尔喀各营寨，察其穷困者，赏以银布。又重赏喀尔喀王、贝勒、贝子、公、台吉等牛羊。次日，康熙帝遣理藩院尚书阿喇尼、侍郎布彦图等往喀尔喀编旗为四十七旗（后增为五十五旗），下分参领、佐领，每旗设左、中、右三路，拨给游牧地方。初七日，康熙帝召土谢图汗、哲卜尊丹巴呼土克图等赐食及物品，又赐哲卜尊丹巴呼土克图鞍马一匹。随后康熙帝谕令回銮，留马齐料理会阅，事毕返京。至此，张弛有序、润物无声的多伦淖尔会盟结束。

废修长城与以蒙守边

康熙帝在会盟后起銮回京，当日行至鄂尔哲图阿尔宾敖拉地方，谕扈从诸臣曰："昔秦兴土石之工修筑长城，我朝施恩于喀尔喀，使之防备朔方，较长城更为坚固。"康熙帝关于以喀尔喀为清朝北疆长城的论述，是对多伦淖尔会盟重大意义的最好诠释。

康熙帝于五月十八日返回皇宫。二十一日，古北口总兵官蔡元疏言，古北口一带边墙倾塌甚多，请行修筑。工部等衙门议复，应如所请。对此，康熙帝特谕令大学士等曰："帝王治天下，自有本原，不专恃险阻。秦筑长城以来，汉、唐、宋亦常修理，其时岂无边患？明末，我太祖统大兵长驱直入，诸路瓦解，皆莫敢当。可见，守国之道，惟在修德安民。民心悦则邦本得，而边境自固，所谓众志成城者是也。如古北喜峰口一带，朕皆巡阅，概多损坏。今欲修之，兴工劳役，岂能无害百姓？且长城延袤数千里，养兵几何，方能分守？"（《清圣祖实录》）康熙帝通过多伦淖尔会盟，确立了清政府对喀尔喀蒙古的统治，安抚了大漠南北蒙古各部，使其为清朝守卫北部边疆，自然无需修筑防备北方民族的长城。康熙帝以和平手段争取北疆蒙古民众的拥戴，达到了众志成城，以蒙守边之战略目的，体现了杰出政治家的高瞻远瞩和深谋远虑。

多伦淖尔会盟后，清政府对喀尔喀蒙古实施编旗，统一调度漠南与漠北蒙古，共同应对噶尔丹的分裂势力。康熙三十四年秋，噶尔丹带兵三万再次侵入喀尔喀。次年春，康熙帝下诏亲征，率军十万分路迎击，蒙古各部也积极协助。五月，清军在昭莫多（今蒙古国乌兰巴托东南图拉河上游南岸）大败噶尔丹军，击毙其妻阿奴并全歼噶尔丹精骑，取得对噶尔丹战斗的决定性胜利。康熙三十六年闰三月十三日，穷途末路的噶尔丹饮药自尽。

雄才大略的康熙帝坚持和睦亲善的民族政策，通过多伦淖尔会盟，妥善处理了土谢图汗与札萨克图汗之间的矛盾，协调两部关系，并以颁发汗号、赏赐爵位及民众编旗等方式，实现了统一喀尔喀蒙古之目的；以蒙守边，在很大程度上抵御了俄国对我国北疆的觊觎；进一步孤立了漠西蒙古，为最终战胜噶尔丹提供有力支持，具有重大历史意义。平定噶尔丹势力后，漠北恢复安定，清政府遣送喀尔喀蒙古各部重返各自牧场，在乌里雅苏台设驻防将军，在科布多设参赞大臣，进一步加强对蒙古的统辖，维护了北部边疆安全，并为乾隆年间统一西域打造了从北路出击的前进基地。

作者简介

陈跃，1980 年生，江苏徐州人。西北大学历史学院副教授，硕士生导师，历史地理学博士，历史学博士后，研究方向为中国边疆史地、清史、环境史。专著有《清代东北地区生态环境变迁研究》《新疆农牧业历史研究》，发表学术论文 30 余篇。

清代广州的"一口通商"

李国荣

近世以来，说起清朝的腐败无能，往往连带"闭关锁国"一词，以至于形成这样一种印象，正是由于清政府的闭关锁国，才导致了这个王朝的腐败无能。历史上，清朝闭关确有其事，但应该说并没有完全上锁，还留下了一扇南风窗，这就是乾隆帝的广州"一口通商"国策。

一、"一口通商"前的中国有几个海关？

17、18 世纪是海洋世纪，人类的航海使天堑变通途，东西两个半球不再是隔绝的地理版块。那个时代，在西方人眼里，中国有琳琅满目、美不胜收的各种物产，与传奇和时尚同名。欧洲人在为发现中国而惊喜的同时，他们也看到，"在这个奇异而神秘的王国里，人们过着绝对自给自足的生活，与外界老死不相往来"。而这个时代的中国又将发生怎样的变化呢？

海洋对于有着漫长海岸线的中华帝国来说，是一个天然的防御屏障。海禁是明朝第一位皇帝朱元璋所制定的祖训，明代没有任何一个皇帝敢于明令废除，只是在具体执行中有松有紧。到了明末清初，具有海上贸易传统的东南沿海，民船私自出海已呈不可阻遏之势，禁令成了一纸空文。朝廷官员也在抱怨，海禁不仅不能禁绝私人出海，反而使官府失去大量税收。

17世纪后期，清朝进入了康熙时代。在平定三藩之乱和统一宝岛台湾之后，康熙帝审时度势，为了振兴沿海地区长期凋敝的经济，决心解除明朝以来三百余年的海禁，实行开海通商政策。康熙二十四年（1685），清政府首次以"海关"命名，在东南沿海正式设立四大海关，分别是：广州粤海关、厦门闽海关、宁波浙海关、上海江海关。这四大海关，成为清廷确定的外国商船来华贸易的指定地点。这是中国历史上正式建立海关的开始，也是中国海疆政策的一次历史性转变。

开海政策满足了沿海居民长久以来出海谋生的愿望，东西方之间的商贸往来出现一派繁忙景象。不过，我们从康熙朝开海以后来华洋船的记录中，发现了这样一个奇怪的现象，就是清朝虽然开放了四个口岸，但洋船来华贸易主要集中在广州的粤海关，其他三个海关则少有问津。

二、"一口通商"国策是怎样出笼的?

乾隆二十二年（1757），以天朝大国自居的清王朝改变了对外贸易格局，时年47岁的乾隆帝宣布：大清国的四个口岸只留一处。

清朝的开海政策作出如此重大调整是一个英国商人引起的。当时，正在海外扩张的英国，不甘于只在传统的广州口岸贸易，而要到长江流域的丝茶产区增开新的商站。乾隆二十年，英国派出曾在广州贸易多年并起了中国名字的英国商人洪任辉，到浙江沿海投石问路，洪任辉乘船直抵浙海关宁波口岸。宁波在康熙年间原本是开放的港口，但一向不是洋船聚集的地方。此次洋船忽然闯入海滨要地，乾隆帝最直接的反应就是对浙江海防的忧虑。为了阻止英船北上，乾隆帝采取了一种想要禁而不明禁的方法：不公开宣布禁令，而是提高浙江关税，让外商无利可图，从而把洋船逼离浙江。然而奇怪的是，浙海关税额的增加并没有吓跑外国人，那些英商宁可多交税也要到浙江贸易。

为了处理浙江海关事宜，乾隆帝将熟悉对外通商贸易的两广总督杨应琚调任闽浙总督。杨应琚是乾隆帝十分宠信的封疆大吏，就在离开广东前往浙江的履新赴任途中，他还收到乾隆帝赏赐的鹿肉。在杨应琚奏报沿途风调雨顺的奏折上，乾隆帝朱批夸奖他是"一路福星"。乾隆二十二年十月二十日，刚刚到任的杨应琚，一天之内上呈了四道奏折，专门就海防与海关问题建言献策。奏折谈到，洋船高大如屋，来去无常，尤其是船上装载着炮械，云集在天朝商港，这对沿海清军水师是个巨大的威胁。杨应琚进而谈到，从海防的角度考虑，外国商船应该集中在广州进行贸易，主要原因是珠江口"自虎门横档而至黄埔停泊，在在设有官兵稽查押护。而横档地方两山门立，中建炮台，尤为天生险隘。其自横档至黄埔，又有沙淤水浅之处，番人未识水道"。在清朝海疆重臣看来，海防安全高于一切，闽浙一带不应让洋船自由出入，而南疆的珠江口具有两山、炮台、沙淤这一系列天然防范优势，是在确保海防前提下进行通商贸易的最佳选地。

对杨应琚关闭浙江一带海关，只留广东一口的建言，乾隆帝深表赞同，挥笔御批"所见甚是"！这便是清朝要对开海政策进行收缩调整的缘起。经过朝臣商议，乾隆二十二年十一月初十日，乾隆帝正式颁布谕旨，明确宣布："嗣后口岸定于广东"，外来商船"只许在广东收泊交易，不得再赴宁波。"乾隆帝认为，"如此办理，则来浙番船永远禁绝"。

据此，闽海关、浙海关、江海关一起关闭，清朝的对外贸易全都集中到粤海关。乾隆帝的"一口通商"国策，一直持续到晚清鸦片战争时期在列强炮舰威逼下被迫在广州、厦门、福州、宁波、上海"五口通商"。

历史地说，"一口通商"这一决策，关闭了其他海关，只允许在广州对外通商贸易，这是清政府的封闭之策。但应该看到，这个收缩的国策也还具有一定的弹性，乾隆帝的闭关还是留有余地，还保持了一个渠道，留下了一个窗口。

三、"一口通商"为何选择了广州？

走向全盛的清政府为什么要对西方世界关闭其他口岸，仅留粤海一关对外通商呢？为什么是广州的粤海关，竟有着如此特殊的地位，以至于在清王朝锁国之时，在南国却画出了这一块特殊的空间。梳理档案文献，我们发现，清中央政府确定把"一口通商"设在广州，大致有这样几层考量。

首先，最主要的是基于政治安全的考虑。广州地处南疆，远离国家腹地，远离中央政府，历来是华洋杂处之区。而江浙一带则大不相同，乾隆帝曾说"于海疆重地民风土俗均有关系"，岂能成为洋人的集市。留下偏隅岭南的广州一地通商，即便出现一些周折，也是可控的，对清中央政府、对中原内陆的影响也是有限的。如果联想到雍正时期严禁西洋人在内地传播天主教，但特许他们在广州、澳门从事传教活动，也就不难理解乾隆帝特准在广州对外通商的决策了。从根本上说，清政府不希望西方人逼近京师重地和江南财富中心，而南疆广州则不用有太多的担心。

其次，海防条件是重要因素。在清朝皇帝和大臣们的眼中，海防重于通商。从地理形势上看，虎门海口是洋船进入广州的要塞，这里有"金锁铜关"的天险，其地势最有利于凭险防守。虎门至广州的中途港黄埔，是从水路抵达广州的必经之路，这里多沙淤水浅之处，没有中国引水员带领，洋船难以自由进出。虎门至广州的这条水路，被称为通海夷道，处处有官兵设防。而浙江的宁波、定海口岸，其地势却是海面辽阔，无险可守，洋船扬帆就可直达腹地。乾隆帝就说："虎门、黄埔在在设有官兵，较之宁波之可以扬帆直至者形势亦异。闽浙向非洋船聚集之所，海防亦得肃清。"在清政府看来，从虎门到黄埔，这一路特殊的通海地理形势，已具备应对西方洋船的能力，这成为只留广州一地对外通商最有利的天然条件。

第三，粤海关与宫廷生活有着千丝万缕的联系。广州一直被视为"天子南库"，是皇家奢靡享乐的重要特供点。在开放的四个口岸中，粤海关的财政收入一直居于首位。厚利招来了皇权的格外青睐，好大喜功爱摆排场的乾隆帝总是任命他最亲近的内务府亲信出任粤海关监督，而其他海关则由地方大吏兼管。在皇家自己人的操办下，粤海关成为皇室庞大开支"自筹资金"的重要途径之一。档案记载，乾隆初年开始，粤海关每年向内务府造办处送银5.5万两，这笔巨款揣入皇帝个人的腰包。粤海关还一直有着一项特殊职责，就是利用和洋商打交道的便利，每年都要为宫廷输送大批洋货，或是从洋船上采买，或是自海外订购，当时称为"采办官物"。举个小例子，圆明园内西洋楼的洋玻璃灯、地毡、自动玩具、机械钟表、西洋镜、铜版画等陈设，都是由粤海关通过洋行商人采买运京的。粤海关有着这种为宫廷服务的特殊功用，皇帝在决定取舍时的倾向也就不言而喻了。

四、"一口通商"是怎样经营的？

广州以其得天独厚的人文地理优势，成为康熙朝开关后西方商船首选的黄金口岸，更成为乾隆以后"一口通商"国策下中西贸易的唯一通道。粤海关成为近代以前中国惟一开放的口岸和中西交往的前沿。从对外贸易的角度看，广州独口通商是一种限制和束缚，但客观上却也造就了一个盛清时期繁荣的中西贸易中心。那么，广东官府、粤海关是怎样操办"一口通商"的呢？

由于长期的封闭，清政府并没有一个专门的外贸机构。在康熙开关初期，接待西方商船的制度极其混乱，遇到大船到来，官员招架无方，洋船常被堵在港外迟迟不得贸易。在官府衙门无力直接应对外贸的情况下，不得不寻求新的更为有效的方法。康熙二十五年的春天，也就是粤海关开关的第二年，在洋船就要到港，贸易季节即将来临的时候，广州推出了对外贸易的新策。

为了规范贸易和保证税收，广东官府、粤海关公开招募较有实力的商家，指定他们与洋船上的外商做生意，同时替海关征缴关税，这被普遍认为是中国早期外贸代理洋行——广州十三行组织建立的标志。这些聚集在珠江岸边的商人们，懂买卖，讲效率，应变能力也强，外商都愿意和他们打交道。从此，一个全新的商人团体开始慢慢地登上历史舞台。这个从垄断外贸中崛起的广州洋商群体，与徽商、晋商一起，被后人称为是清代中国的三大商人集团。这里所谓的"十三行"，是对广州外贸洋行约定俗成的统称，并不反映商家的实际数字。历史上，洋行数目因贸易形势的起伏而变动不定，最多时有26家，最少时只有4家。

在"一口通商"国策推行后，外国商人贸易都要到广州。于是，进入广州的外国人成为清政府的防范对象。为此，清廷颁布了一个《防范外夷规条》，其中明确规定，来华外商自登岸开始，必须有一个中国商人做担保，广州十三行的行商也就成了保商，实际是外商在中国开展商务的监护人。清政府希望通过这种类似保甲制的方式，把中外商人联成一个利害与共的整体，最终达到以官制商、以商制夷的目的。这样的行商体制，构成清代广州的涉外通商政策，这是广州十三行全面管理外商的开始。

由此，广州十三行不仅是粤海关征税的总枢纽，而且成为全国惟一得到官方承认的外贸代理商。他们控制着广州口岸全部的外贸，内地货物必须通过他们买进运出，行商从中抽取一笔可观的手续费作为佣金，然后用他们的名义报关。清政府还有这样一个规定，洋货行的商人必须是"身家殷实，赀财素裕"者，为的是保证洋行经营的底蕴和对外贸易的信誉。行商的营业执照，要花20万元从官府方面获得。虽所费高昂，却保证了行商财源广进。行商是带有世袭性的社会团体，虽然是天朝洋商，但行号都是自成一体的家族式经营。豪商巨贾中，以潘家、伍家为最，他们家业雄厚、锦衣玉食、园宅华丽，在当时是世界级的豪富。政府选定家资最富、声望最著者担当行商首领，被称为总商。

清代中国社会是轻视商业的，广州的行商即使在取得巨额财富后，依旧无法获得相应的社会地位。广东的地方大员们，无论将军、总督，还是巡抚、监督，都把十三行当做利源，行商也只有投靠在权贵的门下，才能在对外贸易中争得一席之地。因此，从乾隆年间开始，广州的行商常常花巨资为自己捐买顶戴，知名的行商通常都能捐来二品红顶或三品蓝顶的头衔，这相当于广东巡抚或布政使大员的品级。在这以后，商人捐官也就成为通例，正所谓"无贾而不官"。因广州城的行商们大多捐有官衔，所以，他们的名号后都带有一个"官"字，如潘启官、伍浩官、卢茂官、叶仁官等等。在外商眼中，广州十三行的经营者们，就是国家商人，是中国官方的代理人。清政府的"一口通商"国策，就是通过半官半商的外贸垄断组织广州十三行的商人们来经营和实施的。

作者简介

李国荣，1961 年生，辽宁建平人。中国第一历史档案馆副馆长、研究馆员，《历史档案》杂志社社长，中国档案学会档案文献编纂学术委员会主任，清宫史研究会秘书长，全国档案专家领军人才。主要著作有《清朝十大科场案》、《帝王与佛教》、《实说雍正》（合著）、《清宫档案揭秘》（主编）等 14 部，担任国家清史纂修工程《典志·科举志》所附《科场案》项目主持人，电视纪录片《清宫秘档》总撰稿、《故宫》清宫档案总顾问。

登高一呼，众商皆应的近代商会

朱 英

明清时期的中国虽仍未走出传统社会的基本格局，重本抑末也即重农抑商的传统也没有根本改变，但在思想和经济等许多领域都呈现出一些新的发展趋向。随着商品经济的初步发展，在中国形成了令人瞩目的十大商帮，其中尤以晋商和徽商最为著名，他们的商业活动独具特色，影响也几乎及于全国各地，在中国古代商人发展史上写下了辉煌的篇章。不过，包括晋商和徽商在内由明清时期商人成立的社会团体，主要还只是会馆或公所等具有较多局限性的传统组织。

尽管会馆和公所这些传统商人组织在当时也发挥了值得肯定的作用，但随着商品经济的进一步发展，其局限性日益明显，已不能适应时代的变迁。特别是中国进入近代之后，民族资本主义开始产生，而会馆、公所的行会特征在某些方面却阻碍了资本主义的发展。

到 20 世纪初的清朝末期，作为近代商人新式社团组织的商会应运而生，很快就成为数量最多、影响最大、存在时间也最长的商人团体，而明清时期兴盛的十大商帮，包括晋商和徽商在内其影响则日渐式微。因此，谈到近代中国的商人、商业乃至社会经济变迁，不能不提及商会。

一、商会诞生一波三折

1905 年（光绪三十一年），孙中山领导革命党人在东京成立了同盟会，革命从此得到迅速发展。但很少有人知道这一年，在国内爆发了一场轰轰烈烈的抵制美货运动，更不知道诞生仅仅一年的商会作为这场运动的领导者"登高一呼，众商皆应"，使之很快发展成为一场全国规模的反美爱国运动，产生了广泛影响，新生的商会也因此而开始受到国内外舆论的关注。

其实，商会在近代中国能够诞生并发挥重要作用与影响，也不是轻而易举的事情。在此之前的 19 世纪末叶即维新变法时期，就有一些维新改革派人士呼吁设立商会。

以提出"商战"论而著称的郑观应，曾撰写文章介绍欧美和日本商会的作用，认为中国要振兴商务就必须设立商会；康有为等人在《公车上书》中也特别强调成立商会是致富图强的一项重要举措。工商界代表人物张謇在当时曾专门写过一篇题为《商会议》的文章，从商人的角度阐述了成立商会的意义。甚至有些开明官员如汪康年，同样也提出中国商业的发展依赖于成立商会。

1898 年的"百日维新"期间，主张变法的光绪皇帝接受康有为的建议，发布上谕要求各地创办商会和农会。这时候，商会作为近代中国的一个"新生儿"似乎眼看就要顺利地呱呱坠地了。

然而，没等商会这个"新生儿"正式诞生，昙花一现的维新变法即陷于失败。随着变法的失败，处于襁褓中的商会也宣告夭折。不过，令人欣慰的是近代中国商会的诞生虽然一波三折，但设立商会的舆论呼吁却并未因此而中止。

具有一定代表性的舆论呼声，在 1900 年上海《江南商务报》

发表的一篇文章中得到集中体现，该文阐明"欲兴商务，必以各设商会，始行之有效；各商会再联一大商会，庶（但愿）由点成线，由线成面，内可与政府通商人之情况，外可与各国持商务之交涉，非设商会不为功也"。

另有一事对于促进商会的诞生也产生了某些影响。1902 年，盛宣怀作为清朝指派的商约大臣赴上海参加中英商约谈判。令盛宣怀感到奇怪的是，英国的首席谈判代表马凯居然对中国商务的熟悉程度远甚于自己，经过了解得知，原来是英商在上海设立的英国商会为马凯充当了参谋。于是，盛宣怀也迫切希望能够获得中国商会的类似支持，但得到的回答却是当时的中国并没有成立商会，所以他只能要求上海各商帮紧急商议，然而，仍只有"一二帮商人来辕陈说"，使其头绪茫然，颇为被动。为了应付商约谈判，盛宣怀临时决定饬令上海绅商成立了一个商业会议公所，以便为商约谈判提供参考意见。有学者认为这就是中国近代最早成立的商会，但严格说来它还只是商会的前身。

盛宣怀后来向朝廷上奏折说明商约谈判情况，强调设立商会已是刻不容缓。刚好在这个时候，清朝政府开始全力推行"新政"改革，其经济改革的主要内容是振兴工商，奖励实业，而成立商会也被看作是达到这一目标的首要举措。1904 年初，清朝新设立的商部上奏了一道"劝办商会酌拟简明章程折"，说明"今日当务之急，非设立商会不为功"。清廷竟然也前所未有地对设立商会十分重视，很快就谕批颁行商部拟定的《商会简明章程》。这样，朝野官商虽然出发点不完全一样，但在设立商会这个问题上却难得地达成了基本一致的意向，这也是商会能够诞生并很快达到普及程度的主要原因。

1904 年，上海、天津等通商大埠的商人率先成立了商会，随后全国各地的府厅州县也相继设立。据不完全统计，到清朝灭亡时全国各地除西藏之外都成立了商会，其中有商务总会 50 余个，商务分会近千个，商务分所则难以统计其数量。

1912 年，民国政府工商部在北京召开临时工商会议，各地商会和工商界代表应邀出席，遂借此机遇讨论通过成立中华全国商会联合会的议案，并得到工商部批准。于是，全国性的商会组织也终于得以诞生。1931 年 2 月，国际商会中国分会宣告成立，5 月该分会正式成为国际商会的成员之一，从此登上国际商会的舞台。

二、商办新式社会团体

商会的诞生虽然得益于清政府的"劝办"支持，但成立之后的商会并不是官办或半官方机构，而是具有明显独立性和自治特征的商办新式社会团体，有时甚至还由于为商请命，与各级官府发生矛盾和冲突。商会为什么能够具备"登高一呼，众商皆应"的巨大号召力，它具有哪些不同于明清时期传统商人团体的组织特点与近代特征？

作为传统商人团体的会馆与公所，我们一般又称之为行会。会馆的成员有乡缘或地域限制，是由在外地经商的同籍商人，即俗称的老乡联合组成，所以又兼有同乡会色彩；公所不依赖于乡缘或地缘关系，但其成员却限于同一行业的商人或手工业者，所依靠的是行缘关系。也就是说，只有从事同一行当的商人或手工业者，才能组成某个公所。会馆和公所大都制定有严格的行规，其目的主要是为了保护自身的垄断利益。各个会馆和公所之间互不相连，具有排他性特点，而且内部壁垒森严，体现出封闭保守的传统特征。广大的工商业者也因此而被分散隔绝在各个会馆和公所之中，无法形成一支统一协调的整体社会力量。

不仅如此，如有成员违反了行规将会受到十分严厉的惩罚。黄钧宰的《金壶七墨》一书中就曾记载了一个败坏行规的商董遭受严厉处罚的事件。虽然，这是一个非常极端的事例，但反映了行会保守落后甚至无人道的一面。

新诞生的商会则是由所在地区不同籍贯和不同行业的商人共同组成的新式社会团体，而且具有开放性、自愿性原则。

商会不同于会馆和公所的独特组织系统，则为其奠定了通过联动机制组织商人开展大规模社会活动的基础与条件。前面我们已提到，商会在诞生之初就形成商务总会、商务分会、商务分所层层相连的三级组织体制。民国建立之后，中华全国商会联合会正式成立，商会又在全国范围形成层层相连的四级组织体制，联动机制更加广泛。

商会引人瞩目的是不仅组织系统独具特色，而且具备了明显的近代特征。商会不仅实行选举制度，清末的商会还制定了类似监督与弹劾制相似的规定，以及具有现代意义的开会议事制度。以上种种都说明新诞生的商会具有完全不同于传统会馆和公所的组织特点和民主特征，是名副其实的近代新式商人团体。

三、促进民族工商业发展

确切地说，商会只是一个经济团体，其主要职能简单地说就是维护商人的利益，促进民族工商业发展，这也是商会的宗旨。那么，商会主要通过开展哪些具体活动来达到这个目的呢？

联络工商。中国工商各业向来行帮壁垒，"声气不易通，群力不能合"，针对这一弊端，各商会无一例外地将联络工商作为重要职责。比较常见而固定的形式，是定期召开有各业会董和会员参加的会议，相互之间随时接洽聚议，商讨各项有关兴利除弊的措施。

调查商情。商会之所以积极开展调查商情活动，是为了使各行各业为数众多的工商业者，对何地产销何物以及行情涨落趋势等许多方面的情况，能够及时有所了解，进而明了商务盛衰之故和进出口多寡之理。商情调查分各业调查、特别调查和寻常调查三类，不少商会为此专门拟订了商情调查表，由所属分会、分所组织工商各业配合进行。这些调查不仅有利于工商业者从整体上了解各行业的有关情况，采取有效的改良措施，而且也为我们今天研究有关地区的经济发展状况提供了难得的第一手资料。

兴办商学。不少商会意识到"商业之发达，由于开商智；商智之开通，由于设商学"，故而积极致力于开展兴办商学活动。不仅商务总会直接出面集资创设各类商业学堂，而且有些分会也克服困难创办商业补习学堂，还有的商会积极倡导和鼓励一些较大行业的商人创办实业学堂。这一举措也受到广大商人的称赞与好评。

创办商品展销会。传统行会为了维护同业的垄断利益，一般都通过行规的严格规定限制竞争，在资本主义产生之后明显不适应时代发展。商会则与此不同，在清末即有不少商会通过创办具有商品展销会、博览会性质的商品陈列所、劝工会、奖进会、劝业会等，培养工商业者的竞争意识，以促进实业发展。天津商务总会每年定期举办两次劝工会，"远近客商，闻风趋至"，不仅工商各业增进了联络，而且通过比较鉴别提升了竞争意识，"各商受益，诚非浅鲜"。除自办各种展销会，商会还曾全力协助官府举办更大规模的相关活动。

受理商事纠纷。这也是近代中国商会保护商人利益的一项重要活动。商会诞生之前，除行会性质的公所依照所定行规对本业违反行规者予以处罚外，商事纠纷的裁判一般都是由官府衙门定夺。工商业者遇有钱债纠纷，只能求助地方官府，而官府要么讯结无期，随意拖延，要么敲诈勒索，使商人不堪重负，"故商务之中一涉官场，必多窒碍"。商会成立之后，在商部的支持下承担了受理商事纠纷的职责，许多商会还设立了商事裁判所，使工商业者"免受官府之讼累，复固团体之感情"。商人们表示"遇有亏倒情事，到会申诉，朝发夕行，不受差役需索之苛，并无案牍羁绊之累，各商藉资保护，受益良非浅鲜"。后来，受理商事纠纷仍是各个商会所从事的一项主要活动，而且制度更趋完善，越来越受到商人欢迎。

协调捐税。出于种种原因，近代政府长期面临着十分严重的财政困难，除了不断对外借款，就是对内增捐加税，使工商业者深受其苦，引发抗捐抗税风潮。为了保护广大工商业者的利益，商会成立之后发挥其"通官商之邮"的特殊功能，努力协调这一矛盾与冲突。例如在清末的苏州，相继发生各业抗捐抗税纷争10余起，苏州商务总会每次都积极为各业代递禀呈，申诉实情，提交协调方案，甚至集会请愿，表达商人的意愿与要求。经过商会反复从中协调，多数情况下加捐加税的额度都会不同程度地有所减少，从而使商人的负担有所减轻。有些行业起初对加入商会尚持观望态度，通过协调捐税发现商会"可以联络商情，代诉苦衷"，于是"欣然入会"。

很显然，正是由于商会能够维护商人的利益，努力促进工商业发展，才得到广大商人的拥护。

四、重要的爱国力量

近代中国的商会虽然只是经济团体，其主要职能也集中反映在经济方面，但受民族危机刺激、官府经济政策偏误乃至政治运动的影响，商会也曾利用"登高一呼，众商皆应"的巨大号召力，率领广大商人积极开展其他各类社会活动，其影响也突破了经济领域而变得更加广泛和深远。

首先值得一提的就是商会踊跃发起或者积极参与反帝爱国运动的活动。1905年发生的近代史上第一次大规模抵制洋货运动，其倡导者和联络者就是商会，具体说是被誉为近代中国"第一商会"的上海商务总会。

1894年，美国政府强迫清政府签订了歧视和排斥华工的条约，十年后届临修约期。美国政府蛮横拒绝清政府取消歧视华工条款的要求，双方交涉数月无结果，激起在美华侨和国内各界的强烈义愤。这年5月，上海商会召开特别大会通过议案："美国不允许将苛例删改而强我续约，则我华人当合全国誓不运销美货以为抵制。"会后，上海商会公开致电清政府外务部、商部强烈要求拒绝签订续约，同时通电全国21个重要商埠的商会，"以伸国权而保商利"为号召，呼吁各地商人采取一致行动，抵制美货。

随后，上海商会的号召得到全国各商会的积极响应，抵制美货运动迅速在全国范围内轰轰烈烈地开展起来。不仅商界一致表示"全体赞成"并"坚决照办"，而且社会各界也表示支持和声援，尤其学界表现最为活跃。短时间内，抵制美货即成为全国社会舆论的焦点，"内而穷乡僻壤，外而英荷属岛，亦均函电纷来，一律照办"，"义声所播，震动全球"。从大都市到中小城镇，美国商品都受到抵制，在市面上几乎绝迹。

特别难得的是面临来自美国以及清政府的各种压力，上海商会年届七旬的领导人曾铸，毅然决然地将个人生死置之度外，坚定地表示："为天下公益死，死得其所。"面对美国驻沪总领事的指责，曾铸也正气凛然地回击："不用美货，人各有权，不特贵国不能干预，即敝国政府亦不能勉强，所谓人人自有权也。"这场由商会发起的反帝爱国运动最终虽未完全达到目标，但却沉重打击了美国对华经济势力，具有重要的历史地位与影响，商会的显著社会能量也因此而为各界所瞩目。

继抵制美货运动之后，商会又积极领导商人参与了收回利权运动，反对西方列强攫取中国的铁路修筑权和矿山开采权，并号召商人踊跃集资认股自建铁路和自采矿产。这场运动也具有反帝爱国性质，不少商会人士认识到"路权即国权"，民族工商业的发展"皆随铁路以进行"，因而维护路权的决心十分坚决。广大商人也踊跃响应商会的号召，向新成立的商办铁路公司积极认股，从而在当时形成了一个自建铁路的小小热潮。五四运动期间，一些地区的商会甚至还曾领导商人举行罢市，抗议政府逮捕爱国学生，要求维护国家主权。总之，在近代中国历次较大规模的反帝爱国运动中，各地商会都领导商人不同程度地参与其中，推动商人也成为一支重要的爱国力量，产生了积极的影响。

在近代中国的一些政治运动中，我们也常常看到商会的活跃身影。清末的国会请愿运动，第一次请愿人员主要是各省咨议局选派的代表，人数很少，影响有限。碰壁之后，立宪派意识到必须扩大声势，"尤应以联络商界为中坚"，希望商会能够代表商人积极参与。上海商务总会也认为商界对于国会请愿运动不应置身事外，公开发出《为国会事公告海内外华商联合请求书》，号召商人"尽立宪国民之义务"。这篇公告书发出之后，许多商会遥相呼应，积极行动。在随后举行的第二次请愿运动中商会即派出代表参加，全体国会请愿代表按事先拟订的方案，向清政府呈递了 10 份敦请速开国会的请愿书，其中有三份系商会代表海内外华商草拟的请愿书。第二场请愿运动虽仍未达到目的，但通过参加这场政治运动，商人的政治参与意识得到增强。

　　有些商会的领导人通过参加国会请愿运动，对清王朝的冥顽不化有所了解。上海商务总会的请愿代表沈缦（màn）云，在请愿失败后即意识到清朝统治者已不可救药，就像"釜水将沸，游鱼未知，天意难回，人事已尽"。回到上海后，沈缦云就与一部分商界的有识之士从支持立宪转向支持革命，与革命党人建立了密切联系。

　　清末"新政"改革期间，清政府制订颁布了《商律》，这在很大程度上可以说是中国历史上的第一部商法，受到商会和商人的欢迎。但商会认为在这部法规的制订过程中，商界代表没有参与，其中多有不合中国具体商情的条款，需要加以修订。上海商务总会遂联络海内外商会选派代表，于 1907 和 1909 年两次在上海召开商法讨论会，通过了商法草案。这可以说是商会主导的民间商业立法活动，当时报纸发表的文章说："此次上海商务总会合全国之商民，讨论全国之商法，实为商务盛衰之枢纽。"

　　以上介绍之种种，都体现了商会积极开展社会活动以及所产生的广泛影响，也充分证明商会是近代中国商人最重要的社团组织。

作者简介

　　朱英，1956 年生，湖北武汉人。华中师范大学中国近代史研究所教授，教育部长江学者特聘教授。主要研究方向为中国近代社会经济史和辛亥革命史，尤其专长于近代中国商会、商人等研究领域。

汉冶萍公司的光荣与启示

周积明

中国是后发现代化国家，由此决定了近代中国的工业体系的建立必然先走"技术移植"的道路。这条道路走得并不平坦。

1908 年（光绪三十四年），清政府批准合并汉阳铁厂、大冶铁矿、萍乡煤矿而成立汉冶萍公司。百年来，人们多半去批评它的选址错误、衙门作风、大借日债，检讨它的种种失败，却很少去挖掘它的精神遗产，忘却了它曾经以坚毅、拼搏、自立自强，创造出一段光荣的历史令世界瞩目。

一、中国制造之权舆，外人观听之所系

张之洞创办汉阳铁厂的 19 世纪末，西方已进入"钢铁时代"。钢铁工业是近代工业的主导部门。钢铁生产技术的迅猛发展，带动西方国家的近代工业日新月异，"富强遂甲天下"。

而此时的中国，面对西人强大的钢铁优势，处境十分窘迫。新兴的洋务企业日需大量钢铁，民间所产土铁多不合用，不得不取自于西人，其结果是"动靡数百万"。"即洋针一项极小之物，计每年进中国者，值洋七十余万元。""以致外洋之黄金日富，中国之黄金日少。"更严重的是，一旦有事，洋人煤铁不

来，各工厂废工坐困。煤铁工业直接控扼着中国近代军事工业的咽喉。

随着洋务运动深入开展，铁路的兴建提上了议事日程，而铁路又是耗用钢铁最多的领域。自开煤铁、自炼钢铁，在中国发展本土钢铁业，遂成为朝野上下强烈的呼吁和愿望。

故此，盛宣怀说："当今之世，非大举炼铁不足以立国。""中国不欲富强则已，苟欲富强，非大举炼铁不可。"张之洞、盛宣怀就是在此历史关口，登上中国近代工业化的历史舞台。1894年张之洞创建的汉阳铁厂开工投产；1896年盛宣怀接办汉阳铁厂；1908年盛宣怀将汉阳铁厂、大冶铁矿、萍乡煤矿合并成"汉冶萍煤铁厂矿股份有限公司"。两人"承上启下"，联手开辟了中国现代钢铁工业，成为当之无愧的历史功臣。

汉阳铁厂创办伊始，人们就意识到它的地位和价值重要。醇亲王、庆亲王、载泽联合署名给张之洞的电报称："来电煤铁有恃，欣慰难名。此举为强弱转机。"1896年，户部在《复奏湖北铁厂招商承办折》中，更是明确指出："湖北铁政一厂为中国制造之权舆，亦为外人观听之所系。"所谓中国"制造之权舆，外人观听之所系"，实际上说了两件事，一个是中国制造的发端，一个是代表了中国的形象。

汉阳铁厂建厂之初，便以其宏伟的景观为西人所瞩目。《中国十大矿厂记》记一位外国观察家的记录："登高下瞰，使人胆裂；烟囱凸起，矗立云霄；屋脊纵横，密如鳞甲；化铁炉之雄杰，碾轨床之森列，汽声隆隆，锤声丁丁，触于眼帘、轰于耳鼓者，是为二十世纪中国之雄厂耶！观于斯厂，即知研究西学之华人，经营布置，才略不下西人也。"

汉阳铁厂建厂后，生产的产品一度因含磷过高而影响质量。盛宣怀接手后，派出李维格赴欧洲考察学习，回国后，废弃贝色麻酸法，改用马丁碱法之炉以去磷质，"十余年未解之难题一朝涣然冰释"，产品质量焕然一新，受到国际市场的欢迎。

民国元年（1912）的《东方杂志》记载：汉冶萍公司生产的铁在美国试销时，美国人"骇异宝贵"。因为洋铁加锰太少，使用时常有剥落之虑。而汉铁含有天然的锰，冶炼时还加锰矿，所以产品"刚中兼柔，锉削如意"。

作为中国近代工业的品牌，汉冶萍公司产品屡屡参加国际博览会与国内各种展览会。1902年8月，汉阳铁厂的产品参加日本第五回内国劝业博览会。

作为中国最大的现代化钢铁基地，汉冶萍公司吸引了大批中外人士参观。美国实业团、日本贵族游华团、日本议员团、德国喜望公司都在汉冶萍公司留下游历行踪。国立武昌高等师范学校、北京铁路工程进修科、武汉各高中，相继派出学生到汉冶萍观摩。

二、自立自强的民族情怀

汉阳铁厂与汉冶萍公司的开创和建设备极艰难，张之洞说："开办以来，巨细万端，而皆非经见，事机屡变，而意计难周。"他的话饱含艰辛和酸涩。

汉阳铁厂的建设，从购买设备，聘选局员、确立厂址、筹措资金，到铁矿与燃料的供给保障，每一个环节都需要大气力。更有清廷高层"或虑年年需款，沿以为常；或谓即炼成钢铁，亦无大用"，动生掣肘。张之洞感叹，"此项工程之艰巨，实为罕有"，"经营积年，心力交困"。盛宣怀面临的情况同样如此。1907年8月29日他致函张之洞说："端绪万千，悉相联贯，艰险情状，笔难罄书。"

在后来给友人的一封信中，盛宣怀又回顾说："此事艰危，实非寻常实业可比，鄙人一生名誉几致毁尽。今虽转危为安，然心胆俱裂矣。"

从汉阳铁厂到汉冶萍公司之所以能砍开荆棘，杀出血路，是因为有一种精神力量在支撑着他们。这就是拼搏、坚韧、担当、自立自强。汉冶萍公司高级职员杨学沂在公司第一次股东大会上总结说："汉冶萍厂矿总理、协理艰难困苦，不仅将全身精神贯注在厂矿中，直以性命与煤铁相搏，是真所谓商战。"李维格描述他从欧洲考察回国后，改造汉阳铁厂的炼钢技术，"激励同人勇往从事，胼手胝足，四年苦功"。他说的"勇往从事，胼手胝足"也是一种拼搏。当汉冶萍面临极为艰难局面时，李维格给盛宣怀去电："格正咬紧牙齿坚忍到底。"盛宣怀、李维格致汉冶萍公司股东函也以"坚韧"鼓励大家："唯念时局艰难，凡有血气者不得不各认办一份内之事，坚忍到底，以蒇（chǎn，完成）厥役。"这种坚韧，实在是做大事、创大业必须具有的精神。张之洞谈到汉阳铁厂的建设时说："事事艰难，夙夜焦急，不可名状。唯以此事为自强大计所关，不敢不身任其难。"盛宣怀则有"拼此老命，一身肩之"的决断之言。从张之洞、盛宣怀到汉冶萍公司上下，都往往将汉冶萍放在世界格局中考量。因此，张之洞称湖北铁厂是"创地球东半面未有之局"。盛宣怀说："汉冶萍为东方杰出之一事，震动欧亚。"李维格满怀信心的宣布："汉厂新轨，愿与英、法、德钢轨一较，孰为佳胜？"他们的言语，无不怀抱与欧西抗衡的雄心。

三、历史的启示

汉冶萍公司最终还是失败了。失败的原因错综复杂，时局扰攘，日债沉重，但最重要的是始终未能得到国家的支持。

张之洞曾经呼吁："泰西商务，皆是公家极力护持，凡有大商银行势将不支，则出巨帑以济之。况中国创开之举，尤须扶持。"李维格以日本钢铁业为例，强调国家支持的重要性："日本之煤铜各矿，其初办亦失败居多，后得国家维持之力，始转败为胜。"但在中国，汉冶萍公司却未能得到这样的扶持。

在资金方面，钢铁工业需要巨大投入。盛宣怀诉苦说："煤铁矿厂之难办，无以复加。冶铁、萍矿外人甚艳称之，然已十年苦工，糜款两千余万之巨，尚在方兴未艾。"但从张之洞到盛宣怀始终不能得到强大的资金支援，只得东拼西凑、左右腾挪。清政府在汉阳铁厂建厂之初，预支邮传部轨价二百万两，但却必须每吨捐银一两抵还官款。其结果是"华商股款付入，官利即起"，"方在购机建厂而即须付利"，由此影响到华商投资的积极性。公司因此一直债多股少，不但付利，兼须拨还债本。而日本的铁厂，悉属官办，无须计息。

在市场上，"中国无船厂，无制造各工厂"，汉冶萍所出钢铁，一方面以国内铁轨为最大销路，另一方面出口，以黑铁换黄金。但是，国家"于洋钢进口则豁免之，华铁出口则重征之"。

如果说晚清时因为张之洞和盛宣怀的特殊地位，清廷虽不能相助，但不至有意打击，则民国初年的政府确是"专事摧残"，当汉冶萍求助时，"辄曰此某某个人之事，毋庸帮他，于是某某用十分功夫不能得一分效力"。在这样的社会生态环境下，汉冶萍的失败可以说是命中注定。

百年已逝，今日中国已经从一个后发的"钢铁小国"发展成为世界第一的"钢铁大国"，汉冶萍公司的梦想早已实现，但是，汉冶萍的命运仍然给今人留下历史启示。

作者简介

周积明，1949 年生。湖北大学教授，中国社会史学会副会长。主要从事清代思想文化、中国早期现代化研究，兼事中国文化史、近代社会史研究。

晚清江南民众对太平军恐惧心理的形成

刘　晨

太平天国时期，江南民众对太平军的恐惧，在太平军到来之前就已蔓延，像嘉兴、常熟、吴江、海宁、绍兴等地均有百姓称太平军为"瘟毛"的记载。在当时，人们心中对太平军恐怖形象的定型，主要有先天性、后天性和其他心理因素三个层面因素。

一、先天的排斥和抵制

江南地区浓厚的儒家传统文化和根深蒂固的正统观念、忠贞观念、宗族意识，使民众对起身穷乡僻壤，以异端宗教武装起来的叛乱者，具有先天的优越感和排斥、抵制乃至敌视心态。太平军兵临之时，民间自杀殉难的风潮正是正统、忠贞观念的直观反映。太平天国据守江南后，民众"进贡"的政治性意义凸显，以及设治建政、编发门牌、开科取士、推行以禁毁偶像和反孔非儒为主的移风易俗改革，除政策本身蕴含独特的宗教意义，实际还是欲向世人宣扬奉天承运、王朝正统。但由于江南社会先天排斥和抵制的强大惯性，拜上帝信仰在社会实践中逐渐淡化或被同化，在与正统文化的争锋中渐败。这种先天性的思想心态就是民众对太平军先天恐惧的意识形态根源。

二、后天"观念对立"的形成

（一）清方的政治宣传攻势。太平天国缺乏对舆论宣传和思想动员主动权的掌控。太平军一般以"出榜安民"的形式进行政治宣传，告示首先要宣扬王朝正统，顺天伐暴，丑化清政府，号召民众投身反清大业。但此类宣传缺少政治和思想文化认同，宗教思想的宣教力严重不足，没有指出拜上帝的本土性实质。尽管洪秀全一再标榜拜上帝并非"从番"，但却只是依靠宗教解释宗教，缺少现实关怀，反而激发了民间社会视之为"洋教"和"异端"的逆反心理。文告的内容大多没有充分说明太平天国"顺天"的正统性和"伐暴"的正义性，只是以含混的宗教语言生硬地灌输民众"各安恒业""及早进贡""照旧纳粮"的义务，并附以恐吓。在后期，宗教宣传和政治宣传的宗旨基本以为经济服务为中心，大肆倡言刍粮所出，不能不随时随地取给于民间的歪论，引起百姓普遍反感。太平天国在思想宣传方面所做的重要突破是发明了口传教育的新形式——"讲道理"，其实践经常而普遍。在文化水平整体较低的乡村地区原本可以发挥更大的舆论导向作用，但这一形式的功效也受到宣讲内容的局限，和出榜安民一样，"讲道理"的宗教教育和思想教育功能逐渐被为经济服务的现实功能所取代。

太平天国在思想舆论领域落败的另一关键因素是最终失去了大众舆论的领袖——知识分子群体的支持与合作。咸丰四年（1854）夏到访天京的英国驻上海领事馆官员麦华陀意识到："士大夫阶层构成了整个中国社会体系的中坚，是大众舆论的领袖，民众一向乐意和信任地团结在其周围，对于他们，叛军不是用心地争取其归顺，而是宣布他们的荣誉头衔无效和非法，抨击他们

所珍爱的古代典籍，焚毁他们的公共藏书地，使他们变成了自己的敌人。"（《麦华陀和莱文·包令的报道》）

早期太平军转战湘桂途中发布的《奉天诛妖救世安民檄》《奉天讨胡檄》《救天生天养中国人民谕》三篇檄文，可称作太平军书面形式思想动员的最高水平。但檄文宣扬的民族大义很快就被曾国藩《讨粤匪檄》展现的"卫道辟邪"的文化张力所淹没，曾国藩的幕僚王家璧这样反馈《讨粤匪檄》引发的社会影响和思想共鸣："我师讨贼檄，卫道辟邪，实为盛世昌言，功不在孟、韩下，每为同志者诵之，静者流涕，动者击柱，其感人之深如此，想忠谋至计，必能早为之所也。"（《曾国藩幕僚鄂城王家璧文稿辑录》）

清廷还以所谓"从贼中逃出"者亲历之"被害情形"制作成一些政治宣传品在民间广为散发，像《金陵被难记》痛诉太平军"恶行"，号召"富者捐财，贫者效力，同心团练，豫助官兵"。另外，还在"解散胁从"方面大做文章。咸丰十年十一月二十七日清廷发布上谕："所有江苏、浙江、安徽所属被贼占据各州县，应征本年新赋及历年实欠在民钱粮，著一律豁免"，"被贼裹胁良民""准其自拔归来""予以自新""胁从罔治"（佚名《庚申〔甲〕避难日记》）。同治元年（1862）七月十九日再发上谕："着各督抚刊刻誊黄安抚陷贼难民"，除"甘心从逆"者，"其余一切为贼所陷者，概予免罪"（《曾国藩全集·奏稿之五》）。清廷屡有"胁从罔治""豁免钱粮""旌表恤典""增广学额""因功授赏"之谕，形成了配套的分化政策。咸丰十一年曾国藩在安徽祁门军营中编写"解散歌"，宣扬"八不杀"，承诺"我今到处贴告示，凡是胁从皆免死"，"人人不杀都胆壮，各各逃生寻去向"，"每人给张免死牌，保你千妥又万当"（王定安《湘军记》）。两相对照，清方的宣传策略重视心理攻防，比太平天国高明得多。

（二）亲历者的传述和时人所记。有亲历者逃回乡里后在酒楼、茶肆等公共空间传播"长毛做不得，不如行乞"的论调（沈梓《避寇日记》），痛陈在太平军中生活艰辛。乘间逃出的人们以"被掳""思痛""生还""余生""复生""隐忧"等名义留下了大量文字，不仅对当时人的思想产生震动，如今也均已成为这段记忆的"见证"。

时人笔下对"厉鬼""阴兵"之类恐怖异象的记载也加剧了社会恐慌。无锡余治绘有一幅"愁云泣雨神鬼夜号"图，记雨夜中死无葬身之地的无头厉鬼和狰狞幽魂四出游荡哭嚎，并且确信"今则往古之事，一一见于目前，觉古人真不欺我"（余治《江南铁泪图新编》）。赵烈文也记咸丰三年正月常州"各乡俱有阴兵之异，初至声如疾风暴雨，燐火杂沓中，复见戈甲旗帜之象，其来自溧阳、宜兴，由西而东，每夜皆然"，还宣称"咏如、才叔皆目击之"（《落花春雨巢日记》）。百姓对死后变为厉鬼游魂的畏惧无疑增加了他们对太平军的恐惧。直到战争结束后近十年，苏州百姓仍对咸同兵燹心有余悸，有人还看到太平军"阴兵""夜闹通宵，鬼火磷磷"，"火光中有兵马人影……开枪炮并击铜锣，竟莫能息"（《苏城阴兵谣言》，《申报》，同治十二年二月初六日）。

总之，当时关于太平天国的书面和口传信息，形成了战时社会妖魔化太平军形象的舆论主流。而有些倡言太平军正面形象的文字作品被迫以贬义词冠名传播，如刀口余生（赵雨村）的《被掳纪略》，初名《太平纪略》，据作者本人称"因避清朝的迫害，改为'被掳'字样，记事立场亦加以变更。惟于当时太平军的制度、法令及英勇杀敌各史实，则照实记述"。所以迫于政治形势，亲历者传述和时人所记太平军形象难免有不实之处。

（三）匪盗的乔装栽赃。土匪、盗贼乔扮太平军设卡收税、抢劫滋事、杀人放火的事例很多。在常熟，"每有聚众恃强，口造谣言，身冒长毛，哄到巨宅，假势骇人，叫哗雷动"（汤氏《鳅闻日记》）；在海宁，"土匪扮长毛，夜劫花溪大坟头迁避家"（冯氏《花溪日记》）；在嘉兴，"皆土匪私立关卡，并非长毛令也"，"有无赖子伪设长毛卡勒索客船税……盖狐假虎威往往而然也"（沈梓《避寇日记》）；乌青镇有"不逞之徒，乘间窃发，土棍枪匪皆冒长毛名目，持械吓逐"，结果造成居民惊恐逃避，"溺死、跌死、践踏死、劫杀死者，盈千盈百"（皇甫元塏《寇难纪略》）；在吴县，"新郭乱民牛皮糖阿增等共十余人，伪扮长毛，昏夜入人家劫掠"（蓼村遁客《虎窟纪略》）；在太仓，"贼至乡不过十余人，黄旗，红绸扎额，并非的真长发"（佚名《避兵日记》）。可见在社会失控时期，土匪、盗贼的破坏性极大，浙江黄岩民间流传着"长毛如篦，土匪如剃"的歌谣（光绪《黄岩县志》）。匪盗冒充太平军行恶，易被民众误认。

（四）天灾的人为归宿——"红羊劫"。古人谓丙午、丁未是国难发生之年。天干"丙""丁"阴阳五行属火，色赤；地支"午""未"生肖为马和羊，故有"赤马""红羊"劫之说。太平天国并非起事于丙午（1846）或丁未（1847），但其发端之上帝教成型于此间，组织逐渐完善（"天父""天兄"相继下凡传言）和起事准备日趋成熟的戊申年（1848）也与之临近。在文人著述和官方报道中，"首逆"洪秀全和杨秀清并列而称"洪杨"，因姓氏音近，时人常将太平天国"洪杨劫"附会为"红羊劫"。再加上当时流行的谶语也习惯性地将太平天国比附为灾难，身受战争创痛的民众很自然倾向于认为天灾是上天对人祸的降罪，从而形成疏远和恐惧太平军的心态。

一般来讲，妖魔化太平军的谣言主要有三种源流：一是出于敌对，恶意中伤诽谤；一是源于民众敏感神经或紧张心态的误传；一是匪盗、游民、无赖和散兵溃勇等欲趁乱滋事而生。三类谣言均会造成社会恐慌。民间社会则根据这些讹传形成了太平军蓝眼睛红头发的妖魔形象，给大众行为选择带来了负面导向。

（五）太平天国社会战略的展现。太平天国在其占领区（特别是后期在苏南、浙江）在经济、政治、文化和社会生活等方面推行的一系列政令，向世人展现了太平天国进行国家建设的社会战略，然而社会战略实践的失误和弊病却使民心益失，增加了民众对太平天国的恐惧。如"愚民、贫民亦望贼来既可不纳佃租，不完官粮，并可从中渔利，则有望风依附者"（《安徽巡抚福济奏陈通筹皖省全局请旨迅速饬拨皖省军饷折》），而后太平天国却间杂并行"着佃交粮""招业收租"和"代业收租"。此令一出，"以贼之征伪粮如此之苛，佃田者已不堪命，而又欲假收租之说以自肥，真剥肤及髓矣"，佃农遂有"欲求仍似昔日还租之例而不可得"的失望情绪，甚或"攘臂而前"（曾含章《避难记略》），酿成民变。太平军将之镇压，最终"人情大变"（佚名《庚申［甲］避难日记》），激化了本已极端复杂的社会矛盾。

再如，尽管太平军当局一再严令整饬军纪，但仍然大量存在"打先锋""屠灭"和"掳人"的现象，咸丰十一年六月太平军追杀常熟抗粮之民，劫掠市村五处，时人称"乡人从此心死"（汤氏《鳅闻日记》）。在湖州，同样因太平军动辄打先锋，波及无辜，"自是人始知贼不足恃，乃相率迁徙，或东向，或南向，或为浮家泛宅"（光绪《乌程县志》）。

在地方行政方面，太平天国力图摒除清朝漕政旧弊，严禁收税人浮收勒折，但因缺少地方社会管理经验，过多倚靠地保、胥吏之类充当乡官，在具体执行中浮收舞弊和行政腐败现象仍然不断滋生，甚至激变良民。如咸丰十一年春，浙江嘉善监军顾午花和陶庄举人袁某，"贪酷旧规，以零尖插替浮收三石、四石不等"，"皆为乡人所杀，而顾死尤酷，裂其尸四五块"（沈梓《避寇日记》）。

太平天国排斥古人古书，在民间严禁偶像崇拜、祖先崇拜，倡导留发易服、历法改革、婚丧礼俗改革等移风易俗的社会改革，在城市实行男女分营的社会组织和限制自由经营工商业的政策，这些大多与国情严重脱节；加之操之过急、手段激进，与传统激烈冲突，远远超出民众的心理承受力，这也加重了人们对太平军的排斥和恐惧心理。

在太平军到来之前，民众已经形成的思想观念对立和恐慌心态很难为太平军左右，可变性小；而太平天国社会战略的偏差和弊端是太平天国的主观作为，具可调控性。在实践中，太平天国却自我孤立，进一步加剧了民众对太平军的恐慌，最终使"妖魔化"的太平军形象定型。所以，后期太平天国"人心冷淡"（洪仁玕《资政新篇》）的现实，不仅是在军中、朝内，在民间亦是如此。

三、其他心理因素

除对立心态外，求生求安和从众心态也可能增加社会恐怖气氛。求生求安，是民众在乱世中最基本的诉求。迁徙逃难、被迫落草为寇、加入民团，均有民众求生心理的作用。在战乱纷起的年代，百姓求生求安的欲望，推动了暂时群聚效应的生成。如咸丰十一年夏秋间，数万民众扶老携幼避入浙江诸暨包村，倚仗"村氓"包立身的"邪术"救世，最基本的愿望就是能生存下去。

民众对太平军，部分恐慌行为内包含的立场对立并不明显，民众参与其中仅是从众心态驱使，可能存在盲目跟风。如在海盐菜农沈掌大领导的规模达万人的民团队伍里，相当数量的参与者是因恐惧而被裹胁。

所以，当时民众对太平军恐怖形象的恐慌，这里既有先天立场和观念的排拒，也有在政治宣传、时人传述、匪盗栽赃、谶语谣言和太平天国社会战略弊端等多项因素作用下形成的后天观念和利益对立，同时也存在求生求安和从众的心态因素。

需要补充的是，后来太平军的形象在相当长的一段时期中被奉若神明，到了现代社会，人们却又在某种程度上承继了太平天国时期民众对太平军恐怖形象的看法，除了一些通俗性读物和网络媒体推波助澜外，上述各点要素仍与"否定"或"黑化"观念的形成密切相关，其中关于"太平军军纪败坏"的传述尤为关键。而既然当时太平军恐怖形象的形成并非只是太平军主观作为所致，那么在区分咸同兵燹之责时，我们也不能完全归罪于太平军一身。在明确太平天国统治政策中的负面因素给民众留下战争创痛的同时，还应看到交战主体的其他方面，如清军、团练、外国雇佣军、土匪等的害民之举。像桐城百姓对当地的团练局恨之入骨，称"逼捐十棍"曰"十鼠"，"皆欲食其肉而寝处其皮"（方海云《家园记》）。北京大学图书馆古籍部所藏金念劬《避兵十日记》主要记录了太平军到来前夕，苏州、昆山等地清朝败兵溃勇的劣迹。金氏自苏州逃难昆山途中没有见到一个太平军士兵，却几乎无日不受溃兵骚扰，故其言"是则败兵之罪实浮于贼，予此记不曰避寇而曰避兵纪实也"。金氏的评判是结合自身长期观察和切身体验所得，符合实际。所以当时有百姓传曰"贼过如篦，兵过如洗"（《曾国藩全集·奏稿之八》），而总体来看，太平军军纪实态的一般状况较清军、团练为良，这一点在评判太平天国功过是非时自须正视。

无论如何，太平天国的起事动机具有正义性，代表了广大民众的诉求，并为之创制了比较完整的社会建设纲领，描绘了较前制更为良善的社会前景，空前地打击了腐朽的清政府统治，从而奠定了太平天国作为中国旧式农民运动最高峰的历史地位。因此，太平天国将始终是中国历史上浓墨重彩的一笔，太平天国的历史形象也不能被全盘否定。

作者简介

刘晨，1986 年生，山东滨州人。历史学博士，北京大学历史学系助理研究员，主要研究方向为中国近现代史、太平天国史、秘密社会史，著有《萧朝贵研究》《义和团》等。

晚清权监势力与朝政

董丛林

太监属中国旧王朝时代与皇权相伴的一个特殊社会群体。它既是被皇家役使的对象，处于被压迫地位，又因专门服务和附属于皇家，不免是一个寄生性的社会赘疣，并且由于与权贵形影相伴的特殊条件，也总有少数太监爬到比较高的地位，甚至窃取干预朝政的相当权力，实际上成为统治集团的成员。有清一代，太监无论从规模还是影响朝政的程度看，都远不及历史上的某些朝代，与最近的明朝相比也大相径庭。然而，晚清时期，特别是慈禧太后柄政的半个世纪里，太监对朝政的影响力较清前期明显加强，而关键就在于出现了一批"权监"人物，他们与朝政发生了密切关联，有着不可忽视的影响。

一、历史前鉴与晚清变局

太监为患作为君主时代朝政败坏的重要征象之一，往往在王朝的末期表现尤著。从中国历史上太监为患最严重和典型的汉、唐、明等几个朝代看，无不如此。而在一朝前期，一般政治相对清明，统治者尚能注意总结和汲取包括太监干政在内的过去王朝的施政教训，整肃纪纲，对太监约束较为严格也较为有效。在这方面清朝前期即颇典型。顺治帝时，特铸铁牌立于内务府和交泰殿内，上面载有皇帝敕谕，宣明以明朝阉寺害政祸国为鉴，严定本朝有关法度，严禁太监窃权干政，违者处以极刑。以后康熙等朝不但重申这一原则，而且还作出制度上的一些更具体规定，严格实施以得保障。

清朝后期情况较前发生明显变化。自道光朝开始，皇帝对所喜爱的太监就有宠幸和放纵的苗头，至咸丰朝更是变本加厉，特别是从慈禧太后柄政的同治朝开始，更愈发漫无限制，导致权监势力恶性发展。

皇帝幼小或懦弱，后党乘机专权，乃权监势力形成和发展的起码条件。诚如有的论者所言，"母后的宫中，才是太监生存的据点，依附发展的大本营"（东郭先生《太监生涯》）。从有关慈禧太后的具体情况看，她酝酿政变夺权之始，就离不开对心腹太监的利用，譬如她在热河召见恭亲王奕䜣，即由"太监数辈传旨出宫"（薛福成《记咸丰季年载垣端华肃顺之伏诛》）。至于政变成功后，对于亲信太监的非分利用和放纵，更是明目张胆。并且，由于外国势力的介入干预，以及统治阶级内部派系分化，使得朝政局面空前复杂。慈禧太后为了对付政敌，维护和加强自己的专制统治，千方百计地广置耳目，豢养爪牙，网罗党羽，培植亲信。在这种情况下，经常伴随她的太监便大有用场可派。除此政治因素之外，后宫私生活方面的因素也应注意。后宫垂帘听政契机的获得，是以夫亡而子幼的家庭不幸为代价的，在以声色犬马为常乐的宫闱环境中寡居，对于女主来说不能不是一种难言的悲苦，由所喜爱的太监伴玩，便成为其日常不可缺少的一种微妙排遣。

二、权监势力对朝政的危害

因为有合适的气候和土壤，晚清权监势力的形成和发展就不足为怪了。当然，所谓"权监"人物在太监群里只占少数。清代太监本即较少，晚清时期在一千数百到二千略多幅度间徘徊。光绪年间有 1900 多人时，其中总管太监 16 人，仅占太监总数的 0.81%；首领太监 152 人，也只占太监总数的 7.66%（李光《清季的太监》）。即使这些地位较高的太监头目，够得上实际"权监"的也只是其中一小部分。如果按时序选择晚清权监中几个最有代表性和典型性的人物，当数安德海、李连英和张兰德（小德张）三人。由他们及其同侪身上，可以察及晚清权监势力危害朝政的一些基本方面：

第一，媚主邀宠，寄生累国。权监能在众多的太监当中"脱颖而出"，出人头地，全赖利用一切机会和场合不择手段地媚主邀宠。安德海即"以柔媚得西太后欢"（老吏《奴才小史·安德海》）。李连英入宫由梳头太监做起，他那梳头"绝活"，就是专为邀宠于慈禧太后而学就的。平时他也总是挖空心思地对慈禧太后百般诡谀，自己就曾公开标榜"不会做人，要学做狗"，这不啻其立身"格言"。即使后来在隆裕太后面前不无骄纵之态的总管太监张兰德，又何尝不是以"奴狗"献媚换取晋身之阶的呢？他曾有这样的现身说法："侍候人的人，应当比被侍候的多三招，如随太后出宫，得要先看天气预测冷暖，好带衣服，不能忘记携带她日常用的东西，察颜观色，一呼即到，一要就有。"（夏琴西《我所知道的太监小德张在天津的点滴》）。他们的这种心术和行径，势必更助长主子恶听逆耳忠言，难容强项义举，而生活上愈发荒唐的劣性，从而直接间接地害及朝政。

　　第二，贪赃纳贿，败坏朝风。权监们靠贪赃纳贿，巧取豪夺，积累起巨额财产。因为他们是主子身边的亲信，可以障蔽宫府，淆乱宸廷，并且自身也窃得很大权势，大臣们要向上邀宠，不得不先走通他们的门路，甚至正常公务方面向朝廷必须的请示，有时也得买通他们的关节，故大臣伺机向权监送礼行贿成趋之若鹜之事。李连英过 40 岁生日，"内自军机，外自督抚，无不有庆祝之礼，赃私之积以千万计"（老吏《奴才小史·李莲英》）。光绪十二年（1886），醇亲王奕譞巡阅北洋水师，李连英名为侍从，实则监督，官员们对李的迎逢巴结无所不用其极，而其此行"所受之谄媚贿赂，蔑以加矣（无以复加的意思）"（濮兰德、白克浩司《慈禧外纪》）。袁世凯为了向上爬升，从戊戌政变到慈禧太后死前，一直在李连英身上下功夫，一次竟向其行贿 20 万两白银。其后袁世凯为窃权逼清帝逊位，又走张兰德的路子，不惜巨额"运动费"，或说张氏的"巨万家资，大半亦由此而来"（温宝田《关于太监小德张的回忆》）。除了受贿之外，权监们还利用在宫内的方便条件大肆盗窃和侵夺珍宝器物。总之，他们诚可谓国之巨蠹。如果说，是当时腐败的朝风给权监们的贪赃纳贿提供了可能而合适的条件，那么，他们这种恶举，无疑又反过来促使了朝风的进一步败坏，朝纲的进一步紊乱。

　　第三，为虎作伥，戕害异己。主子脚下的"奴狗"，其另一面又是恶犬。对于主子的政敌和所憎恶的一切人物，他们最惯于吠咬，其阴毒凶狠，非常人所能为。他们不光是充当主子的恶棍打手，为了自己的争宠竞势，也很惯于拉帮结伙，互相利用。他们之所以能够爬升成为权监，这方面的心术和本事不可或缺。安德海、李连英是这样，张兰德在这方面更典型。他靠倾轧别人爬上大总管的职位后，为了防止别人对此位侵夺的可能，搞垮有竞争威胁的所谓"三十六友"团伙势力，又用拜把子、收徒弟等方式来网罗和扩充亲己力量，将他们安置于各个管事的职位。宫廷内部的派系斗争，是牵连朝政大局的一个很重要的方面。权监势力的介入，不但直接作为后党的帮凶，而且使派系争斗更为复杂化，更加重了朝政的混乱。

第四，仗势恃强，公然干政。到晚清权监这里，原"家法""祖制"俨然废弃。交结外官、干预政事对于他们来说已成为明目张胆、司空见惯之事。自慈禧太后在热河酝酿发动政变之时，与恭亲王密谋，安德海即参与联络，成为得宠的一大事功。其后遂愈发"干预政事，纳贿招权，肆无忌惮"（老吏《奴才小史·安德海》）。李连英的气焰更不得了，据在军机处供职的官员忆述，李连英与大臣们在一起时，竟至"宰相、尚书、侍郎、京卿围绕屈膝折腰"，而李氏"昂然竦立于中"（高树《金銮琐记》）。或说李氏"黜陟百官，皆任吾意，皇帝亦无可如何"（濮兰德、白克浩司《慈禧外纪》）。平时，他们在与主子"闲话家常"当中，便参与了评判官员、参政议政的机要之事，确是他人所不能为的。甚至对于光绪帝，李连英竟也"日进谗言于西后"，还公然"在外廷造谣言，称皇上之失德"（梁启超《戊戌政变记》）。在帝后两党的政争中，李连英显然是一个重要的参与者。张兰德在这方面亦不落后，据在他手下当差的太监忆述，张与许多大员勾结，如"和张勋换过谱（结拜兄弟）"，"与袁世凯亦早有了紧密的关系"（温宝田《关于太监小德张的回忆》）。他在隆裕太后垂帘时，竟至"随口称奉懿旨"，借此压人，"对摄政王（载沣）亦有之"（老吏《奴才小史·张元福》）。

当然也应该注意到，晚清权监势力也不是到了可以完全为所欲为、泛滥无度的地步。譬如说，从其活动范围看，主要是限于宫中，而不像明代那样权监的足迹遍布朝野，黑手伸及社会的各个方面。从其干预朝政的机制看，主要还是紧紧依附和借助专权的主子，到头来还是狐假虎威，不像有的朝代那样，权监公然凌驾于名义上的主子之上，自行揽权施政，甚至达到在主子面前指鹿为马的横暴地步。从祖遗严格限制太监的法度看，其余威在晚清也还没有消弭净尽，仍然有一定约束力，既使慈禧太后有时也不能全无顾忌。

三、朝中反对和制裁权监的言行

权监毕竟与正规的朝廷命官不同，按照制度规定，他们是没有干政之权的。并且，鉴于其出身、形体及职业条件，官员一般从内心是对他们颇为轻视和厌恶的，故权监们依恃主子而飞扬跋扈、僭位越权的行径，极易引起官员们比较普遍的愤恨，这样，发起对劣迹昭著的权监们的挞伐，既名正言顺，合法合制，又能赢得比较普遍的同情和支持。从权监及其主子方面看，因为权监们狐假虎威的缘故，一旦遭到官员们的问难挞伐，其自身缺乏足够的招架和反击能力，主要要看主子的态度和招术如何，主子当然要对其尽力保护，但有时也不得不"丢卒保车"。像同治八年（1869），安德海暗奉慈禧太后之命出宫南行采办后宫用物，一路招摇，途中被山东巡抚丁宝桢逮杀，慈禧太后最后也只得隐忍了事，这就不失为一个典型例子。

持正官员公开上言反对权监干政的做法，也引人注目。譬如光绪十二年，李连英受慈禧太后指派，随奕譞巡阅北洋海军，朝臣多以为非制，但慑于慈禧太后淫威讳不敢言，独御史朱一新强项上疏，说"宗藩至戚，阅军大典，而令刑余之辈厕乎其间，其将何以诘戎兵、崇礼制"？还讽谏慈禧太后不要为此辈所惑。慈禧太后不能容忍，下旨严斥并处分了朱一新。及至甲午战争前后帝后党争激化，李连英辈作为后党势力的一个组成部分，自然引起帝党人物的忌恨。光绪二十年十二月，御史安维峻在弹劾李鸿章的奏折中，兼讽谏慈禧太后应戒绝李连英干政，谓有说"议和出自皇太后旨意，太监李连英实左右之"，"如果属实，律以祖宗法制，岂复可容"？慈禧太后对此自然不能接受和容忍，以"托诸传闻"，"妄言无忌"（《清史稿》）的罪名，将安维峻革职充军。朱、安他们虽被压制，但其所发挥的舆论影响作用不可小觑。

当然，随着慈禧太后专制统治权能和实力的不断加强，依附于她的权监们的"保险系数"相应水涨船高，不再有安德海第二之虞。被治罪乃至断头丧命的太监倒是大有人在，但那是女主在她豢养的权监们帮同下制裁其心目中的敌对者。光绪二十二年，奏事处太监寇连材向慈禧太后上折言事，提出"请太后勿揽权，归政皇上"（梁启超《戊戌政变记》）等十条政见，在李连英的参议和怂惥下，慈禧太后以言事干政的罪名下令将寇连材处死。此前，慈禧太后责贬珍妃（连同其姊瑾妃）之后，将同情珍妃的太监也大加削减和驱逐，甚至不惜杀戮。及至戊戌变法失败后，慈禧太后在囚禁光绪帝的同时，对其手下太监也大下毒手。据参与戊戌变法的重要人物梁启超说，"皇上之内侍及宫女前后被戮者二十余人"（《戊戌政变记》）。还有说当时慎刑司里用"气毙"之刑，将光绪宫中给维新派通风报信的太监处死多人，珍妃宫中有三十来个太监也是被此刑弄死的（李光《清季的太监》），造成一大惨案。

这一方面表现了专制淫威的惨毒，另一方面则显示出，在近代时势条件下，由于民族危机和维新运动的刺激，也促使了太监这一社会群体发生政治分化，从中涌现出一些有正义感，甚至不惜献身而勇敢地参与进步政治活动的人物，产生了积极的社会影响，与权监之辈形成鲜明对比。

作者简介

董丛林，1952年生，河北盐山人。历史学博士，河北师范大学历史文化学院教授，博士生导师。中国义和团研究会副会长，中国太平天国史研究会常务理事。著有《龙与上帝——基督教与中国传统文化》《晚清社会传闻研究》《曾国藩传》等，发表论文百余篇。

顶端与末端联合：戊戌时期的帝党与维新派

郭卫东

戊戌变法是帝党与维新派联合发起，分别处在权力链条顶端和末端的两派联接，是维新运动的重要特征，也很大程度上决定了运动的样式及走向。两派实现联合，既有中国内在因素，更重要的是来自外部的连续强刺激，即出多数国人意料之外的甲午战败、空前屈辱《马关条约》的签订、列强争先恐后的瓜分狂潮，"社稷之危未有若今日"。两端结合的共同理路是：面对严重的民族危机，为救危亡，只有从内部改革入手，即对付外力，先要培植内力，不是直接诉诸武力来抵抗外敌，鸦片战争以来特别是甲午以后面对外敌侵略中国屡战屡败的历史便充分证明了这一点。只有通过激进改革使国家尽快臻于富强，方有能力抗衡列强，从外部威胁立言，落脚却在内部，危机与改革意识连接，救亡转向自强之道，这是历史与逻辑的思路，是帝党与维新派的共识。

所谓两端，即是名义上的最高统治者所附庸的小圈子与转型中的新知群体小圈子，在官场政治势力配比中，作为帝党是极核心，作为维新派是极边缘，这种核心与边缘的联合样式在中国历史上罕见。康有为、梁启超党人以前都是些"或抑屈下僚""或隐处岩穴"的人物，光绪帝将这些处在"侧陋冗散之中"的人物骤然拔擢，被帝党"谋及卿士，谋及庶人，谋及卜筮"而重用，顿然成为新政的策划者。同样，康、梁党人也"惟皇上是恃"。本是相隔遥远的两级却实现突然性的合作，不能用官场寻常方式达成，只有打破常规，这种不通过组织程序循序渐进的步骤来从容实现的路数，使其空缺中间过渡的层级联系和各级衙门的配合，缺乏渐次递进的组织架构和上传下达的机构人员，缺少紧密有力的联系纽带和人们的心理渐进准备。遂造成两派合作而成的戊戌改革派先天不足，利弊共生。

两个小圈子的结合优势表现在：相互取长补短，戊戌维新的趋向目标系中国自古所无，立宪、国会、宪法、西学等多是些来自近代西方的东西，多数官绅对此并不了然，维新派在接受西方文化方面占有某种先机，光绪帝要实现这些方向的改革，在那个时代，除了依靠维新派，的确没有多少可资借助的政治势力和思想资源。同样，处在权力边缘的维新派要尽快进入权力中心，实现理想抱负，也舍联合帝党外无他路。帝党需借助维新派与民间的天然联系，利用维新派的智库功能，维新派则需借助帝党权势，利用皇上的显赫名头和传统帝王观念。维新派这一新知群体还给戊戌运动带入了很多前所未有的样式，进而凸显运动的"近代性"。首先是新型传媒，此间，知识精英将报纸视为启迪民智上下通达的重要法门，"报者，天下之枢纽，万民之喉舌也"，《强学报》《万国公报》，特别是《时务报》社会影响殊大，梁启超等借此成为中国最早的"报界达人"。与精英报刊联带出现的还有出版公司，两三年间，仅上海一地就有译书公会、大同书局、商务印书馆等十几家新式书局设办，近代型的书籍传播网络赖此初构，"书肆中时务之书汗牛充栋"，购阅新书的人"如蚁附膻"。其次是自由结社雨后春笋般涌现，性质与传统时代的文人结社明显不同，昔日友朋，各自因籍贯、学业、趣好、政见以组织学会，其中最重要的是具全国社团性质的强学会与保国会，它们成功地成为"民众外交"的发起人和两端联结的桥梁纽带。再次是新式学堂，尤其是京师大学堂此类国立大学的创办，成为新思想的温床与集散地。最后是维新派为权力阶层末梢，长期植根民间，从基层汲取的信息丰沛而不甚遵守旧时章法，使得戊戌变革的建议非常的多样化，且具草根性，此时允许士民司员不受限制地上书。概言之，戊戌变法正因为帝党取法了维新思想从而使其成为有别于传统变法的具近代性质的运动。

但是，维新派介入国家权力结构究竟有限，改革当轴又没有尽力扩大人力资源和势力基础，使得两级结合器局狭隘，只有顶端和末端，中间却成广漠。中央层面，改革伊始，慈禧太后于1898年（光绪二十四年）6月15日推出三项举措：罢免军机大臣翁同龢（hé）；二品以上大臣的任命需当面谢恩；任命荣禄为直隶总督，统辖近畿军队。鉴于军机处缺少堪用之人，光绪帝又引入刑部尚书廖寿恒，此举在翁同龢被开缺后意义更加凸显，廖寿恒被指定为与康有为的联系人，"或有章奏条陈，……特派廖公专司之，朝中呼之为廖'苏拉'（见文末名词解释）"。惟廖寿恒在军机处的地位较低，康有为称："时吾递书递折，及有所传旨，皆军机大臣廖仲山为之。京师谣言，皆谓廖为吾笔帖式，甚至有谓为康狗者。"因为中枢改革力量缺乏，光绪帝试图改变局面，有"军机四卿"（谭嗣同、杨锐、林旭、刘光第）的指派，却被认为名不正言不顺，加上四卿年轻气盛，不懂官场规矩，每以细故纷争。在总理衙门，帝党方面以张荫桓为重要角色，但张在帝党中并不能起到领袖群伦的作用，鉴于军机处守旧势力太大，光绪帝试图以总理衙门部分替代，作为总领变法的机关，因此又颇有深意地让廖寿恒兼任军机与总署。光绪帝还有一个筹划，即谕令康有为改任总理衙门章京，表面看，章京只是"司官"一级差遣，以"特旨"而派此级别的差使"向来所无"，康氏自认"盖欲以辱屈我也"。实际上，总署系中外交际枢纽，也是光绪帝试图统领改革事局的关键部门，康氏由工部主事的冷曹入总署当差，更接近决策中心，更便于与朝中联系，正是以"小臣"办大事之意。却与康氏的先前期望差距太大，康有为对任命很不满意，"总署行走，可笑之至，决意即行矣"，康有为对光绪帝的刻意安排不甚了然，仅从一己名利考虑，拒绝到署，使帝王的桃僵李代设计落空。改革派在内阁六部各衙司也乏人，"凡遇新政诏下，枢臣均模棱不奉，或言不懂，或言未办过"，几乎每项改革举措都遭冷遇。

地方层面更不乐观，地方实力派对维新诏谕大多不买账，空有高层设计，政令难出紫禁城。督抚层级，"凡有举行新政发交外省各件，自直隶起概不奉行，亦不议奏，电旨严催，置之不覆，上怒万分"。洋务派大佬，如李鸿章、张之洞等多有怨言，康有为等甚至对变法向称积极的湖南巡抚陈宝箴也不满意，认为"虽旧有才名，闻其居乡贪鄙，罔尽商贾之利，行同市侩"。其实，戊戌时和后来庚子时不一样，掌握朝政的多是先前洋务派之属的温和改革派，除了上列地方大僚外，还有亲贵重臣奕劻、世铎、荣禄、王文韶及总署等衙门中的多数官员，极端保守派尚未主导中央朝政。可惜的是，戊戌时的激进改革派却没有将温和改革派纳入同盟。再是士绅中的大部分亦对维新置身事外，斯时社会的主流心态仍是：民族意识高涨，民主意识淡漠，支持爱国拒外者众，力挺宪政改革者寡。

改革派还四面树敌，即或"自己人"也有门户之见，维新派与帝党合作不能算是无间，康有为等维新派与帝党首领翁同龢的蜜月很短暂。维新期间，陈宝箴在各省督抚中对改革较热心，但陈对康有为等自来隔阂，请求"可否特降谕旨，饬下康有为即将所著《孔子改制考》一书板本，自行销毁"。改革派内部勃豁

（bó xī，争吵）连连，在湖南的谭嗣同、唐才常和陈三立、邹代均、欧阳中皓之间屡起冲突。就连军机四卿也相处不洽，杨锐便感叹"同列又甚不易处，刘与谭一班，兄与林一班。谭最党康有为，然在直当称安静，林则随事都欲取巧，所答有甚不妥者，兄强令改换三四次，积久恐渐不相能"。康有为觉得谭嗣同、林旭"形法皆轻"。正因为四卿的份量不够，1898 年 9 月 22 日，陈宝箴提议召张之洞入京"赞助新政各事务"，试图引入重量级官员，略为弥补中心与边缘的真空地带。惟是时宫内政变已发作。

人事方面不足取，行动方面问题更多。维新派多为新锐人物登堂入室，初涉官场缺乏历练，"以荡检逾闲为才气，以奔竞招摇为作用。……小人量浅，易致骄盈，躁进不已"。有些建策只改皮毛，却引发大反感，比如慈禧太后曾声言革新可以，但改元易服不行，康有为却偏偏从此建言。再如迁都之议，也是形格势禁，人心与财力完全不能支持。另如与外人的接触，也是触及后党敏感，李鸿章评价"用人太乱，内意竟欲留伊藤为我参政，可笑也"。

两端结合势单力薄，没有各级行政部门配合，只能绕过体制，依靠非组织不规范的暗箱操作。整个变法期间，光绪帝仅见过康有为一次，两人的交往渠道主要是背靠背的上书和下旨。内廷外朝的联系没有制度保障和畅顺通道，大事要情不能当面商量，更谈不上及时"朝夕谋议"。在下者只能靠上书，康有为不仅自己上书，还大量以他人名义奏陈，从 1898 年 1 月至 9 月 21 日政变发生止，康氏统共上折 66 件，其中以他人名义入奏的便有 33 件，此种联系方式造成"谋议一事，仅藉奏折以通之，而奏折皆与天下共之，故上有欲疑问谋议而不能，下欲请委曲措施而不可"的局面。在上者也只能靠发空头上谕、传纸条、下密旨等不正常的方式来递送信息，上下难以通气，情势危迫之下更无法及时应对。

边缘官绅的空议政，七嘴八舌，还容易走漏消息，"都中上自王公，下及士庶，谣言四起"，消息的泄漏出自多种渠道和意图，有些是有意为之，因为顶、末端的联合，缺乏逐步层级的有效贯彻，维新派的力量又主要在野不在朝，只能将消息从庙堂之上泄漏于外，"多由显者口中传出，故信之者众"。文廷式称："总署事极秘密，余则得闻于一二同志，独先独确，因每事必先疏争之，又昌言于众，使共争之。"实行此策略，是为了防止壅蔽上听，鼓动言论，形成公议，这是维新派从公车上书起就已屡屡奏效的招数，也使得传言满天飞，真假难辨，自乱阵脚。在流言中，最具杀伤力而使各派没有回旋妥协余地的是改革派拟对慈禧太后等采取激烈手段，这是对立两翼的短兵相接，是你死我活血火较量的明确信号。但此应高度保密的谋动讯息，却在政变前已经四处传散。

顶端与末端，本应相距很远，却在特定历史条件下结合，是一种很奇特甚至很怪诞的现象，维新派实际上并未有机地楔入清朝的权力结构中。这种跨界联结的两头趋新，广阔中间地带仍为旧，其间缺乏贯通，上下、君臣、朝野、你我之间横亘广阔的阻隔，终于呈现改革派皆成"孤家"，光绪帝确是"寡人"。大部分中间灰色介面的存在，大多数官商绅民对运动的不解，说明单纯的高层设计难于践行，也预示运动失败的必然，未几，预料中的政变发作，"太后临朝，诛遣数十人，大变新政，又成守旧世界"。改革大业轰然坍台，朝政步入全面反动。

作者简介

郭卫东，1955 年生，山东定陶人。北京大学历史学系教授。

主要研究领域为中国近现代史，著有《中土基督》《转折——以早期中英关系及"南京条约"为考察中心》《不平等条约与近代中国》《中国近代特殊教育史研究》等，发表论文百余篇。

庚子俄难：瑷珲旗民的归业之途

邵琳琳

19 世纪中叶，帝国主义侵华加剧，沙俄趁势向黑龙江北岸迁民。光绪庚子之变，沙俄占领江左（即北岸），炮制惨案，驻军江右，火烧瑷珲城，城内仅余半数幸存者，纷纷南下齐齐哈尔等地避难。20 世纪初，清廷与沙俄几经交涉江左主权问题未果，最后因沙俄违约占领江左，南归的难民在江右安家落户。

一、归业之事刻不容缓

光绪二十六年（1900），庚子俄难，瑷珲地区受损最为严重。此前该城丁口约有七万余人，惨案发生时，"俄人以兵蹙（cù，紧迫）入江中及二十七八两年瘟疫病故者，几去其半"（程德全《程将军守江奏稿》），致使数万人因此丧生。沙俄抢占江左，驻兵江右，幸存者转徙流离南下避难，边疆军事重镇形同虚设。清廷为恢复边界驻军守备，一方面要求沙俄归还瑷珲全境，另一方面筹措引导难民回迁。

光绪二十九年，副都统程德全奏陈，瑷珲城"自兵燹后，城市村屯，焚毁净尽，然地亩犹存。俄官屡次照会，催令归业。除散处各城无可稽查外，其流寓省城者，尚有万余人。贫无立锥，无可告诉，自应代为筹备，以便安插归业。……况该城逼近俄界，地处极边，若再迁延，将同弃地"（《程将军守江奏稿》）。其时程德全任齐齐哈尔副都统兼理善后事宜，考虑到瑷珲城村虽被焚毁，然土地犹在，且紧邻俄边，辗转各地的难民居无定所，生计艰难，为防重镇变弃地，难民回迁归业刻不容缓。

二、归业之路困难重重

安插流民，收抚散兵，是整顿地方的先务之急。然而安插难民并非易事，瑷珲旗民回迁归业之途可谓困难重重。

首先，要解决赈抚经费问题。难民回迁"所有沿途用资及牛具籽种与苫盖窝铺等费，非二三十万不可"（《程将军守江奏稿》）。归业难民所需途资与重建家园的费用并不是一个小数，当时省府备用金库被俄人洗劫一空，朝廷又财力空虚，连江省（黑龙江省的简称）饷银都积欠许久，更何况另行拨发难民安置款。为了解决经费难筹的问题，光绪三十年，程德全再陈江省善后情形，提出"此事但宜官为提倡，现惟部款未到，权提前在江省办理便民会盈余银二万一千余两，并另筹的款，拣派妥员前往爱珲城基附近地方草创办公房舍，为异日规复旧基地步，并一面筹运粮石，以资平粜、招集商民，以通有无。庶几归者有所依赖、未归者亦闻风兴起。俟陆续起程后，如查有赤贫之户无力自归者，再行量为资遣"（《程将军守江奏稿》）。此变通之法重在发挥官民各自的作用，官府全盘调度，难民自行归业，以节用度。官府负责创办公舍，并且就公家出资形式、出资限度与资助对象做了说明和区分，希望在财力范围内，尽量发动民众，激发难民回迁归业的动力。

其次，要解决沙俄违约占地问题。清代瑷珲划界后至东清铁路完成前，江省的交涉问题集中于瑷珲，然而善后交涉并不顺利，沙俄恃强凌弱，强占江左，垂涎江右。日俄战争期间，沙俄置条约精神于不顾，霸占江左拒不归还，还驻军江右，擅自划定驻兵区域，驱赶回迁归业的难民。光绪三十年初，瑷珲旗民"返回本屯（瑷珲常霍子屯）十户人家被俄兵驱逐，大黑河屯至何楞屯八里内又不准华人居住，致使何楞屯的二十一户，百余口返乡难民被迫流浪于别屯"，沙俄边界官员声称"凡阿穆尔江之右岸驻兵地方，三俄里以内，满汉人等概不准居住"，并通知下级俄官"不准华人在瑷珲常霍子屯三俄里以内居住"（《黑河地区志》）。光绪三十一年，日俄战争结束，形成沙俄占据北满，日本占据南满的局势，清廷再次照会俄官催令俄方允准南归难民回原屯居住。次年，沙俄虽然从江右瑷珲城撤军，但是野心不死，屡屡提出不合理要求阻挠难民归业。沙俄以让还瑷珲全境为由，要求清政府把俄军旧驻瑷珲北营地方留作俄国商民及领事馆居住地段。光绪三十三年，俄官又要求把瑷珲魁星楼一带的沿江地段划为俄国停船码头地段，安设船桩；后又要求将江右捕鱼地方长年租给江左俄人（《黑河地区志》）。以上两项无理要求均遭到瑷珲副都统姚福升的拒绝。同年七月，姚福升就"瑷珲江东旧有六十四旗屯地界被俄占据未还"一事派专员秘密前往江东调查，发现沙俄"业已迁民二百十一家，兵三百五十二家，计大小屯店二十处各情"（《黑龙江志稿》）。沙俄表面高调撤兵江右，私下迁民江左，通过殖边迁民的方式达到事实上占有江左旗屯的目的，而此前旗民开垦的熟地，也尽归沙俄所有。

第三，要解决麕集难民的生计问题。由于沙俄拒不归还江左，频年赈抚安集回迁的难民遂麕集江右。江右地方丁口骤然增加，但适宜耕种的土地有限，为解决生计问题，姚福升推行清丈土地，安插流民。在江右，"归业以后，其强有力者，往往占据地亩多至三至四百垧不等，其后至者，求尺寸之地而不可得。兼以江左六十四屯，南北一百四十里，东西五十里至七十里，地皆膏腴，徙前比户丰稔，所得粮石皆售于俄，地方最称殷实，俄人趁乱占据，迄未索还。其各旗屯归业者亦复麇集江右，而江右土性跷瘠，立夏开冻，秋分降雪，天时地气不宜稻粮，……兵燹以后，牛马不足，垦户愈稀。现经调查，所种熟地，连江左各户新垦者，通计不过二万一千余垧，约计口授田，近屯荒熟地段所余无多，仅上游法别拉，下游逊别拉等处，约有可耕荒地十万余垧"（《东三省政略》）。为合理安置回迁难民，姚福升特制定《瑷珲招垦章程》，共四章二十六小节，对"清丈""授田""放荒"和"公利"等垦务事宜做出规划。一是将江右各旗屯分为南北西三界，由委员、书役会同界官各乡屯长按屯勘丈分界，对于此前旗民"所垦地段，率多错杂"的情况予以梳理。二是按规定授田，"凡现在管业之户，无论所管地方是否自业，抑系代垦插占，均就现管地方，按照每户丁口拨给，每人以二垧为率，先仅原占熟地划拨，如熟地不敷分拨，再将附近生荒，参照本年奏准旗丁生计成案办理"。旗民所得二垧熟地或生荒叫做"永业田"或"生计地"，其时瑷珲地区回迁难民所垦熟地和新垦荒地达二万一千余垧。三是因地制宜放荒，对于无法归业的江左旗户，"视人丁多寡拨给荒地"（《东三省政略》）等，并鼓励民户在瑷珲属地上下游地方设农业公司。最后把授田、放荒、开垦学田等所获公利作为设学堂、办警察的经费，兴办瑷珲地方公益事业。

三、归业之结果与影响

因拨款、占地等问题未能及时妥善解决，难民回迁初期进展较慢。光宣之际，辗转流徙江省各地的难民才渐次归业，其时瑷珲地区有"满洲一千五百九十五户，七千三百二十八丁口。索伦、达呼尔四百八十户，二千零三十八丁口。汉军二千三百七十六户，一万二千八百四十九丁口。库玛尔河、鄂伦春已收得一百二十五户，六百二十五丁口"（《东三省政略》），跟两三年前相比较，人口日渐繁盛。随着难民渐次归业与生计问题的解决，此次在官府倡议下完成的难民回迁，对瑷珲地方和清廷中央分别产生不同的影响。一是瑷珲地方出现"民地"，土地格局发生变化。光绪三十四年，署理黑龙江巡抚程德全奏请裁撤官屯、驿站，瑷珲地区的部分官田改为民地。"民地"的概念正式出现在瑷珲地区，因为俄人占据江左旗屯未还，所以当时瑷珲民地只有黑龙江站（坤站）、额雨儿站（二战）、库木尔站（三站）三处。其实早在裁撤官庄、驿站之前，瑷珲地区已有旗地佃民、官田招垦等现象。光绪末年，姚福升推行授田、放荒，使得瑷珲地区旗民占有土地的格局发生明显变化，此后民田合法化，正式纳入收税范围，此举为沿边招垦准备了条件，奠定了基础。二是推动清廷在东北，尤其是沿边地带实施移民实边之举。庚子俄难，沙俄抢占江左旗屯、驱赶旗民，清廷上下意识到以割地换和平并非长久之计，若要图存，移民实边势在必行，遂积极在瑷珲地区招民垦荒。随着招垦政策的不断调整，增设民官专理垦务，清末吉、奉及内省汉民开始迁居瑷珲地区，垦荒也有所发展。

作者简介

邵琳琳，女，1989 年生，黑龙江黑河人。毕业于北京大学历史学系，现任职中国第一历史档案馆。

清末橡胶股票风潮的启示

陈旭东

20 世纪最初十年间，清末商事制度改革新政迭出，各类新式工商业团体如雨后春笋涌现。从上海金融市场时局来看，一个突出表现就是各类中资新式银行纷纷设立，蔚然成势。尽管如此，中资新式银行在彼时的上海金融市场格局中依然只是配角，真正占据主导的仍是外资银行和钱庄，其背后潜藏的则是鸦片战争后钱庄与外资银行、外国资本在长期的银钱往来中，所逐步形成的紧密纠缠利益纽带关系。为了更顺利地向中国进行资本输出、商品倾销并从当地进行原料采购，外国资本和外资银行须利用根深枝茂的传统钱业作为其立足上海、深入内地的金融桥梁，而这一关系在当时上海快速增长的进出口贸易中又进一步得到强化。

然而，在近代以来中国经济转型变迁中，钱业的发展并未与时俱进。虽历经 1883 年（光绪九年）倒账风潮和 1897 年贴票风潮，但上海钱业的业务模式、风险控制和监管方式等改进有限，以致 1910 年（宣统二年）橡胶股票金融风潮所产生的负面冲击，与前两次比有过之而无不及。三次金融风潮共通的根源是钱商的高度投机，但与前两次肇端于钱业自身不正当竞争等因素不同，橡胶股票金融风潮有较强的外部国际市场因素，在很大程度上是因上海钱业直接参与叠加间接卷入国际橡胶股票投机失败所致，与世界金融市场和橡胶市场的波动、联动有很大关联。这次风波加剧了传统钱业的由盛转衰、由强走弱，其主导地位最终由新式银行所代替。

一、从投资演化成投机的橡胶风潮

19 世纪末至 20 世纪初，欧美主要发达国家的汽车、自行车、电气等众多现代工业快速发展，国际市场橡胶需求急剧增长，呈现供不应求局面，国际橡胶价格随之快速上涨。不少商人见此获利机会，纷纷到热带地区的南洋群岛上成立大量橡胶种植公司。随之，上海市面也出现了许多橡胶公司，并依托上海的金融市场发行股票。其中，较为知名的是 1903 年英国商人麦边（George McBain）在上海筹设的蓝格志（根据橡胶产地 LanKets 音译）拓殖公司。麦边声称，公司在南洋经营橡胶园及发掘石油、煤炭及采伐木材等业务，投资入股必赚大钱（陈旭麓等《中国近代史词典》）。但是，一开始业务清淡，鲜有人问津。

随着 1908 年美国福特 T 型车及其汽车装配流水线的问世，全球汽车行业进入一个新纪元，对于橡胶的需求被再度激发。宣统元年（1909）开始，国际市场橡胶价格普遍上涨且涨势强劲。麦边乘势在《申报》等媒体上大做广告，并在上海的中英文报纸上刊登《今后之橡皮世界》，极力宣扬橡胶"未来三十年预算之求过于供"（姚公鹤《上海闲话》），声称种植橡胶树可获厚利，橡胶股票的行情看涨。为了吸引更多投资者购买其公司股票，蓝格志公司还暗中唆使同伙收买股票乃至提前派发股息。其他一些公司甚至专门招揽人佯装购买自己公司股票，或与外国银行做橡胶股票抵押借款。"羊群效应"之下，投资者纷纷跟风抢购橡胶股票，上海的橡胶公司开始大量涌现，到 1910 年已增至 40 家

（杜恂诚《中国近代的三次金融风潮及其启示》）。

上海市场的橡胶股票价格直线上升，使得全国陷入了股票投机的亢奋之中。单蓝格志公司的股票价格两个半月就接近翻番（徐华《从 1910 年橡皮股票风潮看清末的金融市场》）。上到盛宣怀、蔡乃煌等显赫官员，中到戚纯芳、刘长荫等工商巨子，下至太太小姐、平民百姓，纷纷加入抢购热潮（卢书锴《橡胶股票风潮始末》）。上海许多钱庄也深度参与进去，主要通过两个渠道：一是大量放款给橡胶股票投资者，二是自身也积极收购和持有橡胶股票。在此期间，上海钱庄大量增发庄票，抢购橡胶股票，仅正元、谦余、兆康便发出庄票面值 600 万两，同时与这三家钱庄素有往来的森源、元丰、会大、协丰、晋大等钱庄的庄票也被调用，一起进入投机活动圈内（徐鼎新、钱小明《上海总商会史（1902—1929）》）。甚至在自有资金用罄后，上海钱庄还从外商银行处拆借了大量资金续投股市，其参与程度之深可想而知。

据统计，在这场橡胶股票交易中，国人单投入上海市场就有约 2600—3000 万两，投入伦敦市场约 1400 万两。然而，1910 年国际市场橡胶行情开始出现盛极而衰、掉头下跌的趋势，伦敦市场橡胶价格从 4 月的每磅 12 先令 5 便士跌至 7 月的 9 先令 3 便士（菊池贵晴《清末经济恐慌与辛亥革命之联系》）。上海的外商银行敏锐捕捉到这一趋势，首先停止贷款给钱庄，同时宣布不再承做橡胶股票的押款业务。一些外资橡胶公司的创办者也利用信息传播时差和信息不对称，借股价处于高位时就纷纷抛出所持公司股票，携巨款出逃国外。随着国际市场的不利信息陆续传入上海，那些曾大量抢购橡胶股票的投资者又竞相将所持有股票抛出，形成多米诺骨牌效应，橡胶股价一泻千里，外商银行也开始宣布停止受押，并追索前做押款，大量持票人因此破产。

橡胶实体市场的陡然下行、市面流动性的急剧收缩以及橡胶股票市场泡沫的破裂，使得当时嵌入橡胶股票投机较深而积存大量橡胶股票的三家钱庄——正元、谦余、兆康均因橡胶股票的猛烈跌价，而出现资金周转严重失灵，于1910年7月先后倒闭，亏欠其他钱庄、银行款项计达700万两，这对上海市面造成强烈负面冲击（闵杰《1910：上海金融危机启示》）。由于金融市场的外部性、系统性、传递性，森源、元丰、会大、协大、晋大、协丰、协源、晋源、鼎生、鼎余等一批知名钱庄受之牵连也接连倒闭，市场一度陷入恐慌之中。一批钱庄的经理、副经理、跑街（中介）等纷纷携带时利和客户存款潜逃，衍生了大量的金融乱象。据统计，至1911年初，上海100家上市钱庄仅剩51家（上海地方志办公室《上海通志》）。

由于传统钱业在上海金融市场中的特殊地位，以及上海在全国经济金融格局中的重要地位，这场由橡胶股票风潮的冲击波所造成的金融市场涟漪效应，不久又从钱庄扩散至其他金融业态，从上海一域扩散至江浙地区、东南沿海及至全国各大城市。在此过程中，若干与这些上海钱庄发生金融联系的全国性银号、票号均受到重大牵累而倒闭。1910年10月8日，当时中国最大的银号——上海源丰润巨额亏损倒闭，累及各地17家分号。上海商务总会致电清政府军机处、度支部、农工商部等，请求筹款支援，后虽经筹借洋款和借拨库银，但终为时已晚，未能阻止金融危机的连锁反应。1911年3月21日，著名的票号上海义善源倒闭，牵连外埠分号23家（闵杰《1910：上海金融危机启示》）。

二、差强人意的金融风险化解尝试

纵观清末上海的历次金融风潮，其共同的症结都在于钱庄的投机性和金融安全体系的脆弱性。清末实体经济的发展受战乱、外患等因素影响，发展不稳定，这驱使钱庄资本高度介入非实体经济的金融市场投资套利活动，沉迷于股票买卖投机，但高利润与高风险常常是伴生的，一旦市场泡沫破裂就会带来钱庄、票号的大量歇业或倒闭，导致债务违约问题激增，酿成金融恐慌的恶性循环。1910 年这次橡胶股票风潮不外如是。当然，在此过程中，为了缓解由橡胶股票投机泡沫破裂所引起的金融风潮冲击，上海官商还是协同采取了一系列针对性措施，主要包括以下几个方面：

一是发布公告，稳定人心。谣言往往是扩大、加深金融危机的助推器。面对橡胶股票投机泡沫破裂所带来的金融恐慌和市场上各种小道信息盛行的局面，上海道乃至两江总督不得不接连发布公告以正视听。在正元等三家大钱庄倒闭不久的 1910 年 7 月 27 日，上海道即颁发布告声明，与一般的钱庄、票号不同，裕苏银号、裕宁钱局是官署所设，有地方官主持与提供保护，它们所发行的钞票由"道署担任，决无意外之虑"，劝告商民"切勿轻听谣言"，"惊动市面大局"。30 日，层级更是上升到由两江总督张人骏颁发布告声明，裕宁官银钱局是为裕商便民而设，所有收放公私款项以及行用银票，"均为商民所信用"，要求商民切勿轻信谣言（汤志钧《近代上海大事记》）。当然，在此过程中一些橡胶公司面对股东的质疑，也纷纷通过召开股东大会、公布财务报告、派发股息红利等手段试图恢复股东的信心。

二是筹借钱款，维持市面。金融市场资金链条一旦发生断裂，需要新的流动性注入以接续循环。正元等三家大钱庄倒闭时，当时还握有倒闭钱庄签发庄票的外国银行，纷纷持票向上海地方官员要求赔偿，并以停止同钱庄的资金融通相要挟。1910 年 7 月 18 日，上海道台蔡乃煌会同上海商务总会会长周晋镳（biāo），联袂赴宁面见两江总督张人骏报告事情经过和预期后果。8 月 4 日，清政府责令蔡乃煌与汇丰、麦加利、德华、道胜、正全、东方汇理、花旗、荷兰、华比等 9 家外国银行签订"维持上海市面借款合同"，借款 350 万两白银，负责付清外国银行和洋行所执未付的庄票。与此同时，蔡乃煌还拨出上海官银 300 万两，存放于上海源丰润和义善源及其所属庄号，希望助其稳定市面（中国人民银行上海分行编《上海钱庄史料》）。尽管最后这两家银号未能抗住冲击，但初期确实还是起到了一定的稳定作用。

三是合纵连横，抱团应对。在这场金融风潮中，外商银行稳坐债权人和授信人地位，为了应对危机它们出台或酝酿出台系列信用紧缩措施，如金融恐慌发生之后不久，外国银行团即作出决议，计划将历来通行的庄票期限由 10 天改为 5 天内支付，这无疑是对本已陷入流动性危机中的上海钱业及其他相关行业的进一步打击。1910 年 8 月 20 日，各业商人齐聚上海商务总会，会商要求总会出面同外国银行团进行交涉。上海商务总会积极拉入与华商有密切贸易往来的在沪外商作为同盟者向外国银行团施压。最终，外国银行团妥协应允新规定的实施时间推迟一个月，但一个月后新规定也并未实施，所以实际上是无限期的推延。这在一定程度上缓解了市面上的流动性短缺局面。

四是清理积欠，制定条规。由于大量钱庄、银号的倒闭，市场上三角债和积欠不还现象屡见不鲜。为了疏通市场上的流动性阻滞，上海道也参与做了许多清理积欠的工作。在清理当时倒闭钱庄的账务过程中，商务印书馆亏欠正元钱庄银两，却置之不理。1910 年 9 月 13 日蔡乃煌致函公共租界会审公廨，令派差传讯该馆经理。10 月，两江总督张人骏针对当时上海市面钱庄、汇号接连倒闭，以致金融阻滞、周转不灵的现象，主持制定了管理钱业条规，希望杜绝日后再发生同类事件。这些条规的内容以

《大清律例》"五家联保"制度为基础制定，希望借此来警示上海钱庄业，稳定金融局面。该制度思想后被 1917 年成立的上海钱业公会在修订钱业营业章程时，作为同业互保功能的规定纳入。

三、开放环境下更应重视金融的风险防控与创新

金融风潮的冲击，有其内在的历史和制度根源，显然不是靠短期的政策应对就能化于无形的，后者至多仅能起到一定程度的缓解作用。不过，如同 1929 年美国"大萧条"和 2008 年世界经济金融危机催生大量此方面的经济学研究一样，对于清末金融风潮背后的逻辑和原有金融体系漏洞的洞察，是经济学尤其是经济史学需要予以重点关注的，如此才能更好地以史为鉴、防患未然。1910 年橡胶股票投机所导致的金融风潮并不是孤立的，它是清末经济和金融市场中众多内生因素与外生冲击共同作用的结果，反映了当时中国特别是上海金融市场的基本情况，兼有特殊性和普遍性，其中有一些值得引以为镜鉴之处。

第一，独立的经济、金融主权是维护国家金融安全的重要先决条件，如金融市场为外国势力所控制，而自主监管制度阙如，将很难规避国际经济金融风潮的传入。鸦片战争后，清政府在列强压迫之下对外让渡了很多主权包括金融主权。外国各类金融机构如证券交易所、银行等纷纷自由进驻，在中国金融市场上形成了一个巨大的辐射网络，大量外资企业依托外国资本在中国建立这样一个金融网络进行资本募集和保值增值，与国际金融市场之间的防火墙体系阙如。这次金融风潮的发生折射了清末金融市场的基本特征。一方面，正是由于外国资本可在中国市场上自由进出，缺乏必要的基本规制、规范，才导致了橡胶公司股票的大量

发行，如蓝格志等大批外商所设橡胶公司就是在由外商创办和控制的上海众业公所上市的（朱荫贵《试论近代中国证券市场的特点》）；另一方面，也正是由于货币市场缺乏必要的监管制度体系，才使得货币市场上的大量流动性涌入资本市场，橡胶股票的泡沫被越吹越大，最终随着国际橡胶实体经济需求和股票市场的动荡调整而形成一场大的金融风潮。

第二，股票市场上的价值投资一旦演化为价格投机占据主导，最终必然会导致非理性繁荣和市场泡沫，使局部风险放大为系统性金融风险。早期股票市场对于新设橡胶公司确实曾起到价值发现和资本支持的作用，但随着国际橡胶市场实际需求和橡胶原料价格的迅速上扬，以获取短期暴利为目的的非理性非价值投资者纷纷涌入，股票市场价格投机的色彩愈渐严重，加之信息不对称、监管不到位，使得股价严重偏离了其内在价值。这种信息上的不对称、不完善主要体现在两方面。一方面，不少皮包橡胶公司经包装上市圈钱，或以虚假信息诱导投资者购买该公司股票，使得投机泡沫充斥市场，另一方面，很多购买橡胶股票者甚至对橡胶为何物都不甚了解，对所持股票的公司也缺乏基本了解，与前些年国内股市暴涨期间的开户数激增颇有类似之处。时人姚公鹤在点评这次金融风潮时曾感叹："盲人瞎马，夜半深池，以一群不学无术之人，置之万死一生之地，其为危险，孰逾于是！"（《上海闲话》）

第三，传统金融机构自我现代化的步伐如不能跟上经济现代化的步伐而及时转型创新，其最终指向只能是在震荡调整中走向消亡。钱庄是应近代中国复杂的货币体系需要兑换而产生的，在资本积累到一定程度后开始经营存放款业务，在中国近代金融市场的前期发展中发挥了重要作用，但由于传统因素的影响制约，钱庄在经过了 19 世纪到 20 世纪初的几次金融风潮之后，在朝向近代新式金融机构转型方面并未取得实质性进展。1911 年 9 月 11 日至 13 日，《新闻报》连载盛丕华《上海钱庄亟以改良图存》一文。他在文中提出，"试一稽上海钱庄数十年来之状态，大抵苟且敷衍，因陋就简，惟孳孳焉图锱铢之利而未有为久远之计划者"，并将钱庄业"致败之道"归结为五弊：即资本微薄，重拆票、轻存户，存款不定期，脱手滥放，做押款而不得精当等，可谓切中要害。在此以后，民国政府期间钱庄在又经历了几次金融风潮后，最终走向没落，其市场主导地位逐步为由外传入的新式银行所代替。时至今日，传统银行在新兴互联网金融业态的冲击下，也正在经历转型创新的考验，最终走向何方尤待时间检验。

作者简介

陈旭东，1982 年生，江苏如皋人。经济学博士，上海财经大学高等研究院院长助理，助理研究员。主要研究方向为经济思想史、中国经济。

古代海上丝路的一抹晚霞：
明清时期的外销瓷

张国刚

大航海开辟了中国与欧洲直接交往的通道，丝绸之路上的贸易双方及其商贸方式都发生了很多的变化。瓷器贸易在这方面表现的最为明显——它不仅仅是一种经济行为，也是文化交流的一种特殊方式。

瓷器、丝绸、茶叶是海上丝绸之路上常见的中国外销商品。与宋元时代中国瓷器主要销往东南亚、西亚北非不同，明清时代海上丝路，远销欧洲的中国瓷器，构成了一道亮丽的风景线。据推算，18 世纪流入欧洲市场的中国瓷器应在 1 亿件以上。不仅是各国王室，就是像路易十五的情妇蓬帕杜夫人这样的社会名流，客厅沙龙里如果没有几件中国瓷器，也是很没有面子的事。《鲁滨孙漂流记》的作者迪福（1660—1731）甚至说，住宅里若没有中国花瓶，不能算第一流的高档住宅。

一、克拉克："葡萄牙战舰"

据说马可波罗最早带了一件中国瓷器到了欧洲。达·伽马首航印度，带回几件中国瓷器，曾经献了一件给自己的国君，只不过这是从卡利卡特国君那里得到的物品。大航海时代，葡萄牙人最早进入中国，也是最早贩运中国瓷器的欧洲商人。当然，荷兰人作为 17 世纪海上马车夫，也是中国外销瓷的积极推动者。最富盛名的"克拉克瓷"，其出典就来自葡萄牙和荷兰。1603 年，荷兰人截获了葡萄牙船只"圣卡特琳娜"号，船上装载的是青花瓷器，从此，同样风格的瓷器在欧洲都被称为克拉克瓷器。"克拉克"（Kraak）在荷兰语中指"葡萄牙战舰"的意思。

克拉克瓷器从此泛指明末清初（主要是明武宗正德年间之后）中国外销欧洲的定制瓷器。其装饰图案虽然以中华风格的纹饰为主，但是，却为迎合海外的消费者，做了适度的改造。早期销往东南亚和阿拉伯的伊斯兰世界，主要器形有盘、碗、瓶、军持（一种盛水器）等，出现在欧洲的则主要是直径 30—50 厘米的大盘。这种青花瓷有特定的纹饰风格，盘心、盘壁两层纹饰布满全器的内里，中心图案以山水、花鸟、人物或动物为主题。边壁是八至十组的开光纹饰（所谓开光，是常见于陶瓷器、景泰蓝等的装饰方法之一，在器皿某处留出莲花形、扇形、梯形空间，并在此绘上各种花纹），开光呈梯形、圆形、椭圆形、菱花形、莲瓣形，开光内的图案有向日葵、郁金香、菊花、灵芝、蕉叶、莲、珊瑚、鱼、螺、卷轴、伞、盖、佛教吉祥物。

晚明外销于欧洲的克拉克瓷，常见梯形开光，且两个梯形之间以一个细长方形小开光间隔，开光所占面积和盘心画所占面积大致相等，并且在视觉效果中开光往往更抢眼。采用的虽是中国传统的绘画事项，但因为构图有几何性的严谨，画面充实而又整齐，看起来充满异国情调，与明代后期流行于国内的青花瓷纹饰截然不同，有很明显的市场指向。

克拉克瓷的几何形开光，或许源自元代。因为元代青花罐或瓶中，由小长方形环绕而成的肩饰和底部纹饰，与以往的莲瓣纹略有相似，疑即其变体。但是，在元代青花中，这种几何纹饰位于不很显眼的次要位置，明代克拉克瓷器则把它变为主体构图，这恐怕就是为了适应伊斯兰世界对几何构图的爱好。

清前期制品的开光形式则有各种变体，且倾向于取消大小开光的错落分布，以便让所有开光均等。同时，开光在整个盘面构图中占据的面积大大缩小，成为烘托盘心画的边饰；或者干脆把开光转化成从盘心辐射至盘边的均匀扇面结构。简而言之，就是日益取消晚明克拉克青花的异国情调，而把它转变成更加中国化的构图。原本为了迎合伊斯兰世界而创造出的中国人眼中的异国情调，在欧洲人眼里成为新奇独特的中国情调，不仅晚明出产的克拉克青花成为欧洲富裕家庭热衷的收藏品，而且荷兰人很快就仿制这种纹饰的陶器（软质瓷），甚至18世纪欧洲人从中国大量进口素胎白瓷而自行添加纹饰时，晚明的克拉克式样仍然是他们所钟爱的选择。

另外一种著名的外销瓷品种是"伊万里"（Imari）瓷器。伊万里瓷器原是日本产品，以其产地得名。天启年间，景德镇就开始针对日本市场烧制绘有日本式图案的青花瓷。17世纪早期，日本的九州岛发现瓷土后，开始发展本地的瓷器工业。明清易代时的混乱，为日本瓷器提供了良好的市场前景，日本瓷厂开始为荷兰商人烧制外销瓷。伊万里是荷兰商船进出九州岛的港口，此地发展出在釉下青花基础上，施以釉上铁红与金彩的纹饰风格，这种反差强烈而鲜艳的色彩风格，颇受欧人喜爱。此外，伊万里瓷器有的图案形式简单，有的式样复杂，由花卉图案和几何徽章组合而成，同样受欧洲人喜爱。

1680年（康熙十九年），中国瓷器产业开始恢复，伊万里风格立刻被中国工匠学去，从而出现了"中国伊万里"瓷器。景德镇1683年重建后，伊万里瓷器的制作和销售中心便彻底从日本转移到景德镇。"中国伊万里"的图案设计较少原创性，到 18 世纪头 25 年，越发成为普通产品。"中国伊万里"作为一种彩瓷，价格介于便宜的青花瓷和最昂贵的珐琅彩瓷之间，这也是它在欧洲市场受欢迎的一个原因，后来许多欧洲工厂也仿制伊万里彩瓷。

二、纹章瓷：欧洲时尚中国造

瓷器贸易量的逐年增大，使瓷器在欧洲日益从奢侈品变成欧洲人日常生活用品，这就促使欧洲商人开始根据顾客的需求和喜好定制瓷器。定制瓷器，有的是按照欧洲进口商提供的图案纹样装饰瓷器，也有的是由欧洲人提供器型模具烧制瓷器。

截至 18 世纪初，中国外销瓷都是在景德镇完成全部流程，以成品运至广州。随着定制图案的瓷器数量增加，1730 年代初期，广州出现了外销瓷的专业画工，此时景德镇开始提供少部分素白瓷或只有部分装饰的瓷器，由广州的画工以釉上彩的方式完成欧洲商人要求的图样。比如纹章瓷盘，离开景德镇时只有盘边饰（通常是青花），作为主体图案的盘心纹章则在广州完成。18 世纪中叶以后，广州成为制作釉上纹章和其他定制釉上彩纹样的重要基地，广州画工表现出绘制各种欧洲图样的娴熟技巧。

定制瓷器的模具有木制器皿、银制器皿及合金器皿，还有以德尔费特陶器为原型的。比如雍乾时期，英国公司订购的瓷器常以英国银器为模型。中国传统形式的器皿逐渐也会因为欧洲人的喜好发生变异，比如单把手的茶杯变成无把手杯子，对欧洲人来讲更有异国情调。17 世纪的荷兰东印度公司最喜欢定制成套的釉里红咖啡用具，也很喜欢订购 3 个一组或 5 个一组的青花釉里红摆设用花瓶与大口杯，另外还喜欢订购瓷人和瓷动物做摆设。

在定制瓷器中最具欧洲特色的是纹章瓷（盾徽瓷），纹章瓷大致可分为名人徽章、省城徽章、机构或公司徽章、军队徽章。名人徽章在上述欧洲各国定制的瓷器中都常见，省城徽章多见于荷兰、美国的定制瓷器，公司徽章则主要是荷兰东印度公司和美国一些机构订烧，军队徽章其实仅见于东印度公司驻印度的某些部队。此外还有属于澳门耶稣会士的一批有耶稣会会标的瓷器。现存最早的一件纹章瓷是绘有葡萄牙国王堂·曼努埃尔一世的浑天仪徽章的青花玉壶春瓶。稍晚的有 16 世纪中叶的一只王室纹章碗和一只阿布埃（Abreu）家族纹章碗，属于曾两度担任马六甲总督（1526—1529，1539—1542）的佩罗·德法利拉（Pero de Faria）。另有一件约 1540—1545 年间景德镇出产的葡萄牙王室纹章青花大口水罐，图案中的盾徽上下颠倒，看起来更像一只中国的钟或铃，而水罐的形状为伊斯兰式，是多种文化因素杂糅一体的典型作品。纹章瓷的主要市场是葡萄牙、西班牙、英国、丹麦、比利时、荷兰、德国、法国等欧洲国家，1740—1760 年代，纹章瓷的总体定制数量达到顶峰，但在英国的顶峰从 1720 年持续到 1830 年。在 18 世纪，瑞典有约 300 家贵族曾在中国定制纹章瓷，英国定制了 4000 多件（套），荷兰定制纹章瓷的数量多于葡萄牙但远不及英国，不过式样丰富多彩。

纹章瓷在荷兰既是身份的体现，也是一种时尚。17 世纪末，少见的纹章瓷是个人和家庭身份的象征物。18 世纪，纹章瓷仍具有独特的社交价值，宴会主人在餐桌上展示和使用有自家徽章的成套瓷器餐具，可以提升其人之社会地位。纹章也作为一种形式美观并有个人特征的纹饰而被很多人荷兰人喜爱。在瓷器使用日益普及的 18 世纪，纹章瓷还具有纪念品功能，特别定制的纹章瓷被用来纪念家庭和个人的重要时刻。由于纹章瓷在荷兰普遍受欢迎，东印度公司为他人定制此种瓷器可以获得厚利，这自然也促使荷兰公司多多进口此种瓷器。纹章瓷在荷兰市场受欢迎的理由在其他国家也同样成立。

纹章瓷的纹彩以釉上珐琅彩为主，单纯釉下青花不多见，也有青花与釉上珐琅彩相结合。后两种主要见于荷兰市场，因为荷兰人始终较偏爱青花瓷，哪怕1730年代以后青花瓷在欧洲已成昨日之星，荷兰人仍爱定购有青花的纹章瓷。出现于荷兰市场的有青花的纹章瓷，单纯青花瓷同青花釉上彩瓷的数量不相上下，青花同以金、红、玫瑰色为主的珐琅彩上下辉映，别有一番绚丽。作为纹章瓷图案的基本元素，除纹章本身，主要包括几何图形、涡卷饰（Scrollwork，即螺旋形或漩涡形装饰纹样，形似一宽松卷起的纸卷横断面）、花朵、风景等。17、18世纪之交，荷兰纹章瓷的图样设计个人特色很强，从1720—1730年代开始，纹章图案趋于程式化和标准化，可能是定制者大量增加所致。

定制瓷器的其他纹饰，也总是随着欧洲时代风尚的变化而变化，比如乾隆年间纹章瓷的装饰图案，1735—1753年间以素净的葡萄藤或花蔓装饰最多；1750—1770年间则是显著的洛可可式装饰；1770—1785年间转而为缠绕葡萄藤的黑桃形盾牌；1785年之后黑桃盾牌开始嵌入蓝黑边线和金星；1795—1810年间则变成由深蓝色菱形花纹围成的圈。

三、外销瓷：几多异国风情

外销瓷图案在最初阶段是纯粹的中国风格，随着定制瓷器成为主流，欧洲风景画、欧洲人日常风情画、宗教内容、希腊罗马神话人物和情节都出现在中国出产的外销瓷器上，同时图样风格逐渐呈现中西合璧特征，后来则以单纯欧洲风格的设计图样为主。18世纪中叶以后，欧式图样常在欧洲加绘，但仍有很多是由中国画工完成的，这些画工由此成为接触和学习欧洲绘画及图样设计的先驱。

中西合璧的图样通常包括中国式花草、风景和卷草，再加上欧式的葡萄纹、涡卷饰、卷轴饰（Cartouche，即一种不规则或想象造型的绘画或雕刻装饰，用曲线或曲带围成椭圆形或菱形，中间部位空白，用来题字或绘小插图）和暗红色花朵。1765—1820年间欧洲市场上有大量中西参半的由菱形、符号、花朵和蝴蝶构成图案的瓷器。还有一种中西合璧纹饰是中国风物加灰色装饰画（Grisaille）。灰色装饰画又称中国墨线画（encre de Chine），出现于1720年代，特点是用细的灰黑线勾勒图案，适用于起草油画底稿、勾画风景和翻绘版画图样。瓷器中的灰色装饰画又常与金色结合使用，呈现出细腻端庄的效果。

常见于外销瓷上的欧洲式图样有几大类。第一类是路易式样，指从17世纪后期到18世纪后期分别流行于路易十四、摄政王、路易十五和路易十六时代的几种式样。路易十四式样的基本要素是在卷轴饰中的对称人物、阿拉伯藤蔓、帷幔、扇形、形状优美的叶子、涡卷饰、爵床叶和小棕榈叶，色彩与构图都显得厚重浓郁，有明显巴洛克特点。摄政王时期，图样开始变得轻巧雅致。到路易十五时代，图样变成地道的洛可可风格，用曲线表现不对称式样，图样要素包括各种形状不规则的事项，如岩石、贝壳、涡卷、水纹、羽毛、兽角、各种自然的叶形。瓷器上的路易十五式样在法国流行于1730—1760年代，在荷兰则持续到1780年代。路易十六式样则与新古典主义风格呼应，首先于1760年代出现于英国，1770年代才延及法国，流行到1800年左右。它也偏好对称形状，但格调是优雅冷静，以柱形、花瓶、花朵和叶子结成的彩带、奖章和蜻蜓的形状为构图要素。

第二类是德国迈森瓷厂的设计图样。迈森瓷厂陆续设计了几种著名的图样，因为在欧洲大受欢迎，所以各国东印度公司也要求它们出现在中国外销瓷上。一种最著名的迈森式样是1715—1725年间常见于迈森瓷器上的金色卷饰，自1740年代早期开始出现于中国外销瓷上。另一种常见于中国外销瓷的迈森式样是"德意志花卉"（Deutsch Blumen），由碎花和本地植物组成花束，花朵常用蔷薇。迈森瓷厂于1740年代设计该图样，用以取代以中国花朵为要素的"印度花卉"（Indianische Blumen）图样。

第三类是荷兰人的设计图样，最著名的是梅里安（Merian）依据欧洲植物和动物图册中的图形设计的图样，以及普隆克（Cornelis Pronk）专门为荷兰东印度公司设计的中国人物图样。普隆克的中国人物图样主要有四种。第一种是"阳伞仕女"或"仕女水藻"图样，仕女手持阳伞，施青花、铁红和金彩，原图1734年（雍正十二年）绘成，颇受欢迎。绘饰此种图案的瓷器分别在中国、日本和欧洲加工，由它衍生出的别种图纹和仿制品则持续至19世纪，后来也出现于欧洲自制瓷器上。第二种是"四博士"图样，1734年完成，翌年开始分别烧制青花和釉上彩瓷器。这种纹饰的受欢迎程度比"阳伞仕女"纹略逊。第三种是"三博士"图样，在"四博士"图样基础上的改编之作。第四种是"庭院人物"图样，青花和金彩描绘庭园里的人物。此图样是普隆克设计的第四种款式，1737年（乾隆二年）完成，1739年起送往中国并施于订制瓷器上。普隆克还设计过其他一些中国人物纹饰，以赭墨、铁红、绿、黄、金彩绘饰，常见于六件一套的盘子。另有一种普隆克式边饰，在盘子的八片开光内分饰日本趣味浓厚的人物纹和水禽纹。普隆克设计的中国人物图样是典型的"中国趣味"，亦即欧洲人想象中的带有欧洲人生活情态和生活理想的中国人形象，色彩搭配则又有明显的"伊万里"风格影响。

18世纪后期，欧式图样的种类日益丰富，做盘子边饰的有七彩纹饰、欧式花朵纹饰、矛形纹饰、锁链纹饰、带形纹饰和几何线纹饰，另有灰色装饰画加金彩纹饰，还有无边饰仅有盘心纹章的式样。有一种在 18 世纪末期和 19 世纪较受欢迎的费兹修（Fitzhugh）图样，得名自一个从事中国贸易的英国家庭，其特征是四块嵌板式格子围绕中心一枚圆形奖章，格子里有花朵和中国艺术的常见象征物。此种风格图案可用于边饰，也可用于完整图案。

四、市场导向：欧洲人的再加工

有些类型的中国纹饰或日本纹饰，在抵达欧洲后会被再加工，或出于风格考虑，或出于经济考虑，或为了易于保存，或为了调整图案以迎合人们的态度变化和适应人们对国内瓷器或进口瓷器的需求。这类在欧洲二次加工的珐琅彩瓷集中出现于 17 世纪后期到 18 世纪中期，设计形式多样，质量参差不齐。

二次加工的方式之一是增加金属添加物，通常是金制或银制，并施珐琅彩。附加这些金属底座、喷嘴或把手后，瓷器的功能也可能被改变，可以从装饰物变为实用物，比如一个瓷人可以变为一支烛台，但也可以从实用物变为装饰物。

二次加工的另一种方式是加绘图案。欧洲画师不仅在中国进口瓷器的空白处加绘，还在已有纹饰处重叠绘饰。这样做时，欧洲人喜欢选择当前流行的图案设计。通过这种再加工，原本可能因为图案不讨人喜欢而滞销的瓷器可以被卖出去，或者瓷器上原有的瑕疵可以被掩盖。欧洲人有时在进口中国瓷器和日本瓷器上加绘漆画，漆画的图案则又模仿萨克森选帝侯强者奥古斯都收藏的日本瓷器上之漆饰。

1700 年起，荷兰人开始在中国瓷器和荷兰自产的德尔费特陶器上加绘日本柿右卫门（Kakiemon）风格图案。柿右卫门风格对中国瓷器影响甚微，但自问世之日就受到欧洲人欢迎。柿右卫门瓷器得名于日本有田（Arita）一个陶工家庭之名，该作坊 1685年前后开始烧制陶瓷，其产品以质量高、形式优雅、纹样不对称著称。该种瓷器的纹饰可谓中日合璧，它采用的许多纹饰如花鸟、风景、动物来自中国，但产生变异以适合日本人的审美口味，如它通常仔细安排纹样布局以留出空白空间，而不是涂满画面。柿右卫门式样的色彩特征是，以釉上彩方式混施铁红、绿、蓝、黄、蓝绿等色珐琅彩，而较少突出某种颜色。柿右卫门瓷器是进口瓷器中较为昂贵的一类，所以是富裕人士热衷收集之物。欧洲画师也在中国青花瓷上加绘釉上红彩、绿彩和金彩以表现伊万里风格，玫瑰彩风格同样被仿制。

几个欧洲国家的瓷器画师在加绘风景画和花卉图样时，都喜欢同时采用西式风格和想象中的"中国趣味"，有时会融合一点中国青花瓷上的原始图样，于是中国的青花图样成为某种新式彩色图样的一部分。白色德化瓷的奶油色泽在增绘金色装饰之后可大大提升效果。阿姆斯特丹是加绘中国瓷器的中心，英格兰在 18世纪初到 19 世纪也是这方面的佼佼者，有不少家工厂。其中1750—1780 年间的詹姆·吉尔斯（James Giles）工厂的现存作品显示其图案风格通常是精美雅致的花卉、蝴蝶与昆虫，并喜用玫瑰彩。

除了绘制，欧洲工匠还可以通过用于玻璃加工的轮雕刻法在中国珐琅彩装饰上进行装饰，制造出白色与珐琅彩的繁复对比效果。在外销瓷生产过程中，中国、日本、欧洲彼此复制对方的风格，往往发生数次风格混合，制造出不少美丽与罕见的制品。但这么做不是出于艺术原因，而是出于经济原因，如果制造者认为某种式样或某种纹饰在特定市场受欢迎，他们就生产这种类型。

五、亮丽与酸楚：今日之反思

大航海开辟了中国与欧洲直接交往的通道，丝绸之路上的贸易双方及其商贸方式都发生了很多的变化。瓷器贸易在这方面表现得最为明显。它不仅仅是一种经济行为，也是文化交流的一种特殊方式。感受异国情调并形成对该国印象的最直接、最有效、最普遍的方式莫过于接触异国商品。自欧洲人发现了东亚，大量中国商品输入欧洲，不仅改变了欧洲人一些生活习惯，也成为欧洲人认识中国的第一窗口，还滋长了"中国趣味"，这种流行于18世纪欧洲上流社会的充满异域情调的独特艺术品位。外销陶瓷就是传递这种中国趣味的代表性商品之一。

明清时期中国瓷器的大量外销，是传统时期"丝绸之路"上的一抹晚霞。这个时期，中国对于欧洲的瓷器销售，规模巨大。但是，除却艺术品位之外，瓷器外销中最丰厚的利润却是欧洲商人获取的。欧洲商人从接订单、到运输、销售，各个环节赚的钱，远远超过中国厂家仅仅在生产环节所赚的钱。

更值得反思的是，到了18世纪后半叶，世界上最好的瓷器、最贵的瓷器，也不全是中国产品。比如说，上面提到的日本生产的柿右卫门瓷器，就是欧洲进口瓷器中比较昂贵的一类，也是西方富裕人士热衷收集之物。原因就在于日本厂家是家族企业，世代制瓷，发挥工匠精神，精益求精地不断改进自己的技艺，比较明清时代的官府控制的制瓷业（御窑不计成本，但徭役制度落后；民窑缺乏资金投入，技艺提升受到限制）更有优势。

而在欧洲本土，掌握了陶瓷制造技术之后，逐渐地发展出高档瓷器，完成了从简单进口到模仿，直至走上创新之路。欧洲一开始就走了一个生产高档瓷器的路子。原因在于，只有质量高档的瓷器，才有丰厚的利润；有了丰厚的利润，才能在产品研发、高素质技术工人薪酬和销售服务方面，有更大的投入。反观中国产品，一味迎合欧洲商人所出的低价，利润很薄，产品质量无法提高，使得中国产品一直保持在低端位置。

比如，广州画工依据欧洲图样制作的定制瓷器，常常有错误或变形之笔，纹章图样的错误之处尤其常见。主要原因就是因为画工技能较低或者不够仔细，因为荷兰商人付的钱太少，使广州画工和技术工都没有动力精益求精。18世纪以后，欧洲进口中国瓷器，不再是为了质量，而是为满足数量。德国迈森18世纪最早在欧洲生产瓷器，此后不断提高工艺，迈森瓷厂的瓷器，号称"瓷中白金"，至今是世界最昂贵的瓷器之一。

1793年9月，马戛尔尼来到中国时，献给乾隆帝的礼品中，就有著名的英国韦奇伍德（Wedgwood）工厂生产的碧玉瓷。这家公司成立于1759年，所制瓷器，号称世界精品，一直得到英国王室和上流社会的喜爱。敢于向瓷器的故乡进献瓷器，可见马戛尔尼对于英国制造的自信。中国瓷器的外销史，不仅是亮丽的，也是酸楚的！值得我们今天反思。

作者简介

张国刚，1956年生，安徽安庆人。历史学博士。历任南开大学历史系教授、主任，教育部历史教学指导委员会委员、中国唐史学会会长、清华大学历史系主任等职。现任清华大学历史系教授、博士生导师，中国中外关系学会副会长。

清朝官员的读书与著书

李治亭

　　清朝是满洲贵族创建的一代王朝，一个崛起于穷乡僻壤的少数民族，其文化积累远不如汉族那么深厚，却维系统治268年之久，这与清朝官员大多有着良好的素养不无关系。

　　纵观清代历朝官员，以文官论，皆有深厚的文化素养。他们自幼入学，熟读经史，诗词文赋皆作；既明做人之理，又通历代治乱兴衰之道。经长年的严格训育，再通过层层严格考试，由乡试而会试，先中秀才，再中举人，会试毕，再进入最高级别的考试——殿试，由皇帝出题，亦由皇帝分等录取，统称为进士。这一漫长过程，充满了竞争，优胜劣汰，最后被选中者，堪称人才中的精英。在步入仕途，出任中央或地方各级官职后，应付自如，出口成章，下笔成文，举凡奏疏，皆出自手笔，即使有书吏或幕僚代笔，也必亲自改过多遍之后定稿。现存清代大臣大量奏章，很多都是范文，亦不乏名篇精品之作。高学历，达到高素养，因而保证了为政的高质量。

　　在清代，无论盛时还是衰落，从皇帝到诸官喜读书蔚然成风。康熙帝就是一个酷爱读书的典范。他在宫中手不释卷，每逢外出巡视，必携带大量书籍，总是读书到深夜。他在回忆往事时说，自五岁读书，数十年如一日，"乐此不疲"。雍正帝曾说：

"读书养气"，可以"变化气质"。就是说，读书能提高人的素养。

皇帝倡导并带头读书，为百官及士子树立了榜样。诸臣于公事之余，一边读书，一边研究学术，著书立说；或进行文学艺术创作，写下了大量诗词文论。其中，有不少人既是一代名臣，又是著名的学者、诗人、作家、评论家。诸如张伯行、李光地、刘统勋等，皆是高官，穷究理学、经学，身体力行，被誉为理学名臣，其学问高深，学风纯正，为官皆以廉洁著称。如张伯行，官至巡抚、礼部尚书等职，以宋明理学为指归，刻苦读书为自省，贯彻于他的实践中。其著述繁富，自编个人著作达60余种，取名《正谊堂全书》，内容大多论说伦理道法与相关的哲学问题。

又如晚清之曾国藩、左宗棠、李鸿章等，亦为一代名臣，姑且不论其政治立场，亦不论其是非评价，即以其读书之多，且术业有专攻，文论之精妙，值得称誉。特别是曾国藩，其文属清代著名的桐城学派，以严谨、深邃、政用而独树一帜，为渐衰的桐城学派注入了新的活力。所遗奏稿、文论及书信等，达千百万字。李鸿章所遗同类文字，又远远超过了曾国藩。

以这些人物为代表，可以归为一种类型，即身居国家政权的高层，实操国家部门或地方的军政大权，是名实相符的国家行政大员。他们读书为政，经世致用，身体力行，凡议论问题，制定方针政策，必引经据典，总结前人为政得失，用以指导实践活动。故其为官与处世，皆依理学而行；其奏疏与著述，多是精妙之作，是他们治国、治军及治家的经验总结。

在清代官员中，著书立说成传统，有专门任职编修的官员，主要负责编纂各类典籍。他们便获得读书与研究典籍的更多机会，历经刻苦，造就成一代著名学者。如，纪晓岚被任命为《四库全书》的总纂官，以十余年之功，终将此巨著完成。乾隆帝赞赏他的才干，屡屡提升他，一直升到尚书，至嘉庆帝时再擢为协办大学士。纪晓岚的名字与《四库全书》连在一起，使他成为影响巨大的学者。他留有《纪文达公遗集》，内收其散文与诗作；他个人还编有10余种著作的文选《镜烟堂十种》等。

另一位著名学者是戴震。他以卓越的学识而被任命为《四库全书》的纂修官，正式官职为翰林院庶吉士。当《四库全书》告成之日，他已是名满天下的大学者。他一生著述达50种，其学术价值与理论创新，走在了所处时代的前列。尤其是在哲学领域的建树，更是同时代学者所不能企及。其他同在四库馆任职的官员，亦各有成就。至于在国史馆、方略馆、明史馆、实录馆等机构中参与编纂各类官书的，也是既当官，又当学者。

在从政的官员中，通过实践，也有很多官员成为某一方面的专家。靳辅就是一个突出的代表。他在康熙时期长期担任河道总督，主持治理黄河、淮河、运河。他经过实地调查，总结治河经验，不断提出有关治河的原则与具体方略，使黄河、运河出现了几十年较稳定的局面。这些内容分别汇集在他的《治河奏绩书》等书中。

在清朝高层官吏中，如上述的靳辅，是通过自己的治河实践，加以科学地总结，成为这方面的专家。更多的官吏边从政，边读书，边研究，因而成为某一领域的著名学者。阮元就是个典型，他由进士而仕官，累迁至湖南、浙江、江西等省巡抚，再加太子太保，荣归故里。这样一位朝廷重臣、封疆大吏，仕宦生涯50余年，在繁忙的政务活动中，却从事学术研究，不间断地读书、写书、编书，著述不辍。他博学融通，凡经史、小学、历算、舆地、金石、校勘等无不涉及，尤以治经名重后世，编著书籍达千卷以上。在广州任官，组织编纂《皇清经解》1400卷，为清代名著之一。一个高官自写与编纂那么多书，数量之巨，令今人为之兴叹。

清代官员人人能诗，读诗作诗，已成为他们日常生活的一部分。在他们中涌现出许多知名的诗人。沈德潜便是其中之一。沈大器晚成，迟至66岁时中举，其后成进士。他以诗才受知于乾隆帝，命为文学侍从之臣。沈氏历官不高，但其诗作大放光彩。他创立的诗歌"格调说"，独树一帜，为清代一大诗派。沈德潜的诗文创作活动及其成就，使他跻身于清代著名的诗人行列。比沈德潜更为著名的诗人，便是满洲人纳兰性德。他被公认为清代伟大的诗人之一，性德才华横溢，以其词作惊世骇俗，被誉为"直追五代词风"。

纳兰性德、沈德潜等，为有清一代中佼佼者，至于不是诗人，又不愧称为诗人者，比比皆是。林则徐是近代或称晚清最有名的人物之一，因禁烟而名垂青史。他身为巡抚、总督之任，奔波于外，又以钦差大臣之身份，前往广州禁烟，其劳累可知。但他仍然进行诗歌创作，写下了大量诗词，后来都收入《云左山房诗钞》与《云左山房文钞》两部集子里。在流放新疆期间，还写下了数十首竹枝词。像林则徐这样高级别的官员，乃至中层官员，大多都有个人的诗文集传世。

在清朝各级官员中，还有哲学家、史学家、音乐家、翻译家、书画家、评论家、数学家、天文学家等。在一个庞大的官僚群体中，却有那么多文化、艺术各领域里的专家、学者，实在是一大文化景观。总之，清代各级官吏的文化素养极高，其学术与艺术创作都达到了高水平。若与明代官吏相比较，其素养与学识又以清代为盛。当然，明代的中高级官吏也都是经科举考试录取的，但却少见进入学术研究与艺术创作的领域，故成为学者亦少。明末，竟有"目不识丁"的魏忠贤之流执掌朝政。因为宦官不准读书，只有个别在宫中自学，略通文墨。试想：让一群近乎文盲的宦官掌权，岂不坏了国家大事。故论明亡，有"明亡于宦官"之说。

应当指出，清代的官员兼学者、诗人、书法家、画家等，并非先以成名成家，再去当官。实际情况正好相反，他们都是在当官之后才逐步进入学术领域及艺术的殿堂，经历多年的艰苦探索，终于成为一代学者或艺术家，即使成不了家，成不了名，也以艺术如作诗词、练书画以及探索学术，作为生活不可缺少的内容。因此，清代官员大多身兼某一领域的专业。值得注意的是，他们往往文史兼通，乃至艺术兼备，负有两种或多种专业，成为多能而高产的人才。最难得的是，他们日理庶政、平息诉讼已够忙累，却仍能挤时间读书、创作，著书立说，数量之巨，直叫当代从事专业的学者和文艺家们汗颜，拼其一生之努力，未必及于一半，大多十不及一。读书明理，研究出真知；实践书画陶冶情怀，创作文艺培育审美意识，适足以使人文明高雅，为政勤勉而廉洁。清代官吏能做到，今人又何须稍差！

作者简介

李治亭，1942 年生，山东莒南人。吉林省社会科学院历史研究所研究员，国家清史编纂委员会委员、篇目组专家。著有《吴三桂大传》《清康乾盛世》《中国漕运史》等，主编《清史》（上、下）等，发表论文二百余篇。

从细节来阅读故宫历史

周 乾

故宫旧称为紫禁城，是我国明清两代的皇家宫殿，由外朝、内廷两大部分组成。外朝以太和殿、中和殿、保和殿为中心，东有文华殿，西有武英殿为两翼，是朝廷举行大典的地方。外朝的后面是内廷，有乾清宫、交泰殿、坤宁宫、御花园以及东、西六宫等，是皇帝处理日常政务和皇帝、后妃们居住的地方。故宫是世界上现存规模最大、保存最为完整的木质结构古建筑群。故宫的一些保存至今的室外陈设，可能平时不太受人关注，但是它们同样见证了历史。今天我们就来通过这些细节，阅读历史。

一、不引人注目的古代警报系统

紫禁城在古代设有安全警报系统，这类传递警报的信号有多种。比如，白塔信炮报警。信炮修建在紫禁城西北侧的白塔山上，只要接到紫禁城内出现危险的放炮令牌，炮手便会立即冲着天空开炮。驻扎在京城的卫士们听到炮响声后，就会迅速集合，各就各位。又如，紫禁城设有腰牌与合符，上面刻有允许进入紫禁城的人员身份信息。紫禁城四个大门的守卫人员会及时检查。

但是如果有人越过了这些外围防御系统，侵入了故宫里面，那么如何快速把警报传递给故宫内外的警卫人员呢？这就是我们重点要说的，紫禁城内一种特殊的警报装置——石别拉（满语音译），或称石海哨。

石别拉是一种快速的报警装置，能够迅速把危险信息传递到故宫各处。部分石别拉存留至今，只不过如今不太引人注目。

这种石别拉，材料比较简单，实际是利用了故宫大量使用的栏板的望柱头改造而成的，而且它只使用一种莲瓣形状的望柱头。望柱也称栏杆柱，是中国古代建筑和桥梁栏板和栏板之间的短柱，其材料可为木造和石造。紫禁城的望柱一般为汉白玉石材制作。望柱分柱身和柱头两部分，有的望柱头是莲花瓣形状，上面有二十四道纹路，象征二十四节气，因此又称为"二十四气望柱头"。

普通的莲瓣望柱头，本质上就是一块瓷实的石头，但是拿去加工成用于报警的石别拉的时候，就把莲瓣望柱头里面给挖空了，就像一个空心葫芦。那么，这种石头的空心"葫芦"，怎么就能成为报警器了呢？当时的人们，一旦发现故宫内有侵入者，就会使用一个3寸（约10厘米）长的牛角状喇叭，插入石别拉的洞内，使劲吹喇叭，喇叭发出的声音，会通过石别拉的放大，飞快传遍四周。

就是这么一个简单的，同时跟故宫室外一般陈设非常接近的石头产品，构成了紫禁城内的警报网络。

据史料记载，清朝顺治年间，侍卫府奉命在外朝、内廷各门安设"石别拉"，分内、外、前三围，需要报警时，侍卫将三寸长的"小铜角"（一种牛角状的喇叭）插入石孔内，三围的"石别拉"就先后被吹响。每当遇到外敌入侵、战事警报或是火灾，守兵便用铜角吹石别拉上的小孔，石别拉便会发出"呜、呜"的类似螺声的警报声，浑厚嘹亮的声音传遍整个紫禁城。

在故宫里，很多地方都有石别拉。朋友们参观的时候，只要稍加注意，细心观察莲瓣形望柱头，若里面是空心的，就是我们所说的石别拉了。

那么，紫禁城哪些地方设置有石别拉呢？根据我们的统计，太和门广场、乾清门区域、坤宁门区域、东华门区域、西华门区域。一言以蔽之，这种石别拉几乎覆盖了整个紫禁城。

需要说明一点，由于历经数百年沧桑，目前故宫内，很多石别拉发生了一些变化，比如洞口可能被各种杂物堵上了，或者在修缮过程中被新的石材替换了。

最后，我们这里简单介绍一下古代紫禁城内的警报系统的传递路线，并对其警报效能进行简单的评估：

我们假设，有外敌从故宫的午门入侵。

第一步：午门阙亭的守卫会敲响阙亭里面设置的警钟。钟声会传至太和门广场。

第二步：太和门广场的守卫听到警钟，就会吹响石别拉。设置在不同区域的石别拉，会把报警的声音次第传至东华门、西华门、三大殿、乾清门等重要区域。

第三步：乾清门的警卫听到警报声，继续吹响石别拉。报警音传至景运门、隆宗门、坤宁门等处。

第四步：坤宁门的警卫听到警报声，继续吹响石别拉。报警音传至神武门。

根据估算，完成以上四步，需要时间不超过 1 分钟。也就是说，如果发现午门有入侵者，那么在 1 分钟内，紫禁城所有位置的守卫都能听到警报声。

紫禁城的石别拉，巧妙地利用了故宫各个庭院内的栏板望柱头作为警报装置，兼有欣赏和实用的双重功能。一方面，这些望柱头形状和纹饰未受到改变，在紫禁城内起到了很好的装饰作用；另一方面，通过对部分二十四气形式的望柱头开孔，使之成为警报器，这些望柱头又起到实用性功能。石别拉在紫禁城的应用，可以说是故宫建筑艺术与建筑技艺结合的一个典范。

二、故宫须弥座，见证明清历史变迁

朋友们如果去故宫参观，会看到很多重要的建筑、门洞，尤其是中轴线建筑，它们都是立在一层层石块堆砌而成的基座上的。这种古建筑的基座，我们称之为"须弥座"。

须弥座是古建筑的底座，也可以说是古建筑地上的基座。无论古建筑的体量多大，当它坐落在石砌的须弥座上时，就会给人以厚实、稳重之感。紫禁城中轴线上的建筑功能极其重要，其底座大量采取白色石质须弥座形式，既满足了建筑承载力需求，又在建筑艺术、建筑色彩等方面与建筑整体形成有机的统一。

须弥座是在东汉初期（约公元 1 世纪）随佛教从印度传入我国的，最初用于佛像座。"须弥"一词，最早见于译成中文的佛经中，也有译为"修迷楼"的，实际就是"喜马拉雅"一词的古代音译。从现存唐宋以来的建筑及建筑绘画来看，须弥座用于台基已非常普遍。而建于明代的紫禁城中轴线的建筑，其基座几乎全部采用了须弥座的形式，如太和殿基座、神武门城台基座等均为须弥座形式。这两种须弥座形式属于单层须弥座。

如果仔细查看，我们还会发现，对于故宫三大殿而言，不仅它们自身的建筑底座是须弥座形式，甚至其下面的高台也做成了三层须弥座形式，我们称三层须弥座为"三台"。这种须弥座形式，只限于用在极其重要的建筑上。紫禁城只有太和殿、中和殿、保和殿的须弥座高台为三台形式，这是皇宫最高等级的高台。

前朝三大殿下的须弥座，所有部位都刻有纹饰，是所有须弥座中最为华贵的形式。由于建筑等级不同、功能各异，三大殿虽然在同一台基之上，但其雕刻纹饰亦有所区别。太和殿须弥座的上、下枋都刻有卷草纹，上、下枭都刻有莲花瓣，束腰有椀花结带；而中和殿、保和殿在下枋均刻有较为活泼的八宝图案。这种细微的纹饰变化，不仅区别了三大殿的功能与等级，同时还彰显了太和殿的庄严与肃穆。

相比这些重要建筑，那些分布于紫禁城中轴线两侧的、不那么重要的值房之类，它们的基座就没有采取须弥座形式，仅为普通的台基。这种台基是用砖石砌成的突出的平台，四周压面包角。台基虽不直接承重，但有利于基座的维护与加固，而且有衬托美观的作用。

但是，须弥座在故宫的设置中，有一个巨大的例外。这就是在故宫中轴线上的重要建筑之一的坤宁宫，它的基座并没有采取须弥座的形式，而仅仅采取高台形式。高台台基中心部位为夯土，四周用砖砌筑以进行维护。高台的作用不仅有利于建筑防潮，而且扩大建筑使用者的视野，提高建筑的安全防护性能。

坤宁宫的独特高台基础，与其在历史上明清交替时期的功能变化密切相关，从而关联到一件历史事件：清朝入关。

在明代的紫禁城中，坤宁宫是皇后的寝宫。但是1644年清朝入关后，坤宁宫的功能就随之发生了变化。清朝入关后，进入了北京的紫禁城，清朝皇室有一个习俗就是萨满祭祀，这种由萨满主导的活动，集自然崇拜、图腾崇拜和祖先崇拜于一体。

1655年（顺治十二年），清朝的顺治帝在皇宫中为萨满祭祀活动选址，他看中了坤宁宫，于是对坤宁宫进行了相应的改造。从此，坤宁宫的建筑格局被做了针对性的修改，变成了清廷祭祀的场所。而在坤宁宫的改造过程中，施工人员参照了沈阳（当时的盛京）清宁宫的建筑格局。——沈阳的清宁宫与其他四座建筑，共同坐落在一个高3.8米，长和宽均为67米的高台之上。满族建筑的重要特征之一，就是建筑台基很高。建筑学者认为，满族把建筑及院落整体做成台基形式，可能源于远古时代对安全及瞭望的需要，到了后来，这种台基形式逐渐演化成为古代满族贵族民居的身份象征。相应的，坤宁宫在当时的改造过程中，它的台基很可能为模仿清宁宫做了改动。坤宁宫因此就没有沿用其他故宫建筑的须弥座，它的台基做得很高，体现出了满族建筑的某些特点。

三、紫禁城中水缸的遭遇

我们都知道，紫禁城中轴线上分布的建筑群都是非常重要的，在前朝区有代表皇帝执政地位的三大殿，而在内廷区有帝后生活场所的后三宫。伴随着这些重要建筑的室外陈设，最常见的，就是广泛设置的各类大缸。

如果我们从午门进入太和门广场，很快就会注意到太和门两侧有铁缸。一直到故宫的北门（神武门），我们才看不到大缸了。这是因为神武门广场靠近筒子河，取水方便，因此不设水缸。

据《大清会典》记载，清宫中共有大缸308个，其管理部门为内务府营造司。

仔细查看这些大缸，可以发现，故宫中的大缸具有几个主要特点：缸体普遍比较大，里面可以盛放比较多的水；两边一般都有兽面和拉环，以方便搬运。其中，兽面的名字叫做椒图，是龙的第5个孩子；缸体普遍被石块支起来了，就像灶台一样，下面可以生火。这是用来在冬天生火，以防止缸内存水结冰。

这些大缸，在明清时期又被称为"门海""吉祥缸""太平缸"，主要用途就是执行防火任务。这些大缸，不仅是故宫火灾历史的见证，同时也多次亲历了其他的历史事件。

比如，1900 年（光绪二十六年）八国联军攻入北京，8 月 28日，来自 8 个国家的侵略者，穿着各自不同的军服，吹着不同的号角，进入紫禁城。他们顺走了宫里大大小小多件文物，如项链、勋章、玉玺、钟表等。三大殿台基上的 8 口鎏金铜缸也成了他们的目标，8 国联军进宫后用刺刀在上面疯狂地乱刮，直至缸体的鎏金层严重剥落。这些刺刀伤痕，成了中华民族近代史伤痕的一部分。

此后，故宫的水缸再次遭灾是在 1917 年。1917 年 6 月，张勋借口调停段祺瑞、黎元洪之间的矛盾，率领 5000 "辫子兵" 开进紫禁城，逼迫黎元洪解散国会，随后谋划请废帝溥仪重新登基，恢复帝制。张勋复辟引起举国声讨。7 月 11 日，南苑航空学校奉国务总理段祺瑞之令派飞机出动轰炸张勋。飞机是法国制造的双座教练机。此机除了教学外只能作观测用，需要乘员从机舱里用手往外投掷炸弹。轰炸目标是辫子军在丰台的阵地、张勋在南河沿的住宅、紫禁城乾清宫。

12 日下午 3 时，航校飞行教官潘世忠亲自驾驶该校最大马力飞机，由学员杜裕源担任投弹手，载着小型炸弹 3 枚，飞临紫禁城。飞机在紫禁城内距离地面 300 米高度超低空飞行，既无投弹仪器，又无瞄准机。杜裕源手持炸弹，先以牙齿咬掉炸弹保险针，然后寻找合适的地面目标，伺机投下。杜裕源后来有这样的回忆：我校于 12 日下午 3 时奉令参加作战，先派飞机 1 架去炸皇宫，带炸弹 3 枚。第一枚爆炸，炸死太监 1 人；第二枚炸毁大缸1 个；第三枚炸弹未经爆炸而溥仪已大为恐慌，曾命世续与我校之临时司令部通一电话，说："请贵校飞机不要进城，我们皇帝是不愿做了" 等语……炸过皇宫后，继又派飞机 1 架，带炸弹 2枚炸南池子张勋住宅。第一枚毁炸大鱼缸 1 个；第二枚炸毁张勋住室，砖瓦尘土乱飞。张勋惊恐万分，不知所措，随即由荷兰使馆派汽车一辆，同秘书长万绳栻逃入荷兰使馆……

故宫水缸遭受的最大一次劫难，是在 1945 年。此时为日本侵华战争进入失败阶段。由于武器的供应严重不足，日军在中国占领区内疯狂搜刮铜、铁等金属资源，以供其制造枪炮之用。据档案史料记载，1942—1945 年间，侵华日军在北京共发动了三次"献铜运动"，即号召北京市民和各个机构捐献铜类材料。伪北京特别市政府为了完成"献铜"任务，1942 年专门成立了"大东亚战争金品献纳委员会"，负责搜刮公有和民间的铜品、铜物。1945 年，第二次世界大战进行到了最后阶段，日军对华掠夺也更加疯狂。3 月 29 日，日本北京陆军联络部又致函伪北京特别市政府，要求在北京开展"献铜"运动，随即侵略者就把目光盯在了紫禁城上。12 月 7 日，时任故宫博物院院长马衡的报告回顾了这一次日军掠夺的情况："案查本院被征用之铜品 2095 市斤，计铜缸 66 口，铜炮 1 尊，铜灯亭 91 件外，尚有历史博物馆铜炮 3 尊。本院之铜缸及历史博物馆之铜炮，系由北支派遣军甲第 1400 部队河野中佐于三十三年六月十九日运协和医院，该部队过磅后，运赴东车站。"

如今的紫禁城，现存大缸 231 个，分布于紫禁城中轴线上的铜（铁）缸，其主要功能已经不再是防火，经历了岁月的洗礼之后，这些水缸作为紫禁城的一个组成部分，向人们诉说着它们所经历的历史变迁。

作者简介

周乾，1975 年生，故宫博物院故宫学研究所研究馆员。主要从事馆藏文物防震保护及文物建筑科学保护研究。有专著《故宫古建筑的结构艺术》等。

从拍卖信息看圆明园文物的流散

刘　阳

　　圆明园是清王朝经营时间最长、规模最大的皇家苑囿，拥有众多的文物收藏，清朝皇帝几乎把最宝贵的文物和典籍都收藏在圆明园内。但该园究竟收藏了多少件文物，一直以来是一个很值得探讨的话题。现在最流行的说法是，圆明园收藏了150多万件文物。但这个说法缺乏史料依据，因为圆明园陈设档至今还没有被发现，所以其文物收藏就成了该园最大的一个谜团。其实从圆明园被抢两年后的1862年（同治元年）就开始有大规模的该园旧藏文物拍卖，可以从这些文物拍卖中的点滴线索一点点地去拼凑圆明园曾经的旧藏文物。

　　每次涉及圆明园文物的拍卖都会印有拍卖图录，这些拍卖图录都有非常详细的文物数据和照片，这些资料为研究和探讨圆明园流散文物提供了重要依据和参考资料。

　　圆明园在1860年10月18日（咸丰十年九月初五）被焚毁之前，英法联军在园内进行了长达三天的疯狂劫掠，小规模的掠夺更是从1860年10月6日起就开始了。据当时法国海军上尉巴吕所写的见证材料记载："第一批进入圆明园的人以为是到了一座博物馆，而不是什么居住场所。因为摆在架子上的那些东方玉器、金器、银器，还有漆器，不论是材料还是造型，都是那么珍稀罕见，那简直就像欧洲的博物馆。出于一种习惯上的谨慎，大家首先是仔细观察。那些东西摆得那么井然有序，使你觉得只能看，不能动。还是有人经不住诱惑，就先动手了。"但到了7日和8日，军官和士兵们就再也不满足于参观和小偷小摸这么简单的行为了，大规模的劫掠开始。据英国军官奥尔古德的记载："所有可以带走的贵重物品，包括黄金、白银、珠宝、珐琅器、瓷器、玉石、丝绸和刺绣品，以及其他众多的艺术品或古董，都被联军夺走了。"

第二年，这些文物大部分都出现在英法的拍卖会上。在伦敦，从1861年2月起，就有来自圆明园的大批物品，包括玉器、珐琅器、瓷器、丝绸和钟表，被一次次拍卖。首次拍卖是由菲利浦拍卖行进行的，物品有"精美的东方瓷器"。5月，克里斯蒂－麦森－伍兹（即佳士得）拍卖行拍卖了当时英国公使额尔金的私人秘书洛赫爵士（Henry Brougham Loch）带回的东西。7月，另一位军官带回来的各种物品被拍卖。12月，原属于中国皇帝的宫中服装以及一只御玺被拍卖。在巴黎，1861年12月12日举行了圆明园文物的拍卖会。另外，在1861年2月23日至4月10日，由英法混合委员会挑选并以军队名义进献给拿破仑三世皇帝的艺术品在杜伊勒利宫的马尔桑楼底层展出，其中绝大多数为来自圆明园的"战利品"。

1862年2月26日法国杜鲁欧拍卖行（Hotel Drouot）举行四场拍卖会中的第一场，另外三场拍卖分别在2月27日、28日和3月1日。这次的拍品中有《圆明园四十景图咏》（图①）。

《四十景图咏》在拍品目录上编为329号，配有汉学家斯塔尼斯拉斯·于连（1797—1873，法兰西学院教授）的说明："绢本绘画，系各宫殿实景，40页对幅，纸褙裱，各幅长八十厘米，宽七十四厘米。孤本，系保留已焚毁宫殿图像之仅存者。"《圆明

图① 《圆明园四十景图咏》（局部）

园四十景图咏》最初定价为 3 万法郎，但叫价没有超过 1 万法郎，拍品被收回。5 月 2 日再次拍卖，仍然没有达到预期价格。不过还是以 4000 法郎的价格卖给了一位巴黎的书商。几天以后，帝国图书馆版画部主任获准以 4200 法郎的价格购得，这件孤品就这样进入了法国国家图书馆，编号为 2500 号。这是版画部当年最昂贵的入藏品。

美国历史学家詹姆斯·海维亚统计，1861 年至 1866 年间，伦敦进行了大约 15 次包含从北京掠夺物品的拍卖。法国历史学家雷吉纳·蒂里埃统计，1861 年至 1863 年间，在杜鲁欧拍卖行就进行了 20 多次圆明园文物的拍卖。所以不难想象，法国人和英国人从北京抢劫的金银财宝数量相当。

在此后若干年中，又有大量的圆明园旧藏文物被拍卖、转手。很多文物因为年代久远且并没有被刻意记载而与其他时期被掠夺的文物混在一起，无法考证。所以现在经常提到的圆明园流散文物，大多是指有明确记载或有完整传承顺序的文物，这样的文物才能称为圆明园流散文物。在这些文物中，考证为圆明园旧藏文物的依据一般有以下几点：

一、第一次抢夺后通过赠送或拍卖形式就直接进入欧美博物馆的藏品。如法国的枫丹白露宫、法国荣军院军事博物馆、法国国家图书馆等，这些机构没有转手，文物来源清晰，可视为圆明园流散文物。

二、文物有明确的圆明园特征，或者是圆明园专属的文物。如法国吉美博物馆藏"圆明园印玺"、法国国家图书馆藏《圆明园四十景图咏》、圆明园西洋楼十二生肖兽首、圆明园殿宇玉玺或册页，如拥有"慎德堂""九州清晏""纪恩堂""富春楼"等标识。

三、圆明园文物掠夺者抢夺后在文物上雕刻有圆明园铭文的文物。如"圆明园西洋怀表""鎏金五彩化妆盒""珐琅麒麟""康熙御制铜胎掐丝珐琅童子""清乾隆铜胎掐丝珐琅'安佑宫，缠枝花卉盖盒'"等。

四、有档案记载明确其为圆明园旧藏。如《颙琰童年像》（图②）、"道光帝《喜溢秋庭图》"、"南宋苏汉臣《百子嬉春图》"等。

五、盖有圆明园专用鉴藏印的书画作品，盖有"圆明园宝""长春园宝""淳化轩""淳化轩图书珍秘宝"印的书画作品，如"王蒙《幽壑听泉图轴》""仇英《枫溪垂钓图轴》""钱选《归去来辞》图"等。

六、圆明园掠夺者将自藏文物整体拍卖给富商，并被后者加以标记收藏，后分几批进入国际拍卖市场，此类文物以此标记为圆明园旧物依据。如英国放山居旧藏（图③）。

七、圆明园掠夺者后人将文物逐渐拍卖，但文物前后传承有

图② 《颙琰童年像》（局部）

图③ 清乾隆青釉印花开光粉彩绘平安富贵兽耳瓶

序至今。如"乾隆玉蟠夔壶""乾隆御制碧玉泥金佛狮"等。

八、如欧美博物馆有陈列且被确定为圆明园旧藏的文物可与现有文物配套或成一对、一套、一批烧制等，现有文物可算为圆明园旧藏文物。如"珐琅麒麟""粉彩霁蓝描金花卉花瓶""粉彩镂空花果纹六方套瓶"等。

进入20世纪中叶，随着一些国家和地区的经济复苏，逐渐开始有人从欧美拍卖行购买圆明园流散文物。这段时间从20世纪60年代起一直持续到20世纪末，前后长达近30年，大量圆明园旧藏文物流到日本等国家和中国台湾地区。但到了20世纪末，金融风暴席卷亚洲，日本等国家和中国台湾地区陷入困境，不少收藏家开始变卖自己的圆明园收藏品。

进入21世纪后，随着中国经济实力的飞速提升，艺术品收藏投资逐渐成为大陆的新兴产业，更多大陆人加入到艺术品投资市场。加之欧美国家经济的持续萎靡，很多老牌财团开始抛售自己手中拥有的圆明园旧藏文物。据不完全统计，2000年至2015年这15年时间内，国内外各大拍卖行共计拍卖了数十件确定为圆明园旧藏的文物，种类涉及瓷器、玉器、珐琅器、象牙制品、书画作品等，拍卖总价值超过50亿元人民币。

作者简介

刘阳，1981年生于北京，现就职于圆明园管理处。中国圆明园学会学术委员会委员、北京史地民俗学会理事、中国文物学会会员。著有《昔日的夏宫圆明园》《三山五园旧影》《圆明园的故事》《万园之园——圆明园胜景今昔》《谁收藏了圆明园》《五朝皇帝与圆明园》等。

晚清香港的西医和医院

罗婉娴

在香港，最早兴办西医医院的是传教士。1838 年（道光十八年），美国传教士伯驾（Peter Parker）成立"在华医药传教会"（Medical Missionary Society of China），推动各国教会派遣医务传教士到中国，希望通过为华人治病，减低华人对传教士的敌意，便于传道。1843 年，伦敦传道会委派医务传教士合信（Benjamin Hobson，1816—1873）到香港。他在湾仔摩利臣山开办传道会医院，为在港华人提供免费诊治。首年，已有 3348 位门诊病人和 556 名留院病人。1848 年，医院由另一名医务传教士贺旭柏（Henri J. Hirschberg，1814—1874）管理。1853 年（咸丰三年），贺旭柏被派往厦门，医院因而关闭。

1843 年，港英政府拨地，印度帕西商人鲁斯托姆吉（Heerjebhoy Rustomjee）捐款兴建海员医院（Seamen's Hospital）。该医院设有 50 张病床，医院的维修及药物费用由政府每月资助，但入院有严格的限制，只有公务员、警察、经政府医官或警察介绍的在港居住英国人、英国海员才可以入院接受治疗。其后，鲁斯托姆吉破产，停止了对海员医院的资助。后幸获怡和洋行（Jardine Matheson & Co.）捐款，医院得以继续营运。1873 年（同治十二年），英国皇家海军收购海员医院，更名为皇家海军医院（Royal

Naval Hospital）。

1850 年，港英政府决定兴办公立医院（Government Civil Hospital），首年留院病人共 222 人。1859 年，港英政府花费 1 万元购买了一幢房子改建为医院。房子楼高两层，设有走廊、阳台，空气流通。然而，这幢房子并非为医疗用途所建，仍有很多不足之处，如没有浴室及热水的供应等。随着香港人口的持续增加，加上海员医院关闭，公立医院的医疗工作进一步增多。1874 年台风袭港，对公立医院造成严重破坏，政府便将一幢欧式酒店改装为医院。1878 年（光绪四年），公立医院被大火烧毁。到了 1880 年，政府在医院道兴建了为医疗用途而建的公立医院大楼。

公立医院由政府医官管理，医院医生除了政府医官外，还有一名驻院医生和一名欧洲药剂师。由于香港没有护士，医院从英国聘请了护士负责日常护理工作。医院的药物全部从英国购买。公立医院虽然是港英政府开办的医院，但主要服务对象是公务员、警员和欧洲人等。往公立医院求诊的华人，多是由警署转介的个案及贫穷患者。公立医院之所以华人求诊率低，主要原因是医院以西医治疗，华人信任中医，认为"身体发肤授之父母"，抗拒西医的外科手术，亦害怕死后遭解剖验尸。再者，医院每天收费 1 元，对华人而言十分昂贵。以 1868 年为例，当年共 934 名欧洲、印度病人留院，但华人只有 223 人，而当时华人人口却是欧洲人人口的 15 至 18 倍。

1872 年 2 月 14 日，东华医院（Tung Wah Hospital）落成，这是近代最早的中医医院。东华医院的兴办与广福义祠有关，这也从一方面反映了 19 世纪香港的华人医疗情况。早在 1851 年，港英政府批准谭亚财的请求，拨地兴建广福义祠，摆放在港去世华人的神主牌及灵柩，让其亲属可以领回家乡安葬。然而，义祠其后变成穷困、病危又无家可归的华人容身之所。但义祠不是医院，也不是收容病人的地方，义祠的卫生情况日益恶化，引起政府和社会各界的关注。港督麦当奴（Sir Richard Graves MacDonnell）决定关闭义祠，但没有顾及华人的医疗需求，导致街头弃尸的数目增加。

于是，麦当奴决定兴建华人医院，并获得了华人社会的支持。1869 年 6 月 1 日，医院委员会成立，筹备华人医院的兴建和运作事宜。政府答应拨出土地，医院的日常开支则通过华人捐款维持。东华医院于 1872 年开张，可以收容 80 至 100 人，医生全是华人，以中医治病。

东华医院的求诊率高，死亡率亦十分高。医院可以提供免费的殓葬服务，使得东华医院取代广福义祠成为垂危华人最后的容身之所。其后，东华医院更接管义祠，服务范围扩大至运送在港华人及海外华人的灵柩回乡，帮助被拐骗的妇孺等。渐渐地，东华医院接管了在港华人的所有事务，成为华人利益的代表，局绅亦成为香港重要的华人领袖。

1881 年，杨威廉（William Young，？—1888）医生在香港成立医务委员会推广西医，成员包括戴维斯（Henry William Davis）及两名伦敦传道会传教士。他们筹划在香港兴建一所西医医院，为华人提供全面的西医治疗服务。商人庇里罗士（Emanuel Raphael Belilios，1837—1905）答应捐出 5 千元支持西医在港发展。伦敦传道会捐出 1 万元，并派医务传教士到港管理医院。伦敦传道会出售了皇后大道的教会会址，再购买土地兴建了医院及教会。1884 年 6 月，何启妻子雅丽氏（Alice Walkden，1852—1884）因伤寒病逝，为纪念妻子，何启捐款承担了医院的全部建筑费，医院因而命名为雅丽氏纪念医院（Alice Memorial Hospital）。

1887 年 2 月 17 日，雅丽氏纪念医院开业。伦敦传道会委派医务传教士担任医院院长管理院内事务，其薪金由伦敦传道会支付；院内其他医生从本地招聘，协助院务。医院的宗旨是推广西医给在港居民，接受不同宗教、种族和阶层的病人求诊。医院位于荷里活道，占地 4 千 5 百平方尺，楼高三层。雅丽氏纪念医院是一所非官办的西医医院，为华人提供符合科学原则的西医治疗。医院的收费便宜，除了每天收取 1 毫的膳食费外，院中的治疗及留院费用全免。无法缴付费用的病人，可以豁免所有费用。

自雅丽氏纪念医院成立后，伦敦传道会又在港兴办了三所不同类别的医院。1893 年 9 月 5 日，那打素医院（Nethersole Hospital）落成。医院由戴维斯捐款兴建，以其母亲之名命名，由伦敦传道会拨出般含道的土地兴建，并属伦敦传道会管理。那打素医院可容纳 35 名病人，主要服务对象是妇女和儿童。伦敦传道会委派专业护士史提芬夫人（H. Stevens）到医院负责护理工作，并请她在院中训练华人护士。

20 世纪初，伦敦传道会计划兴建产科医院（Maternity Hospital）推广西式分娩，减少华人妇女因中国传统分娩方式导致死亡及婴孩夭折情况。该计划获得了部分华人的支持，他们答应支付管理医院的女医生薪金。1903 年，女医生西比（Alice Deborah Sibree，1876—1928）到香港；1904 年 7 月 23 日，产科医院落成。产科医院不仅为妇女提供治疗，并协助她们以西式分娩方式生产，亦训练华人助产士，向华人妇女宣传西式分娩方式的好处。

此外，1906 年 7 月 20 日，何妙龄医院（Ho Miu Ling Hospital）落成，其服务对象主要是男性。

作者简介

罗婉娴，女，1977 年生于香港。哲学博士。香港浸会大学近代史研究中心研究员，历史系讲师。研究方向为香港史、新加坡史、东亚医学史。

中国近代第一套教科书诞生记

吴海涛

我们都曾熟读法国作家都德的短篇小说《最后一课》。可以看到，在 1867 年那个偏僻的法国边境小镇上，教师的授课、课堂的管理，粉笔与黑板、教学的制度和秩序，一切都和今天很接近了。其实，在 19 世纪中叶的欧洲，英国、法国、德国等资产阶级革命、工业革命较早完成的国家里，由政府统一管理的近现代基础教育体系基本都已经确立了，大多数孩子到了上学的年龄，都将在学校接受国家统一学制和课程的培养，由受过专业训练的职业教师负责教学和管理。在小弗郎士们的书包里，除了法语课本，也许还有历史课本、算术课本、自然课本……，分科课程、教材和教学的出现，是近代教育体制与古典教育最重要的分野之一。

当小弗郎士们背起书包走向学堂时，在大清帝国的广袤国土上，遍布各地的学校形式，还沿袭着千年以来的私塾、蒙馆、书院。学子们摇头诵读的还是"人之初，性本善""有朋自远方来，不亦乐乎"，课本则是记载 2000 多年前圣人言行的四书五经（启蒙读物有《三字经》《百家姓》《千字文》《千家诗》等，也都是动辄上千年的古董范本）。

1894 年（光绪二十年）的甲午海战，大清帝国惨败于日本。

国人痛定思痛，发现这个昔日的藩属小邦已经在数十年内把欧洲人的那套学得很像模像样了，其中最引人注目的是近代基础教育体系的建立和普及。饱受列强凌辱的中国人，开始意识到这是教育"西化""近代化"功效的一个东方范本。一时间，"改革学制和教育"俨然成了挽救大清江山的一剂良方，学者撰文，百官上疏，政府派使团赴东洋、西洋考察，好不热闹。在此起彼伏的各种声音里，能听到大家以不同称呼提到同一个新鲜事物——"学堂功课书""课本""教科书"。他们所指就是在当时欧美各国和日本的学校里，学生们都配发的分学科、分学期、分程度的教学专用书，即我们每个人都熟悉的学校教科书。人们逐渐明白，新的教育格局需要新的知识结构来支撑。而传统的四书五经、三字经、百家姓等读物，都处于知识体系和学科划分的混沌状态，需要用新的形式来取代。可真正的近代分科教科书，直到19世纪末绝大多数中国人还从来没有接触过。

其实，甲午战争前中国已经出现了近代教科书的踪影，只不过它们在一个特殊的圈子里——教会学校使用着，外界接触不易，知之甚少。19世纪中期以后，在沿海一些通商口岸城市中，西方传教士和他们的宗教文化力量获得了迅速发展。到1900年前后，各地教会学校的中国学生已经超过2万人，教会组织统一为这些学校编写、翻译了教科书。从这些外国传教士们编写的教学读物中，中国人第一次接触到西方逐渐成型的教科书编写理念，第一次知道了教科书是应该分学科、成系统，编排考究的，能给出重要事实和原理，使学生易于区别和接受。教科书的语言应该是明白朴素、生动有趣的……。

随着国人对近代教育（或者叫西式教育）日趋高涨的呼声，在上海、江浙一带的城市里，一部分开明士绅、商人开始兴办私立的新式学校（学堂），如著名的南洋公学（盛宣怀创办于上海）、无锡三等公学等。这些学校的教员一边教学，一边自编新式课本自用，目前能见到最早的有南洋公学所编《蒙学课本》（1897 年出版），无锡三等公学所编的《蒙学读本》（1902 年出版）。这些课本的编写已经开始适应近代课堂教学的一些特点，如在内容编排上除了"课文"外，还有习问（向学生提问），教师辅导提示等部分，可以说是第一批中国人自编的近代学校教科书。但这些教科书的明显缺点是，学科零散残缺，不成系统，使用范围也不广泛。

在不可逆转的时势大潮中，大厦将倾的清政府不得不"邯郸学步"，仿照欧美和日本颁布了新式学制（壬寅学制，1902 年；癸卯学制，1904 年），启动新式教育，同时废止沿袭了 1000 多年的科举考试（1905 年）。一时间，原本适应科举制度而设置的各级府学、州学、县学纷纷改办普通中学堂、高等小学堂，散布乡间的无数私塾、蒙馆也摇身变为初等小学堂，长袍马褂的山长、教授、塾师们也就地转业成为"人民教师"。雨后春笋般涌现的学校和激增的师生人数，使得合格的新式学校教科书和教育学书籍成为稀缺之物。这种巨大的需求，一方面催生真正系统、完整教科书的出版和发行；另一方面，也直接带动了一个新兴行业——近代出版业在清末民初的迅速崛起。

由中国近代出版业的鼻祖——商务印书馆出版的《最新教科书》（1904—1909 年出齐），是近代中国有新式教育以来第一套按照国家正式学制（癸卯学制）编写，由各学年学期、各学科分册组成，社会影响巨大深远的初小、高小、中学系列教科书。甫一出版，各个学科的《最新教科书》均被抢购一空，行销全国。一直到 1912 年中华民国建立，这套教科书长期占据了全国教科书 80% 以上的市场份额。成立不久的商务印书馆（1897 年成立）也借助这套教科书的巨大销售量积累了雄厚的家底，从最初的一个小印刷所，迅速壮大为远东第一大出版企业，开始了自己的百年辉煌之旅。

刚刚踏进 20 世纪门槛的中国，是一个交杂着矛盾、激荡也不乏光怪陆离的时代。在这套《最新教科书》身上，我们也能看到晚清社会的一些缩影。在《最新国文教科书》（1905 年）的封面上，按照当时图书出版的惯例都列上了编撰者、校订者的籍贯和姓名。除了我们熟悉的张元济、蒋维乔、庄俞之外，还赫然有"日本前文部省图书审查官小谷重、日本前高等师范学校教授长尾槙太郎"字样。事实上，由于甲午战败的刺激，清末民初中国知识界、教育界几乎掀起了"全盘日化"的滚滚大潮，商务印书馆的早期资本注入了日本企业的大量股份，并聘请了日本学者、留日学生群体参加教科书的编写，一些学科的教科书干脆就是日本教科书的中文翻本。无论你的民族情感是否能接受，20 世纪初年的中国近代教育事业和教科书，就是由这位后来的"侵略者"手把手扶持着起步的。

另外值得注意的是，除了学生用课本，商务印书馆还为每册都编撰了供教师用的教授法，类似于今天的"教师参考书"。但略加翻看你也许会哑然失笑，其步骤之详尽几乎堪比今天的"家常菜谱"，譬如某处教师应该指着某字问学生一个问题，某处教师应该回身板书某字等。不要觉得这样婆婆妈妈是一种多余，在清末仓促上马的全国基础教育体系中，最"短板"的恰恰就是师资力量。大批中小学教师昨天还是塾师、秀才、童生，丝毫没有新式教法的训练，手捧教科书茫然无措，唯有按照教授法亦步亦趋才能勉强完成教学任务。所以教授法用书的编撰，在很长一段时期内是代行了师范教育的职能，直至后期国家师范教育体系的建立和完善，才逐步好转。

与《最后一课》中韩麦尔先生一样，在民族危难、国势飘摇之际，总有一批有识之士寄厚望于儿童少年、基础教育，甘愿抛弃个人得失疾呼奔走之。清末民初，张元济、蔡元培、杜亚泉、高梦旦、蒋维乔、王云五、胡适、林纾、丁文江、黎锦熙等一批著名学者和新文化代表人物，纷纷投身于学校教科书这一"小儿科"事业。今天翻看百年前的《最新教科书》，竖排、文言、繁体、老式句读，泛黄脆薄的毛边绵纸恍如隔世，但我们依然能读出编者们在薄薄简册上倾注的心智与博爱，他们努力在让"人的生活温暖而丰富起来，人的生命高贵而光明起来"。《最新国文教科书》（第 1 册）编辑大意是："内容选材不采古事及外国事，多及学堂事，使儿童知读书之要，多及游戏事，使儿童易有兴会""插图至九十七幅，并附彩色图三幅。使教授时易于讲解，且多趣味"，版式设计也务必让相关的图文排在一面之内，不让孩子们翻起来麻烦。甚至连纸张都十分讲究，"洁白有光之纸，易伤儿童目力。本编用纸，只求结实耐用，不事外观之美……"。

尽管腐朽的千年帝制数年之后才彻底坍塌，尽管距离中国人真正站起来还须走过漫漫长夜，但在这部给整个民族启智开蒙的《最新教科书》中，无数中国孩子第一次读到了"人性""自由"，读到了"科学"，听到了隐隐而来的"民主"春雷。

作者简介

吴海涛，1973 年生，四川南充人。人民教育出版社媒体宣传部主任。

百年教科书中的三张黄帝面孔

王世光

在不断解构与重塑过程中，"建国始祖""民族始祖"和"人文初祖"成为近百年中小学教科书中最为经典的黄帝面孔。这几张面孔分别从政治认同、民族认同和文化认同的角度告诉了学生"黄帝是谁"，同时也向学生传递了"我们是谁"的信息。

一、作为"建国始祖"的黄帝

中国正史中对黄帝最系统、最权威的描述恐怕要算《史记·五帝本纪》了。司马迁将黄帝描绘成历史上第一个统一天下的帝王，黄帝于是成为"统一"的符号和象征，这个符号和象征也延续到清末的中小学教科书中。清末中小学教科书在描写黄帝时，基本史料和观点大多因袭《五帝本纪》。但是，这些教科书的视角已经发生变化。一方面，教科书编写者开始从进化史观的角度来审视黄帝功绩，认为黄帝建国意味着社会发展的一次飞跃——从酋长政治变为君主政治。另一方面，司马迁笔下黄帝所管辖的地域是传统意义上的"天下"，而在晚清教科书中，黄帝所管辖的是现代意义上具有一定疆域的"国家"。

中华民国成立后，政府颁布的一系列课程标准强化了黄帝作为统一国家建立者的形象。据此，民国各时期的历史等教科书中大多都有"黄帝建国"或"黄帝开国"的内容。当然，并非所有教科书编写者都认同黄帝开国的观点。如疑古思潮的代表人物顾颉刚在其编写的《现代初中教科书本国史》（1925 年）中，明确否定了黄帝是真实存在的历史人物，但教科书使用了几年之后，遭到当局查禁。有些教科书编写者在写《黄帝开国》一课时，运用模糊手法把它放在"传说时代"或"传疑时代"的大标题下，表明"黄帝开国"只是传说。

中华人民共和国成立之后，古代史有关国家起源的论述都是依据马克思主义史学观点，黄帝被定格在原始社会的部落首领或者部落联盟首领，"黄帝建国"或"黄帝开国"的说法由此从大陆中小学教科书中消失了，教科书把黄帝与蚩尤的斗争描写为部落间的冲突。无论是黄帝与炎帝的斗争，还是黄帝与蚩尤的斗争，最终的落脚点都是部落融合。尽管这种融合的范围较小，但我们不难看出其中所折射出的"政治统一"意蕴。

从近百年中小学教科书的历史发展来看，黄帝形象由"建国始祖"逐渐变为"部落首领"或"部落联盟首领"。这既反映了学术思想的变迁，也折射出社会政治的变迁。

二、作为"民族始祖"的黄帝

《史记·五帝本纪》叙写了黄帝事迹后，结尾称许多上古与三代帝王都是黄帝子孙。在《史记》其他篇章中，不只中原诸国王室的始祖是黄帝子孙，中原周边的秦、楚、吴、越等国之君，也无不出于黄帝之后。这已经隐然建构起黄帝作为"民族始祖"的形象。在重视"慎终追远"的传统文化中，"民族始祖"这一面孔在社会集体记忆中的印象大概最为深刻，清末教科书仍然强化这一印象。

然而，在定位黄帝究竟是汉族祖先还是中华民族祖先的问题上，清末中小学教科书之间是不统一的，这主要受时局影响。清朝末年，民族主义思潮高涨，无论是改良派还是革命派，都十分关注民族起源问题。革命派为了推翻清政府，将黄帝描绘成汉族的祖先，这显然是为了促进汉族的团结以实现革命目标。而改良派出于立宪主张，希望清政府自上而下改革，多将黄帝描绘成中华各民族的共同祖先，以维持整个国家的团结与稳定。

中华民国成立后，革命派根据形势的变化，在官方论述中也将黄帝描绘成中华各民族的共同祖先。此后，越来越多的中小学教科书把黄帝描绘成中华民族的始祖。特别是在抗战时期，教科书明显强化了黄帝作为中华民族始祖的形象。一方面，这是增强民族抗战凝聚力的需要。另一方面，也受蒋介石"中华民族由多宗族构成"观念的影响。到了民国后期，中小学教科书中，"中华民族的建国始祖黄帝""中华民族开国的始祖黄帝"这样的标题屡见不鲜。这意味着，国家始祖形象的黄帝和民族始祖形象的黄帝已经高度融合，成为极具代表性的国族符号，并通过教科书建构到民众日常知识中。

中华人民共和国成立初期，教科书一般不提黄帝是汉族祖先或中华民族祖先，最多只是说黄帝是黄河流域人民的祖先。20世纪80年代以后，教科书大多强调，黄帝被尊奉为华夏族的祖先，并注明华夏族是汉族的前身。这种表述有两点值得注意，一是强调"被尊奉"，意在表明，黄帝作为民族祖先是历史记忆或历史信仰。二是强调"华夏族祖先"，意在表明，不能笼统地说黄帝是中华民族或是汉族的祖先，尽管华夏族是汉族的前身。因为，汉族本身也是华夏族和其他民族不断融合发展而形成的。应该说，这种表述既符合历史发展的事实，也不影响现实的民族团结，拿捏得十分准确、到位。直到本世纪初，众多版本的初中、高中新课标历史教科书基本上都沿用了这种表述。

近百年来，中小学教科书编写者在描述黄帝的时候，总会遭遇如何从民族的角度刻画黄帝形象的问题，始终在"华夏族始祖""汉族始祖""中华民族始祖"之间游移。不管小心回避还是大胆使用"民族始祖"之类的字眼，不管把黄帝称为汉族始祖还是中华民族始祖，不管从历史事实的角度还是从历史信仰的角度来呈现黄帝的面孔，都体现了教科书编写者维护民族团结的初衷。

三、作为"人文初祖"的黄帝

清末教科书中，把黄帝描绘成中国文化的创始者不在少数。到了民国时期，仍然有很多教科书坚持这一说法，认为黄帝不仅是建国始祖、民族始祖，而且是中国文化的创始者。不过，很多民国时期的教科书都指出，把这些发明归功于黄帝，只是后人的附会而已。如周予同《开明本国史教本》（1932 年）就说："从农业社会成立以后，自有拓辟疆土和组织政体的需要，于是产生黄帝武功方面的传说；又自有改善生活与防御敌害的需要，于是产生黄帝文治方面的传说。他们先想象一位奠土建国的帝王，后将社会上逐渐改进的事物托始于若干突出的创作者；而这若干的创作者，又为体系的完整起见，应用君臣的名分，将他们集中于黄帝的名义之下。"

中华人民共和国成立初期，大陆中小学教科书一般不说黄帝是中华文化的创始者。具体描述原始社会晚期的发明时，人民教育出版社《初级中学课本中国历史》（1960 年）是这样描述的："许多发明创造都是远古的人们长期劳动的成果，传说里把这些成果都归集在黄帝的时候。"看似平淡无奇的一句话，遣词造句实则颇费心思。其中有两点值得注意。一是把发明创造归功于普通大众，二是把发明创造归集于黄帝时代，而非黄帝个人。这与"历史是劳动人民创造的"观点相一致。

到了21世纪，大陆历史教科书和社会科教科书一般都称黄帝为人文初祖。个别教科书措辞较谨慎，如"黄帝被尊为华夏族的人文初祖"。但更多的教科书将黄帝描绘为中华民族的人文初祖。有的教科书刻意在"民族始祖"与"人文初祖"之间作了区隔，从民族史的角度将黄帝视为华夏族的祖先，而从文明史的角度将黄帝视为中华民族的祖先。

忽然之间，教科书中黄帝的形象聚焦在"人文初祖"符号下，这并不是偶然的。

从学术发展角度看，自20世纪末开始，学术界"走出疑古时代"的呼声日益高涨。一些学者认为，中华文明的起源与黄帝传说应当有密切的关系。此外，指导教科书编写的史学理论变化也导致"人文初祖"概念凸显。

从现实政治角度来看，两极格局解体后，从民族文化角度重新定位和凝聚国家成为一种潮流。黄帝的"人文初祖"形象闯入教科书编写者的视野，大概也受这一潮流潜移默化的影响。

综上所述，近百年来中小学教科书无论如何描绘黄帝的形象，最终指向政治认同、民族认同、文化认同。教科书中的黄帝形象不断变化，甚至反复呈现，而且在同一时期的不同种类教科书中也是多样的。一方面，这说明政治认同、民族认同与文化认同虽然都指向国家认同，但这三个层次之间有潜在的紧张关系。另一方面，这说明黄帝作为国家认同的符号所具有的无与伦比的诠释空间。在远古神话中，黄帝具有三张面孔，这恰恰隐喻了黄帝作为文化符号所具有的多方面的象征意义：他可以是政治英雄，可以是民族英雄，也可以是文化英雄。至于其本真的一"面"，也许永远隐藏在历史长河之中。

作者简介

王世光，1975 年生，满族，辽宁宽甸人。历史学博士，人民教育出版社副编审。

严复的教科书启蒙情怀

吴小鸥

严复是清末最有影响的启蒙思想家、翻译家和教育家，在风云激荡的中国近代历史上，他放眼世界，寻找智慧，给中国知识界奉献了一笔无法估量的宝贵财富。他因翻译《天演论》而被赞为"中国西学第一人"（康有为语），且"代表了在中国共产党出世以前向西方寻找真理的一派人物"（毛泽东语）。这位曾担任过马尾船政学堂教习、北洋水师学堂总教习、京师大学堂编译局总办、上海复旦公学校长、安庆高等师范学堂校长、清朝学部名辞馆总纂、北京大学第一任校长等职务的著名学者，也曾致力于中小学教科书的编译与编审，其蕴含在教科书中的启蒙思想，为20世纪中华民族的救亡图存指明了方向，并影响至今。

一、严译《天演论》震撼近代中国

1866年（同治五年），严复入马尾船政学堂学习轮船驾驶，并接受了较为系统的西学启蒙。1877年（光绪三年），他被保送到英国学习，入格林尼治皇家海军学院，"考课屡列优等"。1880年，被聘为天津北洋水师学堂总教习（教务长）、1890年为总办（校长）。在水师学堂任事二十年里，严复还办刊、译著、撰写文章，逐渐成为了开启民智、引领时代进步的卓越启蒙者。后来，严复翻译的赫胥黎的《天演论》、亚当·斯密的《原富》（即《国富论》）、斯宾塞的《群学肄言》、约翰·穆勒的《群己权界论》和《穆勒名学》、甄克斯的《社会通诠》、孟德斯鸠的《法意》（即《论法的精神》）、耶方斯的《名学浅说》成为知识界广为流传的"八大名著"，并作为一些新式中学的教科书。如吴汝纶在其所开《学堂书目》中，将《天演论》列入作为教材供学堂使用，张元济在南洋公学要求教师教学生阅读严译《原富》。在1914年第7版的《名学浅说》封面上，印有"教育部审定"及"中学堂用"字样。当然，影响最大的还是我们熟知的《天演论》。

甲午战争败于日本后，几乎是在李鸿章签下《马关条约》的同时，严复翻译完成《天演论》。1897年12月在天津的《国闻汇编》刊出，1898年正式出版。

《天演论》是严复根据英国学者赫胥黎1893年在牛津大学的演讲稿《进化论与伦理学》译述的。虽然赫胥黎将达尔文的进化论演讲得如诗一般，但严复并不在意一只青蛙是如何变异的，他关注的是达尔文进化论在人类社会的运用，并为人类社会的"物竞天择"做了一个词，叫做"天演"。严复没有对原文照搬直译，而是根据需要将自己崇拜的斯宾塞的社会学理论移植到赫胥黎的书中，《天演论》近三分之一的篇幅是严复自己撰写的三十多条"按语"，故被鲁迅称之为"'做'了一部《天演论》"。严复要阐明的中心思想是：中国如能顺应"天演"的规律而实行变法维新，就会由弱变强，否则将要沦于亡国灭种而被淘汰。他在《天演论》的"导言"中写道："物各争存，宜者自立。由是而立者强，强者昌；不立者弱，弱乃灭亡。"在《天演论》的"结束语"中，更是大声疾呼："吾辈生之当日，徒用示弱，而无益来叶也。固将沉毅用壮，见大丈夫之锋颖，疆立不反，可争可取而不可降……"吴汝纶在为《天演论》作的"序"中评价为"尊译《天演论》，名理绎络，笔势足穿九曲，而妙有抽刀断水之致，此海内奇作也"。《天演论》犹如输入古老神州肌体的新鲜血液，在思想界与知识界引发的震撼，绝不亚于"一只蝴蝶扇动翅膀导致的热带风暴"。

康有为看到这部译稿后，推崇严复所译《天演论》为中国第一者也，并在《孔子改制考》中吸取了进化论的观点。

王国维在 1904 年撰写的《论近年之学术界》中称："近七八年前，侯官严氏（复）所译之赫胥黎《天演论》出，一新世人之耳目……是以后，达尔文、斯宾塞之名腾于众人之口，'物竞天择'之语见于通俗之文。"

胡适在《四十自述》中生动叙述自己作为学生的感受："《天演论》出版之后，不出几年，便风行全国，竟做了中学生的读物了……在中国屡次战败之后，在庚子辛丑大耻辱之后，这个'优胜劣汰，适者生存'的公式确是一种当头棒喝。"他不但撰写了《生物竞争，适者生存论》的论文，并且将自己的名字也改为"适之"。

鲁迅在《朝花夕拾·琐记》中也记载他在南京做学生时，"星期日跑到城南去买了来，白纸石印的一厚本……一有闲空，就照例吃侉饼、花生米、辣椒，看《天演论》"。

……

自 1898 年正式出版以后，短短十多年中，《天演论》就发行过三十多种不同的版本，翻印无数，几乎成为所有渴望新知的青年学子人手一册的必读书。可以说，在那个近代教科书出版刚刚起步，新式读物异常匮乏的年代，严译《天演论》成为了当时发行量最大、影响也最为深远的教科书。

二、亲历早期中小学教科书的翻译、审查和编撰

清政府办教育的主要目的是要维护自身统治，而兴办教育"全以教科书为胜败"，他们本能地希望"钦定"一种教科书颁行全国。1902 年 10 月京师大学堂译书局和编书处成立，张百熙聘严复为译书局总办、林纾为副总办，聘李希圣为编书处编辑总纂。严复就职后，制订了《京师大学堂译书局章程》，认为翻译外国教科书为当务之急，蒙学和小学又为急中之急：

一、现在所译各书，以教科为当务之急，由总译择取外国通行本，察译者学问所长，分派深浅专科，立限付译。

二、教科书通分二等。一为蒙学，二为小学。其深邃者俟此二等成书后，再行从事。

三、教科分门，一地舆、二西文律令、三布算、四商功、五几何、六代数、七三角、八浑弧、九静力、十动力、十一流质力、十二热力、十三光学、……、三十五德育读本。

……

当 1904 年春严复辞去译书局总办之职时，京师大学堂已翻译了不少程度较高的西学教科书，但编书处并未编撰出全国统一的教科书。于是清政府在 1904 年颁布的《奏定学堂章程》中正式明确了教科书的审定制度，原则上允许民间参与教科书的编译和出版，并在 1905 年 12 月学部成立后于总务司下设立审定科，主管审查教科图书。

1906 年 4 月 7 日，严复在《中外日报》上发表《论小学教科书亟宜审定》一文，对教科书编写主旨、编写人才、内容、审查、颁发乃至印刷销售等方面提出了自己的看法。他认为在高等

教育中"吐辞发文，皆教科书也"，故"教科书不一定是教育之所必需"。但是，"高等之学校不必有，而自中学以下，至于小学，则又不可无……故曰中学以下，不仅德育，即智育亦不可无教科书也"。他指出，学部在教科书审查过程中应该起到"举其纲""定其简"的作用，但不主张由学部颁定统一之教科书，并列举了统编教科书的五大难处：

> 学业繁多，学部之员，不必皆擅，而乃最浅之教科书法，必得最深其学者为之，而后有合，其难一也。颁审既定，举国奉行，若吾国前者《四书集注》。既为功令之事，何取更求改良，其物转瞬已陈，无日新之自力，其难二也。幅员既广，地利不同，教科书听民自为，则各适其宜，自成馨逸，人之取用，能自得师。至学部为之，则万方一概，适于北者不必宜南，详于山者且略于泽，其难三也。学术进步，星周辄殊，使学部与时偕行，则力不暇给；若历时不变，则禁锢聪明，其难四也。教科之书，施用日广，其价必期至廉，其书必期甚合，欲二者兼得，必听商业竞争，而后有此，学部自为，无此效也，其难五也。审此五难，则知以学部自行颁定教科书，虽有益于一时，必得损于永久矣。

严复还提出，在遵循教育宗旨的前提下，对教科书的审定和选用应该持宽松态度："立格不必过严，取类亦毋甚隘，但使无大纰缪，而勿与教育宗旨乖戾，有害学童道德脑力者，皆许销售，听凭用者自择，且为之力护版权。"鉴于严复当时在学界乃至政界的广泛影响，他对于教科书审定的这些进步思想，无疑推动了教科书编撰的社会广泛参与平等竞争。

在严复1909年（宣统元年）的日记中，还多处记载他亲身参与审定及修改教科书的记录。如："十月二十一日看图书公司所编国文教科书。纰缪百出。""十一月初七日看陈曾寿、潘清荫所编《国民必读》。""十一月初九日严、宝两侍郎以《国民必读》相托。""十一月十九日在家改《国民必读》，闷损已极。"最终，严复于"十二月十四日到部，交《国民必读》与朗溪"。

这一年，严复还任学部编订名词馆总纂，带领王国维等人厘定了植物学、数学、心理学、伦理学、逻辑学、地理学、宪法等学科名词，并出版名词对照表，便利了教科书的编撰（译）。不仅如此，严复在1910年还参与商务印书馆《初等小学堂习字贴》编纂，他的草书编入第九册。

哈佛大学教授史华兹在《寻求富强：严复与西方》的第一章中写道："严复所关注的事是很重大的，他设法解决这些事情的努力颇有意义，他所提出的问题，无论对中国还是对西方都意味深长。"在严复提出"开民智、鼓民力、新民德"的号角声中，在那些伴随着紧迫的民族危机感与焦灼的救亡意识的特殊时空里，在"中国向何处去"及"新民为今日中国第一急务"的渴求中，全社会寄希望于教育，教育寄希望于全新的教科书。商务印书馆、文明书局、彪蒙书室、会文学社、科学书局、中国图书公司、中华书局、世界书局、开明书店等将中国现代教科书编撰出版推向高潮。中国现代教科书以别开生面的原创力和果敢精神，从一开始就无可置疑地将中华民族作为政治、经济、文化的主体而置于至上至尊价值观考虑，为解决民族国家的生存空间，教科书明确强调身体是现代人自然属性的第一关键词、自主平等是现代人精神世界的独立意识、物质财富是现代人利益理解的积极转换、权利义务是现代人享受民主政治的前提……现代教科书汲汲以求引领青年学生，在艰难困苦的社会环境中迈出时代的新步伐，期以达到改造社会的目的，实现中国社会"变"落后为先进。

历史就是这样有因缘，这位十二岁时就以第一名的成绩考入马尾船政学堂学习驾驶专业、二十三岁被公派到英国仍然学习驾驶专业的学者，最终用"物竞""天择""优胜劣败""适者生存"等耀眼的词语，点亮了中华民族救亡图存之路的灯塔。特别而又重要的是，中国现代教科书从出现到发展、从编撰到出版，普遍吸收了"适者生存"的思想，并使"优胜劣败"成为其精神实质。

作者简介

吴小鸥，女，1969年生，江西上饶人。教育学博士。宁波大学教师教育学院教授、硕士生导师。

蔡元培与清末《中学修身教科书》

朱锦丽

　　1904 年（光绪三十年），清政府颁布《奏定学堂章程》，规定中学堂开设"修身、经学、算学、文学、中外史、中外舆地、外国文、图画、博物、物理、化学、体操"等科目。显而易见，"修身"一科已成为清末中小学普遍开设的一门必修课程，各类修身教科书也纷纷在国内出版、发行。

　　早期的修身教科书，一类翻译自日本、欧美的修身与伦理教科书，重西学轻传统，未能很好地适应国情；另一类则为国人自编，几乎都是以传统经学为基础，固守忠孝仁义，缺乏先进的民主思想。对当时已经逐渐融入现代社会的中国教育来说，这两类修身教科书的功效都差强人意。

　　相形之下，1907 年至 1908 年由上海商务印书馆出版的《中学修身教科书》（五册，前两册 1907 年 12 月初版，后三册 1908 年 3 月初版）则显得格外引人注目。该书中西结合、兼容并包，一方面对中华传统伦理批判继承，另一方面对西方先进思想辩证吸收。其中对"愚孝愚忠"的批判，对儒家经学教义的扬弃，对公义、公理、公德，自由、平等、博爱等现代民主理念的提倡，都在一定程度上促进了国民文化启蒙和思想解放，也为后来民国修身教科书及公民教育教科书的编写树立了一个标杆。这套教科书的主编，则是大名赫赫的清末翰林、近代著名教育家蔡元培先生（据资料显示，前两册出版时并未署名，后三册才署名"蔡振"。之所以署名"蔡振"，则是为了避免清政府的干涉，借用夫人黄世振名中之"振"字）。

一、学贯中西的教科书主编

作为最后一代传统文人，蔡元培受过严格的科举教育，具有扎实的旧学基础，曾苦心经营过八股，沿着科举阶梯一路考秀才、中举人、点翰林、授编修。1898 年，蔡元培开始弃官从教，先后担任过绍兴中西学堂监督、嵊（shèng）县剡（yǎn）山书院院长、南洋公学教习，任南洋公学教习期间，主要教小学、中学学生。1902 年，蔡元培发起组织中国教育会并任会长；1904 年参与组织光复会；1905 年参加同盟会；1907 年赴德国，学习哲学、文学、史学、美学、教育学、心理学等。

这些人生阅历，都能在蔡元培后来所编《中学修身教科书》中找到明显印记。比如，书中对于忠孝、信义、恭俭、谦逊、自制、忍耐等中国传统伦理的强调，能看到蔡元培对长期浸润他的儒家文化怀着很深厚的情感，希望其中精髓能够不断被后世传承。而这套教科书在塑造"修齐治平"的传统伦理道德同时，又显著体现了现代民族国家的叙事逻辑。书中提倡"崇尚公德、尊重人权、贵贱平等"的西方民主共和思想，力求把修己和培养社会公德、国家观念很好地结合起来。这应该是蔡元培留学欧洲、潜心西学的教育结果。尤其是书中对于道德理想的"良心论"阐释，隐约可见几分德国浪漫理想主义的情怀。

在新旧教育体系中都曾经历过的从教体验，让蔡元培意识到："德育实为完全人格之本，若无德则虽体魄智力发达，适足助其为恶，无益也。"实施德育的课程主要就是修身科，这也是蔡元培为什么格外重视修身课程并亲自着手编写教科书的原因。他在《中学修身教科书》例言里讲："本书悉本我国古圣贤道德之原理，旁及东西伦理学大家之说，斟酌取舍以求适合于今日之社会。"在这段话中，我们能够读出一位学贯中西的爱国学者，对于"融汇东西，成一家之言"的踌躇自信。

最终修成的《中学修身教科书》共五册，前四册属于实践伦理学范畴，围绕"修己""家族""社会""国家"展开，第五册属于理论伦理学范畴，包括"良心论""理想论""本务论"和"德论"。这个框架结构，基本上是按照当时清朝政府的课程规定来编排的。1902 年京师大学堂编书处成立，对修身伦理课本的编撰，确定"拟分编修身一书，伦理一书"。而《奏定学堂章程》规定中学堂"学制五年"，《中学修身教科书》分五册编排，能更好地适应这一国家学制。1906 年，学部明确拟定"忠君、尊孔、尚公、尚武、尚实"五项教育宗旨，在这套"学部审定"的《中学修身教科书》中，"尚公、尚武、尚实"等宗旨也有所体现。

二、坚守"修齐治平"

"修身、齐家、治国、平天下"，这是传统儒家对于个人修身的最高要求，也是每个儒家子弟穷其一生来追逐的理想境界。蔡元培在编写《中学修身教科书》时，前四册书分别以"修己""家族""社会"和"国家"来命名。很显然，他希望中国人继续坚守"修齐治平"这个儒家伦理道德的理想。但在这个延续了两千年的"旧瓶"中，我们且看他又装了些什么"新酒"呢。

"体育为本"的修己伦理。修己不仅是修身的首要任务，也是修身的有效方法，修身的本质即是修己。蔡元培在《中学修身教科书》第一册中，强调了修己的重要意义及要求。他在《修己总论》中这样写道："道德者。非可以猝然而袭取也。必也有理想、有方法。修身一科，即所以示其方法者也。夫事必有序。道德之条目。其为吾人所当为也同。而所以行之之方法。则不能无先后。其所谓先务者。修己之道是已。"至于如何修己，他认为"凡道德以修己为本。而修己之道。又以体育为本"这种"体育为本"的价值观念，在蔡元培1912年提出的"军国民教育、实利主义、公民道德、世界观、美育"等五种教育方针中也有所体现。"军国民教育"与"体育为本"是一脉相承的，这一价值观念不仅在当时，即使在今天也有非常重要的实践意义。对于如何康强身体，蔡元培提出了许多务实的要求，与那些泛泛而谈的伦理思想有着天壤之别。

"孝行为本"的家族伦理。蔡元培认为"凡家族所由成立者。有三伦焉。一曰亲子。二曰夫妇。三曰兄弟姊妹"，"事父母之道。一言以蔽之，则曰孝"。他提倡"父慈子孝。兄友弟悌。夫义妇和"，提倡"孝者百行之本"。对于"忠孝"这个极具中国特色的伦理道德观念，蔡元培在《中学修身教科书》中的态度是有所批判、有所辨别的。提倡"忠孝"的同时，他反对"愚孝"、反对"盲从"。乱命不可从，"今使亲有乱命。则人子不惟不当妄从。且当图所以谏阻之"。

"博爱为本"的社会伦理。"人之在社会也。其本务虽不一而足。而约之以二纲。曰公义。曰公德"。而公义公德都离不开博爱，所以"博爱"是社会伦理的核心。"图公益、开世务"，以美善社会，尽公义公德，这样才能建功立业，谋取社会幸福，推进社会进步。在社会伦理中，他还提出了"取之有道"的生财之道和"用之有益"的通财之义等等。

"爱国为本"的国家伦理。蔡元培认为"爱国之心，实为一国之命脉"，"爱国心为国家之元气"。爱国关系到国家兴衰，是国民应尽的义务。之后，蔡元培又话锋一转，提出爱国不等于"爱君"，他指出国家是公权的国家，不是"全天之下，莫非王土"的国家。他在强调国民对国家尽义务的同时，也强调国家对国民尽义务，二者都是权利义务的统一体。此外，蔡元培还强调"依法治国"，他认为"吾人对于国家之本务。以遵守法律为第一义"，"法弊尚胜于无法"。他强调"执法必严"，认为"法律虽不允当仍须遵守"。这一"法治"的思想无疑是超前的，也是对"人治"的批判。

三、倡导西学本土化

清末，自由、平等、博爱等西方民主思想传入中国，加上蔡元培留学西方的耳濡目染，使这些民主思想在《中学修身教科书》中若隐若现。下面我们就看他如何把西方的民主思想嫁接到中国的传统伦理之中，实现西学的本土化。

提倡自存、自立、自决。蔡元培把自由思想融合到修己本务之中，他认为修己需要勤勉职分、节制情欲、保持勇敢，甚至可以为国家急难而牺牲自己的性命财产。同时他所描述的勇敢是具有独立之心的勇敢，他认为"勇敢之最著者为独立"，"独立之要有三。一曰自存。二曰自信。三曰自决"。他倡导思想自由、信仰自由，强调人要有独立之心，做到不依赖于人，以自己的思想、意志尽守职务，立足世界。

提倡夫妇平等、职业平等、国民平等。蔡元培把平等观念渗透到"家族""社会"和"国家"伦理之中，他提倡夫妇平等，批判"三从四德"的封建家庭伦理，他认为男女性质不同，夫妻各有本务，但是"男女平权"。他提倡职业平等，虽然职业有劳心劳力之分，但无高低等差，"凡一职业中。莫不有特享荣誉之人。盖职业无所谓高下"。他提倡国民平等，虽然国民必须爱国、守法，敬元首，但他批判封建阶级观念，认为国民并无等差，人人都有权利，人人都有义务，"权利义务二者相因"。

提倡公义、公德、博爱。蔡元培倡导的博爱不仅是救人于疾病、危难和穷困之中；而且能够为社会国家挺身而出；还能积极投身博爱事业，量力捐财，修河渠、缮堤防、筑港埠、开道路、拓荒芜，设医院、建学校、设图书馆，设育婴堂、养老院等。蔡元培所描述的社会国家不是自给自足的小农经济社会，也不是闭关锁国的所谓"泱泱大国"，他讲的社会是大社会，超越国界；他讲的博爱是人类之爱，不论是国际红十字会的人道主义救援，还是人类社会的相互待遇本务，都是大爱。由此我们可以领略蔡元培的世界观念和国际情怀。

遵循"中学为体、西学为用"的思想，蔡元培力图在修身教科书中把中西文化完美地结合起来，也确实堪称当时最好的范例。《中学修身教科书》本着"实用主义"原则，贴近中学生生活实际，完全可以成为他们的"生活指南"。此套书虽然写在百年之前，但它表达的许多永恒而普遍的伦理道德，在今天一样值得学习借鉴。

作者简介

朱锦丽，女，1980年生，江苏无锡人。江苏省太湖高级中学一级教师。

"寓禁于税":晚清教科书学部印花税的失败尝试

刘常华

翻开晚清学部编译图书局编写《初等小学国文教科书第一册》《高等小学修身教科书第二册》(1910年出版)的版权页,可以看到红、绿两枚印花税票,这就是我国出版史上著名的学部印花税票。征收学部印花税,是清政府采用经济手段进行出版物出版管理的一次尝试。而学部印花税票,正是这一尝试的历史见证。

学部印花税票一套4枚,由红色、橙黄色、绿色以及黄绿色构成。不同颜色,代表不同门类的教科书。初等小学教科书/教授书为红色;女子初等小学教科书为橙黄色;高等小学为绿色;女子高等小学为黄绿色。初等小学规模大,学生人数多,初等小学教科书发行量大,所以其中最常见的是红色税票;由于女学初兴,女子学校与生源较少,女子教科书发行量相对较少,所以黄绿色税票较少。

学部印花税票中间是一大圆环,圆环顶部文字是篆书"学部图书局",圆环底部下部是篆体字"允许发行"。圆环中上部是两面龙旗。这是大清帝国的国旗,也是中华民族历史上的第一面国旗。圆环下半部分别是书、笔筒、砚台、算盘、两脚规、三角板以及脚踏风琴、铜号、地球仪等教学用具。

一、何为印花税

印花税起源于荷兰，是国家税收的一种，指各项契约、簿据、凭证上须按税粘贴政府发售的印花。1624年，荷兰首创对商事产权凭证实施征税，其方法是由纳税人到政府指定的地点持应税凭证缴纳税金，政府机关在缴税后的凭证上用刻花滚筒推出"印花"戳记，以示完税，故称印花税。

1854年，奥地利政府印制发售了形似邮票的印花税票，由纳税人自行购买贴在应纳税凭证上，并规定以在票上盖戳注销作为完成纳税义务的标准，世界上由此诞生了印花税票。由于印花税"取微用宏"，简便易行，世界各国竞相效法。

对出版物征收印花税起源于英国。1712年，英国国会颁布《印花税法案》，规定对报纸按版面数量征收印花税，同时征收的还有广告税与纸张税，三税合称知识税。英国政府征收"知识税"，既可以增加财源，又能达到寓禁于税的目的。1795年法国热月党人建立的督政府重新制定新闻检查制度，并效仿英国于1796年起实行出版物印花税法，利用经济、法律手段控制报业发展以及新闻出版自由。

二、从免费印到印花税

回顾晚清政府的官编教科书，即学部部编教科书的发展历程，前后经历了"免费翻印"与"征印花税"两个时期。

1904年（光绪三十年）清政府颁布《奏定学堂章程》，正式提出在"官编教科书未经出版以前"，对中小学教科书管理主要采用审定制。但是，《奏定初等小学堂章程》《奏定高等小学堂章程》同时还规定：初等、高等小学堂教科所用图书，"当就官设编书局所编纂及学务大臣所审定者采用，且须按学堂所在之情形选定"。《奏定中学堂章程》规定：中学堂"凡各科课本，须用官设编译局编纂，经学务大臣奏定之本"。它曾多次要求各地学堂，"课本须遵用部定之本"。

由上可以看出，清政府从一开始就希望把教科书的出版权和编撰权都牢牢控制在自己手中。值得一提的是，当时中国上下一致仿效的近邻日本，教科书制度也发生了一个巨大转变，于1903年以"国定制"取代了"审定制"。日本教科书制度的这一变化，也正是清政府梦寐以求的，希望在中国大地上有朝一日得以实现。

1905年，清政府设立学部，废除科举，开办学校。1906年，又设立了学部编译图书局，任务是研究编写"统一国之用"的官定各种教材。1907年春季，中国第一册由国家主管部门编写的官编教科书《初等小学国文教科书》出版，随后学部编译图书局又推出《修身教科书》第一册，同年秋季出版第二册。到了1910年，学部已经编完了修身、国文、算学、珠算、手工、图画、体操等初等小学课本共计93册，并预备继续编纂高等小学教科书。此时，学部俨然已经有了实施教科书"国定制"的基础，也加快了推广官编教科书的步伐。

由于学部教科书完全由官费支持编写，为了实施《奏定学堂章程》要求的强迫教育（义务教育），也为了迅速扩大学部教科书的影响与使用范围，加快编辑全国统一教科书的步伐，最初的学部教科书每册最后都附有《学部允准翻印初等小学教科书教授书章程》，规定："本部为教育普及起见，此项图书凡官局及本国各书坊能遵守本部所定各章程者均准其随时翻印。"这种"任人翻印，毫无限制"的举措，完全有别于当时的文明书局、商务印书馆等民营书局的"翻印必究"，足见学部以官方的气势推行国定教科书的魄力。

可是，好景不长。编译图书局运转不到三、四年，就耗费数十万，给本就拮据的晚清财政带来了不小压力，受到资政院的攻击。尤其是"毫无限制、任人翻印"之举受到的非议最多。学部编译图书局提出自愿裁减经费，但之后又恐经费不足，不得不另谋他途。受日本教科书征收印花税的启发，主事者觉得通过征收印花税的办法，既可以增加财源，又能达到"寓管于税"的目的。于是决定改变学部教科书的出版策略："征印花税，招商承印，以为稽查之方，筹款之途。"

1910 年，学部颁布了《学部札各省提学司翻印高初两等小学各书办法文》，严格限制翻印事宜。学部规定：

部编教科书须由学部授权，由各省提学司担任翻印事宜，该省学务公所合制定商店承办，并报部认定。

翻印之书，其字体、图画、墨色、页数、字号、版式等要与部编教科书一致，翻印之书须在最后一页载明学部图书局编纂，翻印处、发行处名称和地址，以及翻印第几次、年月等项内容，以备核查。

翻印之书的价格，不得超过部编之书的定价。

翻印之书须在每一册上粘贴学部印花，并在印花骑缝处加盖该翻印机构的圆式图章，以备核查。

不同种类的教科书粘贴不同颜色的印花。学部对印花票的发放和使用等有详细的规定。"学部印花"由政府机构发行，未印明面值，但规定学部图书局编写的教科书每册征收印花税 5 厘。书商出售的翻印教科书，只要每册贴有学部印花一枚，就允许在全国各地发售。

三、遭诟病的学部印花税

学部图书局教科书由免费翻印改为征收印花税，虽然可能使学部免遭资政院的反对，在自减经费后获得筹款之方，但是，印花税的征收加大了教育成本，严重阻碍了教育的普及，损害了民营出版团体的利益，引发了社会各界的不满和诟病。这一方面是因为学部教科书每册征收高达5厘的印花税，远高于同一时期邻国日本的国定教科书每册才征收的2厘的印花税。民间认为学部不是通过教科书普及教育，而是利用教科书来图利敛财。另一方面，则是学部图书局编辑的教科书质量不尽如人意。当时图书局的工作人员分为编辑和校勘两个系统，编辑教科书的人员中尚有懂得近代教育的专业人士，但负责校勘的人员，则是那些来自清廷的词林文人和老顽固，他们不懂新式教育和近代科学，往往将成稿改得面目全非。有人回忆此段历史，笑称"不改则原稿尚佳，一经校勘则错误百出、笑柄多多"。在这样的情况下，部编教科书无论在品种还是质量上都存在诸多严重问题，相比同时期商务印书馆"最新教科书"系列等民间机构所编教科书差距甚远，其"分配之荒谬，程度之参差，大为教育界所诟病"，发行伊始即遭社会舆论的广泛抨击，以致部编教科书虽然可以凭借行政手段进入市场，但远不能占领全国市场，也使清政府以部编教科书作为国定本的设想迟迟无法实现。

学部征收5厘印花税也引起书商的不满，竞相加价，推高了学部的教科书售价，也影响了学部教科书推广使用。小学教科书每册定价一般是大洋3厘4分，平均每册实际售价为2厘3分，而学部印花税为5厘，书商不甘利润受损，就将教科书批价每册加价5厘，将学部印花税费用转嫁给学部教科书的使用者。

到清王朝灭亡的前夕，学部仍然颁发文件，声明学部教科教授各书，只有上海集成图书公司和南洋官书局为其承印者，由官保护，"其余未经学部认定之书商，不准擅自翻印"。

辛亥革命后，前清学部印花即自动停止使用。民国元年9月13日教育部"审定教科用图书规程"第一条规定"初等小学校、高等小学校、中学校、师范学校教科用图书任人自行编辑；惟须呈请教育部审定"。从此就废除了在部颁学校教科书上必须粘贴印花税票的规定。

晚清学部图书局开征印花税，是我国近代出版史上，政府通过税收手段管理教科书出版的一次尝试。学部原本希望通过征收印花税，既弥补学部经费的不足，又能遏制该部编写的教科书翻印出版管理的无序状态，同时，还可以借助发行教科书印花税，推行学部官编的教科书，间接达到教科书"国定制"的目的。但事实上，印花税这种以"寓禁于税"的经济手段控制出版自由的负面作用，恰恰更加阻碍了学部教科书的推广，这恐怕是穷途末路的晚清学部官员们始料不及的。

作者简介

刘常华，1965年生，湖北仙桃人。人民教育出版社图书馆馆员。

雍正帝对台湾官员的任用与管理

李国荣

台湾为海疆重地。雍正帝强调，"台湾是要紧地方"。为打造有效治理台湾的官员队伍，他推出了一系列重要举措。根据清宫档案，可以观察雍正帝对台湾官员的任用与管理。

一、严格选用台湾文武官员：务求出色、确保强干

雍正一朝，台湾文武"俱就内地出色之员选补"。雍正帝深感："台湾地方险要，人众冗杂，又隔两重大洋，紧要之事，地方文武不能待上司之批行斟酌，即须先行办理，万一不妥即累地方，即令更改已在数月半年之后，故得人尤为吃紧。"为此，他要求"台地各员，俱就内地选择精明强干熟悉风土者调补"（《宫中档雍正朝奏折》）。譬如，雍正六年（1728）四月，新任台湾总兵王郡赴台经过省城，福建总督高其倬见其有才，拟作水师提督之用。雍正帝批示："台湾之任紧要，且动不得。"（《雍正朝汉文朱批奏折汇编》）同年，台湾道出缺，雍正帝经仔细甄选，命内地贤员署福建按察使孙国玺赴台接任。十年，闽省水师提督许良彬病故，总督郝玉麟拟以台湾地方官员苏明良补授。雍正帝批复："苏明良去得。但台湾甫定，目今此任更为紧要。"

（《宫中档雍正朝奏折》）命郝玉麟另行物色水师提督人选。雍正帝不惜以提督之才委用台湾总兵之任，以一省臬司大员调补台湾道员之缺，而且还觉得十分值得，表明了他对台湾的重视。

雍正帝还委派官员赴台实习预用。台湾远隔重洋，官员每有升迁离任，新委派的官员往往不能立即赶到，以致官缺虚悬。巡台御史赫硕色、夏之芳于雍正七年三月奏道："似此海疆重地，难容一日无官。"与其出缺临时委署，不如预行派员实习，请由总督、巡抚挑选老成廉干者，预发一二人驻台，无事则熟悉地方人情风土，有事即听道、府委派协办，遇有缺出，可即着署理任用。雍正帝谕令福建总督高其倬照此办理。

二、对台湾各官勤加训导劝诫：要紧、据实、和衷

雍正帝要求在台各官务必认识到台湾海疆的重要性及其职责的重大。雍正元年六月，他任命皇宫侍卫蔡征温为台湾游击。蔡征温临行前，雍正帝在养心殿召见，郑重告诫他说："台湾是要紧地方，你用心替朕出力，不可负朕委用你的意思。"（《雍正朝汉文朱批奏折汇编》）当高其倬调任福建总督时，雍正帝特地嘱咐他："台湾地方紧要"，"尔到闽省加意料理，务使可以放心方为妥协。"雍正五年七月，高其倬将到任后料理台湾事务情形奏报，雍正帝再次向他强调："闽省未要于理台之事者"，命他"再当留心访察博采"（《宫中档雍正朝奏折》）。雍正帝反复提醒，台湾地方紧要，台湾事务重要，这类训导，屡见不鲜。

雍正帝要求在台臣工务须据实无隐，以确保台地实情上达，为朝廷制定相应的治台措施和任免调用有关官员提供准确的依据。雍正四年七月，巡台御史索琳、汪继景上折说：台地官兵操练精益求精，可保海疆万载升平。看了这一言过其实的奏报，雍

正帝警告说："凡事务实为要，况君臣之分惟以忠诚无隐为主，粉饰、迎合、颂赞、套文陋习，万不可法。"（《雍正朝汉文朱批奏折汇编》）

雍正帝反复告诫台湾各官，"和衷二字第一紧要""只务文武和衷，莫论内外"，万万不可互结朋党，排斥异己。雍正三年，有关台湾官员不能协调共事的消息传到朝廷，雍正帝手谕巡台御史禅济布、景考祥："朕风闻得尔台湾文武不合，诸事异见，恐与地方无益，兵民受累。朕为此甚忧之。有则改，无则免。朕若访闻的确，尔等当不起也。"（《宫中档雍正朝奏折》）

三、对在台文武官员多方笼络：赏赐、召见、重用

雍正帝频繁赏赐在台官员。据清宫档案记载，几乎每一任巡台御史及台湾大小官员，都不时收到雍正帝钦赏的物品。雍正元年六月，皇宫侍卫蔡征温在赴任台湾游击时，雍正帝叫他到台传话："台湾总兵官蓝廷珍征打台湾，留心地方，很替朕出过力，朕心里甚记挂他，……如今路离得远，带不得别的东西，只带朕戴的帽子一顶，赏他翎子，问总兵官好。"（《雍正朝汉文朱批奏折汇编》）雍正三年，台湾总兵林亮招抚"生番"颇有成效，雍正帝称赞他"甚属可嘉"，接连赏给哈密瓜 1 个、平安丸 100 粒、蟒缎 1 匹、内造缎 4 匹。

雍正帝还经常召见台湾官员，对于刚刚任命的巡台御史、台湾道员、知府、总兵等台地大员，多是在其赴任前召入宫内，面加劝勉。那些台地中下级将弁，也时常被引见。这些远在海疆边地的台员，将御赐与召见视作殊荣，对雍正帝的"记挂"感恩戴德，更是用心尽责。

雍正帝对在台湾任职的官员，往往给予特别的提升重用。雍

正元年，台湾总兵蓝廷珍升任福建水路提督。二年，巡台御史丁士一补授福建按察使，台湾知府高铎升用道员。六年，澎湖副将吕瑞麟升任海坛总兵，台湾道员吴昌祚升山东按察使。九年，台湾道员刘藩长丁忧离台，福建总督刘世明拟以闽省道员之缺委用，雍正帝批复："刘藩长岂有复用闽省道员之理，两司如有缺出再酌量。"（《雍正朝汉文朱批奏折汇编》）意思是说，刘藩长作为台湾道员不能平调，明确指示可升任布政使或按察使这样的省级官职，刘藩长于是升任福建按察使。十年，台湾总兵王郡升署福建陆路提督。十二年，台湾北路副将马骥升任福建海坛总兵。十三年，台湾总兵苏明良升署福建陆路提督。雍正帝这样大力提升在台各官，对他们积极赴任、勤奋治台无疑是莫大的鼓励。

四、对"木偶"官员及时调整：调离庸官、撤换劣员

雍正帝常把不干事的官员比作"木偶"，不时清理调整。对在台官员尤其不能迁就，不能称职者随时调离其任。雍正三年，当雍正帝得知台湾游击游全兴已经年纪过大后，当即下令将其与金门右营游击蔡勇对调。五年，福建总督高其倬奏报，台湾知县徐琨虽没有什么不好之处，但办事恃才而欠斟酌；彰化知县张镐操守尚好，但办事平庸，不够谙练。雍正帝命吏部"察明"后，立即将这两个县官调离台湾。七年，台湾凤山知县彭之峕对番民仇杀之事不能及时处理，事后还称病推卸责任。雍正帝得报指示："此等劣员万不可姑容，况在台官弁犹为切要。"（《雍正朝汉文朱批奏折汇编》），马上将不干事的彭之峕撤职。

如何确定内地官员派往台湾任职的年限，直接关系到台地吏治民生。任期过短，人地刚熟即需离台；任期过长，又影响在台

官员的积极性。为此，雍正帝多次调整台湾臣工的任期。最终，他确定台湾官员的正式任期为两年，任满后再与新到任的官员交接协办半年时间，然后调回提拔使用，这样每个台湾官员的任期实际接近三年。

雍正帝如此苦心经营，就是要打造一支干练贤明的官吏队伍，以巩固清中央政府在台湾的有效统治。他的这些措施，对台湾的稳定与发展确实起到了积极作用，并对清政府此后治理台湾产生了久远影响。

林则徐笔下的清代西北丝绸之路

王晓秋

古代西北陆上丝绸之路，自西汉张骞出使西域，开辟了中国通往中亚、西亚的交通路线之后，逐渐成为中国与西方通商贸易和交往的主干道。这条路线大致是从汉代首都长安（今西安）出发，经甘肃河西走廊，进入西域（今新疆及中亚），然后经西亚到达欧洲地中海沿岸。这条陆上丝绸之路经过两汉、魏晋南北朝时期的经营发展，到隋唐时期出现空前繁荣景象。宋元时期，海上丝绸之路兴盛发达起来。至明清时期，由于航海与造船技术的进步，特别是东西方新航路的开辟，海运更为便捷安全，东西方交通贸易逐渐转变为以海路为主。因此有清一代，西北陆上丝绸之路已经丧失中西交通主干道地位，加上受自然条件变迁、战乱频繁以及中国政治商贸中心东移的影响和政府管理不善、基础建设落后等原因，日趋衰败没落。但是，它毕竟仍是内地与西北陕甘、新疆地区交通的必经之路。那么，清代西北丝绸之路的真实面貌究竟如何呢？当时人对此鲜有记载，更少有人专门去作实地考察，然而道光二十二年（1842），林则徐在流放新疆途中所写的日记，却正好为后人留下了详实、具体、生动的记录。

清代中叶，西北丝绸之路旧道，是京师经陕甘到新疆的官道。清政府在官道上设置军台、驿站，并配备一定数量的驻守官兵、马匹、车辆和食宿必需物资，主要供递送军情命令、奏报、接应往来官员、差役，以及押送军流人犯、遣送获罪官员所用。

林则徐在鸦片战争前期，领导广东军民进行反对英国鸦片贸易和武装侵略的英勇斗争，为维护国家主权和民族尊严立下了卓越功勋。可是却遭到投降派的诬蔑陷害，道光帝竟斥责林则徐禁烟抗英"办理不善""别生事端"，以至"糜饷劳师"，而将其撤职查办。1841年6月28日更下旨将他"从重治罪"，流放新疆伊犁。尽管中途曾受命协办河南开封黄河筑坝工程，但在大坝合龙之日，却接旨"仍往伊犁"效力赎罪。林则徐由于"河工积劳"，身染疾病，1842年5月至7月，暂留西安调治。病愈后，于1842年8月11日（道光二十二年七月初六）从西安出发，踏上前往新疆伊犁的漫长戍途，同时也开始了对西北丝绸之路长达四个月的实地体验与考察。

根据《大清会典》等资料，自京师至新疆伊犁的官道，计程约一万一千多里，途经155个驿站。而林则徐从西安出发，至1842年12月10日抵达流放地伊犁，约有8000里路程，途经100余个驿站。其间总共在西北丝绸之路旧道上跋涉了四个多月即125天之久。林则徐每天都写日记（又称《壬寅日记》或《荷戈纪程》），详细记录了每日行程和路线，现据中华书局《林则徐集·日记卷》排列其具体行程地点和日期（为查阅方便起见，仍用《日记》原稿的农历时间）。

整个行程可分三大段，第一是从陕西西安到甘肃兰州。林则徐一行于道光二十二年七月初六出西安城，过渭河，经咸阳县、醴泉（今礼泉）县，初八日到乾州。经永寿县，十二日到邠州（治所在今彬县）。然后渡泾河，经长武县，十五日到甘肃泾州，十七日进平凉府城。二十日过六盘山，经隆德县（今属宁夏固原市），二十一日至宁静州，二十三日过会宁县城，二十九日到甘肃省会兰州府。

第二是从兰州经河西走廊至新疆哈密。林则徐于八月初七离兰州，过黄河浮桥，经平番县，过乌鞘岭，经古浪县城，十四日到凉州府城（今武威市）。再经山丹县，二十八日至甘州府城（今张掖市）。九月初一经抚彝，初二经高台县，初五到肃州城（今酒泉市）。初八出嘉峪关，初十经玉门县，十四日到安西州。十八日过星星峡，进入新疆地界，二十三日到哈密城。

第三是从哈密到伊犁。到哈密后林则徐选择了天山"小南路"的路线。他在日记中详细解释道："新疆南北两路皆此分途，天山横亘其中。"北路去伊犁，本应从达般、巴里坤走，南路去喀什，应从吐鲁番走。但此时新疆已是冬天，北路达般其寒彻骨，而且"雪后路径难辨，倘有迷误，即陷于无底之雪海。故冬令行人虽往北路，亦多由吐鲁番绕道"。可是偏偏南路吐鲁番道上又有十三间房为古之黑风川，若起大风，能把车马吹到空中，亦行人所惮。幸亏还有一条小南路，由哈密西 280 里之瞭墩再分途往北，"既避北路达般之雪，又避南路十三间房之风"。于是林则徐一行九月二十七日至瞭墩，十月初六入奇台县城，十一日至阜康县，十三日进乌鲁木齐城。然后经昌吉县城、绥来县城，过玛纳斯河，二十二日至乌兰乌苏军台。二十五日经库尔喀喇乌苏，二十九日入精河土城。十月初三经托霍木图军台，过赛里木湖、塔尔齐山，十月初九终于抵达流放地伊犁（今伊宁市）。共计行程八千余里，历时 125 天。

当时西北官道上使用的交通工具仍是以马、牛、骆驼等畜力运输为主。林则徐从西安出发时，由三子聪彝与四子拱枢陪同，雇佣了马车七辆，随带行李除日用品外还有许多书籍和写字用的宣纸等物。他中途换过两次车，到甘肃凉州换雇大车七辆直至乌鲁木齐。但由于路况不好颠簸厉害，在肃州把车轮换了长辋，

"左右车轮离车箱一尺"，才减轻了颠簸。到乌鲁木齐后，又另雇赴伊犁车辆，"共大车五辆，飞车即太平车一辆，轿车二辆"。

当时的路况、气候、环境和食宿条件不佳，旅途艰苦。刚出西安不久到乾州就遇到"大雨如注"，"旅馆积水成渠，滚入床下"，"墙屋多圮，不能成寐"。在赴泾州途中"忽起西北大风，余轿中玻璃破一片，凉甚"。出平凉城后，"一路涧水汹涌"，车夫、纤夫叫苦连天。过永昌、山丹一带，小石满路，风雨大作，"须臾雨变为雪，寒冷异常"，"毫无可避风雪之处"。出甘州城"涉河十余道"，水深有至马腹者。经高台盐池驿，道路"多深沙，又系上坡，马力几竭"，当地人称之戈壁。出了嘉峪关，"一望皆沙漠，无水草树木"。进入新疆，过星星峡，"向为宿站，而无旅馆，仅大小两店，皆甚肮脏，借隔邻土屋吃饭，夜在车宿"。"西北风大，出峡皆石路，且多自上而下，车颠甚"。"夜大雪，积厚四五寸"，日记中常有不得不"夜宿车中"的记载。出哈密，"皆碎沙石路，车甚颠波"。路上积雪，辙迹不辨，高低不平，"峡路蜿蜒欲迷者屡矣"。过奇台后，"是日天暖，雪融成泥，路滑多水"。至阜康后，路更难走，融雪泥泞，"已费马力，且路多坎窝，车每陷入"。只要一辆车陷入后面车也只得停行，而且车辆常发生折轴脱辐事故，各种艰难，"不一而足，殊累人也"。快到伊犁时，经历了途中最惊险一幕。林则徐一行驱车过塔尔奇山，"约二里许至其巅，而狂风大作，几欲吹飞人马，雪又缤纷，扑入车内。欲停车则山巅非驻足之所，欲下岭则陡坡有覆辙之虞"。面对如此险境，林则徐只得舍车而徒步，牵着儿子之手"连袂而下"，直到步行二里多，坡不太陡时才又上车。

林则徐在日记中对西北丝绸之路途中的山水、城乡、民俗、民生见闻，也有不少生动具体的描写。尽管历尽艰辛，仍有不少乐观风趣的文字。如写当时的兰州黄河浮桥，"计二十四舟，系以铁索，后有集古草巨绠联之，车马通行，此天下黄河之所无也"。经平番县十里苦水驿，"沿途皆极荒陋，将至驿则山树皆绿，始有生趣"。"自入高台境内，田土腴润，涧泉流处皆有土木小桥，树林葱蔚，颇似南中野景。其地向产大米，兼多种秫，顷已刈获，颇为丰稔"，好似河西走廊上的塞外江南。经过安西马连井，林则徐尚有雅兴下车捡石头，"见东南一带山石多白色，旷野乱石亦往往白如明矾，检数拳，颇可玩"。甚至还带儿子去看淘金，"晚饭后与两儿同往作坊观之，乃知精金固由千磨百炼尽力淘汰而后成也"。到新疆哈密，他除了考证其历史，还赞美"今其地土润泉甘，田多树密，可谓乐土"。在塔西河，他记载清代在新疆移民遣犯屯田之事。"此地民居甚盛，闽中漳泉人在此耕种者有数百家，皆遣犯子嗣，近来闽粤发遣之人亦多分配于此"。至精河军台又见"此地安插遣犯约二百余名，皆令种地及各营中服役，闽粤人尤居其半"。经过离伊犁不远的塔尔奇山下果子沟时，林则徐对该处景色赞不绝口，他写道："祁鹤皋先生《行记》称此处为奇绝仙境，如入万花谷中。今值冬令，浓碧嫣红，不可得见，而沿山松树，重叠千层，不可计数。雪后山白松苍，天然画景，且山径幽折，泉流清冷，二十余里中步步引人入胜，若夏秋过此，诚不仅作山阴道上观也。"反映了林则徐宽阔豁达的心态和对祖国大好河山的热爱。

林则徐最可贵之处还在于他虽然人在戍途，身处逆境，历尽艰难，但仍然关心国家的安危和民生的冷暖。年已58岁的林则徐在离开西安踏上流放路之前，曾给家人写下了两首留别诗，其中有"苟利国家生死以，岂因祸福避趋之"的名句。八月上旬在兰州时，在给友人的信中说："自念祸福生死，早已度外置之，惟逆焰已若燎原，身虽放逐，安能诿诸不闻不见。""愈行愈远，徒觉忧心如焚耳。"八月十五日，林则徐在凉州给朋友的诗中写道："关山万里残宵梦，犹听江东战鼓声。"流放路上连做梦也思念着抗英前线的战事。九月五日，在肃州写给也因抗英被流放新疆的原两广总督邓廷桢的诗中，则表示"中原果得销金革，两叟何妨老戍边"。以上这些林则徐在西北丝绸之路戍途上写的诗歌、书信，充分表现了他为了国家与民族利益，毫不计较个人祸福荣辱的爱国主义高尚情操。

作者简介

王晓秋，江苏海门人，1942 年生于上海。北京大学历史学系教授、博士生导师。国家清史编纂委员会委员，第 9—11 届全国政协委员。主要从事中国近代史和中外关系史研究。主要著作有《近代中日启示录》《近代中国与世界——互动与比较》《近代中国与日本——互动与影响》《近代中日文化交流史》《东亚历史比较研究》《改良与革命：晚清民初史事新探》等十多部，发表论文二百多篇。

传奇将军特依顺

潘洪钢

清代以八旗军队半数以上兵力驻守京师，以少半兵力驻防全国边疆与内地的关隘要道，如曾国藩《议汰兵疏》所言，"八旗劲旅，亘古无敌，然其额数，常不过二十五万。以强半翊卫京师，以少半驻防天下，而山海要隘，往往布满"。八旗驻防成为清王朝统治的基石，这也是今天满族成为全国最分散的少数民族的原因。在内地和东北三省、新疆、热河等地设有驻防八旗的最高长官为将军和都统、副都统，按清制，将军一般不得久驻一地，故调动频繁。有清二百数十年中，将军人数众多。道光间曾任杭州驻防将军的特依顺，姓他塔拉氏，字鉴堂。在清代驻防将军中，他并非著名的人物，当下一般军事、历史词典中，对特依顺的生平，往往语焉不详，甚至连他出生年代也不甚了了。然而，特依顺的生平事迹却多有传奇色彩。

在现有历史文献中，对特依顺的事迹略有记载，但亦未确定出生的年代，只知道他死于道光二十九年（1849）。在道光二十二年特依顺被任命为杭州将军时的档案记录中，记载这一年他50岁，由此推断出生于乾隆五十七年（1792）。特依顺为福州驻防满洲镶蓝旗人，但他却是出生于福州八旗驻防所属的三江口水师旗营（今琴江所在地，为中国南方唯一的满族行政村）之中。原因是自康熙时期开始，为应对沙俄对中国东北地区的觊觎，清廷开始在东北八旗驻防中建立健全水师，后逐渐推广至南方各地驻防八旗，陆续设立水师旗营。但八旗水师在直省地区训练效果不佳，难以形成作战能力，因而到乾隆时大多裁撤。位于福建闽县洋屿地方（今属福建长乐市）的三江口水师旗营，是南方地区保留下来为数不多的几处水师旗营之一。该营主要由汉军旗人组成，隶属于福州八旗，其最高长官为协领，通常由福州旗营派出满洲籍官员担任。乾隆末年，特依顺的父亲担任三江口水师协领，为这一小规模驻防的最高长官，特依顺即出生于水师营协领府中。

清制旗民不通婚，世人多误为清廷全面禁止满与汉或旗与民之间的通婚，但实际上，不通婚的原则在于"旗女不外嫁"，即旗籍女子一般不嫁与民籍男性，一般旗内官兵人等娶民籍女子为妻为妾并不违规。特依顺即为旗籍官员纳妾所生，他的母亲人称"莲姐"，即为汉族女子。不幸的是，由于难产，其母在他出生时死去。婴幼时期，特依顺被寄养于当地五竹村一户徐姓人家。这徐家在他到来之前已有六个儿子，最小的名叫"六六"，特依顺就被取名"七七"，作为旗营三品高官协领的儿子，这也算是一桩奇闻了。少年时，特依顺为嫡母所不容，又逃回五竹村，与六兄弟一块生活，"刘草挖蟹，备尝辛苦"，生活习惯也打上山野习气。好在清代各地驻防旗营都设有较完备的学校体系，特依顺后来入学读书，具备了一定的文化基础。

特依顺虽然为三品协领之子，却是从底层的甲兵做起。到嘉庆二十年（1815），他补委署骁骑校，四年后，升补骁骑校，成为旗营年轻的六品官员。此后，他仕途顺利，一路因功擢升，"道光三年，升防御。四年，升佐领。七年，升协领"。年仅35岁，已是三品协领之职了。道光十三年，台湾发生动乱，特依顺

"随将军瑚松额渡台，协拿匪首张丙、陈办等，并生擒贼目吴鳅、吴鲍。事竣保奏，赏戴花翎"。次年，他受到道光帝的召见，召见时具体情况未见于记载，皇帝御批的评语中有满文"umesi-sain"一词，即"非常好"的意思。随后他被擢升为湖广荆州驻防八旗左翼副都统，成为驻防八旗二品高官，此后历任云南腾越镇总兵官、密云副都统、宁夏将军等职。

特依顺每到一地，往往有整治贪腐和加强武备之举。道光十八年任宁夏将军期间，以当地旗营基层官员控告为由，参劾前任将军和世泰等人，牵扯出一桩大案。经查，前任将军和世泰、副都统存华等人有克扣兵饷，于营中私放贷款取利，收受生辰及婚娶礼金等多项罪行。最终，和世泰、存华被处以斩监候，协领哈兴阿等十数名官员被发配新疆。这一处理结果镇慑了旗营贪官，并被写进了《大清会典事例》，成为办案成例。

清中叶后各地旗营武备废弛，特依顺还有针对性地加强武备和旗营训练。早在福州协领任上，他就仿照西安旗营，增设以火药发射铁弹丸的"抬炮"，并加强训练，"施放有准，远至二百余弓，较子母炮速捷便利"。调任密云副都统时，针对密云驻防"冲繁隘口"的情况，又增设抬炮二十位。这类旧式武器较之道光间愈益逼近中国的"船坚炮利"的西方侵略者，确实仍是落后的，但在当时的条件下，仍是加强武备的表现，后来在杭州将军任上，他曾增添大炮二十位，轮流训练，以加强防备。

鸦片战争时期，特依顺以参赞大臣名义赴广东应对，后因战事变化，转道浙江，配合钦差大臣、靖逆将军奕山迎敌。不久，以省城杭州防务急需，他被调任杭州将军。战争中，他主要驻守省城杭州，曾主持定海方面焚烧敌船，受到朝廷褒奖。也曾因乍浦失守而受到处分，后因乍浦与他守城关系不大，得以留任。他与奕经、奕山等宗室贵族对敌思路并不完全一致，战时表现也较英勇，因而当战后奕经等人受到惩治时他仍然保留了杭州将军之职，并留浙整顿军备，处理善后事宜。对于他在战争中的表现，清人梁章钜在《浪迹丛谈》中说：特依顺"儒将风流而怀抱深稳，当道光壬寅，英夷犯东浙，公以参赞与扬威将军相抗，扬威甚齮龁之，而朝廷素知其忠勇，故扬威蹶而公独全也"。

驻防杭州期间，发生了一件故人来访之事。这一年，他的异姓兄弟家中生活陷入困境，打听到"七七"已在杭州出任高官，他的兄长"六六"即来寻亲。这一日，特依顺亲临大校场，临阵挑验官缺。旗营甲兵与官员出缺，均要经过武艺考试来选拔，场面非常庄严，校场守卫森严。六六腰间别着雨伞，手里提着篮子，徒步而来。到了校场边，六六手指着特依顺，大声呼唤他的乳名，并诉说家中生活困难的情形，那一口闽南土语，没人能听得懂，"七七啊，奴囝赛，境呆，厝里毛钱，故立基讨钱动厝"。意思是说，"七七啊，家里孩子多，生活困难，没有钱，所以到这来找你"等等，还伊里哇拉地说了一大通，谁也听不懂。这时，守卫的官兵前来持鞭驱赶，特依顺立马制止，并操闽语回答。演练结束后，特依顺与六六同车回营，设宴盛情款待六六。宴席之间，六六"指天画地"，向营中人述说特依顺幼时故事，特依顺亦不以为忤。六六在杭州营中住了一年多，特依顺派人护送他回闽，并赠送白银千两，为他购地置产。特依顺对于远来投奔的六六，给予了极大的亲情与回报，成为一段佳话。

清中叶以后，各地驻防八旗久居一地，旗、民之间在文化上交互影响。尤其乾嘉以后，驻防旗人户口在当地旗营管理，在当地参加科举，死后在当地安葬，刑事案件在当地处治，土著化程度不断加深。特依顺作为福州旗营出身的将领，自觉不自觉地以福建为故籍所在。他在杭州将军任上遇到闽籍官员，往往互攀乡亲。如他在杭州遇见闽籍官员梁章钜，"叙乡谊甚笃"，乃有招集当地文人雅士同游西湖诗词唱和之举。特依顺身为旗籍将军，汉文化程度颇高，西湖画舫上有他所题写的匾额。在杭州期间，军队训练之余，他还主持修复了"苏小小墓"，成为当地文人游览的一个去处。清末民初，徐世昌编纂的《晚晴簃诗汇》及记录三江口水师旗营历史的《琴江志》等书，均收录他的诗词作品，有"三千界外秋光动，百尺楼中夜气澄"等句，颇有气势，据说他自己还曾辑录有《余暇集》一书。

道光二十六年，特依顺调任乌里雅苏台将军。此地为清代漠北蒙古诸部游牧之地，雍正间始设将军，辖区广阔，大体相当于今天蒙古国及俄属图瓦、戈尔诺—阿尔泰两个共和国，在清代素称苦寒之地。三年后，特依顺病故于当地，终年57岁。

特依顺身世及其与养父母的关系，是清中叶以后族际关系渐趋友好的典型个案。而他以闽籍官员自居，见到闽人往往以老乡相称，也表现出清代驻防旗人土著化的倾向，有一定典型性。他以将军（从一品）身份闻名，却是少见的从甲兵升上来的，而且能诗善书，有一定文化基础。他的身世与经历，堪称传奇。

作者简介

潘洪钢，1960年生，湖北省社科院研究员，硕士生导师。主要从事明清史与近代社会史及湖北地方史研究工作。著述有《明清宫廷疑案》《细说清人社会生活》《官商两道——中国传统社会中的商人与官场》等，主持国家社科基金一般项目"八旗驻防族群的社会变迁研究"。

《翁心存日记》的史料价值

徐雁平

翁心存（1791—1862）是道咸两朝重臣，其日记稿本现存 27 册，记事起于道光五年（1825），止于同治元年（1862），间有缺损，现珍藏于国家图书馆善本室。翁心存日记稿本久藏兰台。2011 年，稿本经张剑整理成排印本由中华书局出版，翁心存笔下道咸之际波诡云谲的世事，才以新面目呈现于世。

一、《翁心存日记》价值的初步估量

日记作为一种特有的古代文献类型，在清代无疑最为繁富，以李德龙、俞冰主编的《历代日记丛钞》（学苑出版社）为例，"丛钞"共 200 册，收录日记 500 余种，其中宋元明日记不足 30 种，大部分为清代日记。清代及晚近时段知名人物的日记，历来受到学界、出版界的重视，如中华书局的"中国近代人物日记丛书"，已出版《翁同龢日记》《郑孝胥日记》等数种；河北教育出版社的"近代学人日记丛书"，收录许瀚、谭献、吴汝纶、张元济等数人的日记；近年国家清史编纂委员会的"文献丛刊"中推出薛福成、姚永概等人的日记。清史研究的展开与兴盛，必将促使更多的清人日记被发现和整理，从而推动研究的深入发展。

王钟翰在《〈历代日记丛钞〉序》中指出："《历代日记丛钞》中众多清代朝廷重臣、地方督抚、边疆大吏的日记，真实而具体地再现了清代中央和地方诸种政策之形成与实施过程，以及各项行政措施实施后果之优劣。"此语在一定程度上也道出了《翁心存日记》的一种价值。而《翁心存日记》的整体价值，似应放在清代日记的整体中考量，最少也要与翁同龢、李铭慈、王闿运的"晚清三大日记"，以及已经问世的重要日记如林则徐、曾国藩、李星沅、郭嵩焘、薛福成、缪荃孙等日记比较，才能有较为准确的把握。仅就《翁心存日记》所牵涉的朝政而言，张元济在《手稿本〈翁文端公日记〉跋》中评曰：

> 此四十余年中，实为清祚衰落之际。外患如英人鸦片之战，攻占广州、舟山，焚毁圆明园，逼成城下之盟，陷我为半殖民地；内忧如洪、杨之乱，淮捻、滇回之乱，先后迭起，蔓延十余省，维时军政之废弛、吏治之颓靡、财政之支绌、人心之匡怯，几于无可措手。清廷虽仅免覆亡，而祸根实已遍于朝野矣。（《〈翁心存日记〉前言》）

这是《翁心存日记》的主要价值。其他价值，张元济在选录摘抄翁氏日记所制定的九条"摘录凡例"中，亦有提纲挈领式的把握，如"京外官升调降黜""朝觐仪注""恭理丧仪、勘修工程、收发饷银、验收粮米、大挑举人、拣发人员""考试""判阅文牍"、八旗营制之颓敝、"京朝风尚"、诗词创作、书画图籍之辨别考订等。

《翁心存日记》的整理，可深化具体问题的研究。该日记中较有系统的记录内容，是关于鸦片战争、太平天国战事的记载，其中传闻、实况、战局、官员升降、记录者的心境，皆可见变化的脉络。

《翁心存日记》的特别之处，还在于日记文字多为过程性叙述，不是寥寥数字带过，譬如关于天气，多不以"阴""晴""风""雨"等字浓缩，而是写其变化过程，对人物、事件也基本上采用这种较为详细的书写方法，故其日记颇具可读性。日记信息较为完备丰富，也提升了《翁心存日记》的史料价值。

将《翁心存日记》与早些年整理出版的《翁同龢日记》（6册）并观，很有意味。《翁心存日记》起于1825年，止于1862年；《翁同龢日记》起于1858年，止于1904年。父子日记有3年多的重叠时间，而整个时间跨度是80年，历经道、咸、同、光四朝。虽不敢妄援《史记》《汉书》成书之例比附，但翁氏父子有意无意中以"日记"撰写了"清祚衰落之际"的历史。

二、人名索引的编制与日记的深度整理

《翁心存日记》整理的难度，首先在于其底本的难得，因日记稿本是篇幅大的善本，目前不可能得到复制件，整理者只能长时间到图书馆录入；其次，在于字迹的潦草难辨，这从日记第一册卷首所刊5帧日记稿本照片，即可见其一斑；再次，就是人物索引的编制，其难度可从第五册"人名字号音序索引"卷首所列编制"凡例"推想。

索引的编制，多被人视为机械性工作，无学术含量。实际上，凡有亲手编制索引经历者、或习惯使用索引者，便能认可此"笨工夫"的学术性及其对相关研究的助益。日记虽有时间脉络，但内容在总体上较为繁杂零碎。包括人物、著述、事件、地名、主题等在内的索引，可将零散分布在日记中的信息分门别类集中，有用"纪事本末体"补救"编年体"局限之用意。就笔者所见整理本日记而言，杜泽逊主编的《近代学人日记》数种，皆有人名索引；北京大学出版社出版的《艺风老人日记》10册，

虽为影印本，但其中有两册为人名索引，颇便利用。与《翁心存日记》同属"中国近代人物日记丛书"中的其他数种，如《翁同龢日记》《郑孝胥日记》《许宝蘅日记》皆无索引；清史"文献丛刊"中的数种日记亦如此。而《翁心存日记》第五册编制的人物姓名字号索引，是阅读该日记最有力的工具；有此工具，方能较为顺利地进入翁心存的人际网络。举道光二十九年四月廿八日（1849 年 5 月 20 日）日记片断为例：

> 饭后率六儿至汤宅谢亲，谒敦甫师，见琢斋、敏斋两亲家，并晤琢斋之郎君古如、平阶两茂才。

上引文"六儿"指翁同龢，其他人物，如无索引，几不可读。经查检，"敦甫"即汤金钊，"琢斋、敏斋"即汤金钊之子汤宽、汤修；"古如、平阶"即汤学淳、汤学治。翁心存的师友网络、姻亲网络之一角，经由索引得以显现，并可借此延伸拓展。如无此索引，而凭借其他纸本索引，如查杨廷福《清人室名别称字号索引》，可知汤宽、汤学淳、汤学治三人皆未收录；再检江庆柏《清代人物生卒年表》，亦未见。此三人在《翁心存日记》中出现数次，汤金钊、汤修则出现多次，索引的汇集之功于此显现，如汤金钊就汇合了"敦甫、文端、汤师、汤协揆、汤中堂、萧山师、萧山文端师、萧山相国师、文端师、汤文端、吾师、先师文公、汤"等多种称呼，以此进一步查检，可网罗更多信息，展开汤金钊的人际网络。

《翁心存日记》中的人物索引，可为相关研究提供难得的材料，就笔者所知而言，如林则徐、冯桂芬、刘熙载、李联琇、何绍基、梁章钜、杨以增、戴熙、钱泳、张曜孙、阮元、朱琦、龙启瑞、王拯等条目下，汇集不少与翁心存交往、或被翁心存闻见的信息，这些信息可为相关人物的年谱编撰或生平研究提供补充。

三、《翁心存日记》与北京沙尘天气的重新考察

《翁心存日记》整理者张剑在该书"前言"中特别指出了翁氏日记中关于天象的详细记载，尤重日食、月食、星变及气候冷暖的变化，并称翁氏此举在古人日记中并不多见。

翁心存对天气的记载，确实非同寻常，这主要表现在两方面：其一，就目前所存翁氏日记来看，天气记录连续，不论是自己生病，还是皇帝驾崩，每日日记必先写天气；其二，如前文所述，对天气是过程性记载，不似通常日记以三五字了结，随举一例，如所记1861年11月14日天气："天未明前大风小雨，天明后时雨时止，已刻稍露日光，午后渐晴，风仍未已。夜，仍风，月明如昼。"（第1659页）由此可见，翁心存积累了一份较为详细的气象资料，对研究19世纪北京天气变化而言，应是十分难得的材料。

研究19世纪北京沙尘天气的论文，当以张学珍等撰写的《〈翁同龢日记〉记录的19世纪后半叶北京的沙尘天气》一文最有影响，现录该文结论如下：

> 依据清代《翁同龢日记》中天气状况的描述，……分析发现公元1860—1898年，北京年均沙尘天气记录为10.4天，即使不考虑与现代观测记录的差别，亦肯定高于1990年代7.7天/年的平均频次。

在没有《翁心存日记》作比照的前提下，以《翁同龢日记》作为沙尘天气信息提取的文本，无疑是有较高的可信度，得出的结论也有创新性。但《翁心存日记》的面世，以上结论必定要改写。此处以张文断定《翁同龢日记》中沙尘天气的标准，对《翁心存日记》中的沙尘天气日数进行统计，现列结果如下：

（1）1835 年（从 1 月 13 日起到年末），共 23 天；

（2）1837 年（从 2 月 11 日起到年末），共 27 天；

（3）1838 年，共 17 天；

（4）1849 年（从 4 月 18 日起到年末），共 7 天；

（5）1850 年，共 10 天；

（6）1852 年（从 2 月 20 日起到年末），共 31 天；

（7）1853 年（从 1 月 1 日起到 10 月 6 日），共 18 天；

（8）1855 年（从 2 月 17 日起到年末），共 17 天；

（9）1856 年，共 12 天；

（10）1857 年，共 20 天；

（11）1858 年，共 35 天；

（12）1859 年，共 30 天；

（13）1860 年，共 16 天；

（14）1861 年，共 25 天；

（15）1862 年（从 1 月 1 日到 12 月 20 日），共 25 天。

上列 15 年中，有 6 年因为翁心存外出，或日记缺损，对北京沙尘天气记录不完整，其中 1849 年尤为明显，故略去不计。除此之外的 14 年，共记录沙尘天数为 306 天，年均 21.9 天。翁心存与翁同龢 1860—1862 年同在北京，这一时段天气记录重合，以此 3 年计算，年平均沙尘天数有 22 天。总之，远远超过 10.4 天的年平均数。

如此明显的差距，应是翁氏父子不同的书写规则和态度导致。前文曾述及翁心存记录的认真，这一态度在 1860—1862 年的日记对照分析中可以进一步证示。以下是《翁同龢日记》中没有天气记录的天数和漏记沙尘天气的天数：

1860 年，无天气记录天数 98 天，漏记沙尘天数 14 天；

1861 年，无天气记录天数 25 天，漏记沙尘天数 15 天；

1862 年，无天气记录天数 11 天，漏记沙尘天数 14 天。

1862 年情况特殊，翁同龢 8 月 17 日至 10 月 30 日不在北京，故这段时间未作统计，张文未提及此事；同时，1860 年翁同龢的日记有 98 天无天气记录，两年缺记天数如此多，以此文献作为沙尘天天数依据，风险颇大。更严重的是，正是在翁同龢这类没有记录天气的日期中，在《翁心存日记》中有沙尘天记录。

至此，尚要进一步探究的是，翁氏父子对沙尘天的判断标准是否一致的问题。仍旧以 1860—1862 年日记作比照，所得结论是：1860 年翁同龢记录 2 个沙尘天，在其父日记中出现；1861 年记录 10 个沙尘天，在其父日记中，1 个沙尘天未出现；1862 年记录 10 个沙尘天，在其父日记中，3 个沙尘天未出现。故总体看来，判断标准基本一致。出现较大差异的原因当从父子日记的特征来作分析。举翁氏父子 1862 年 3 月 27 日日记为例：

> 日出时风少息，须臾复作，黄土蒙蒙，白日暗彩，骤寒，复冰，风愈大，天地作金黄色。

> 风仍大。

从此例以及《翁同龢日记》中其他关于天气的记录来看，翁同龢对自然界变化的感受与关注绝不如其父，他似乎更留意书籍字画，日记中相关文字远多于其父所记。此外，《翁同龢日记》中关于天气的记录不但有缺失，而且在具体日记中的位置多不固定，有时在当天日记中间，有时在末尾，不似其父，每日日记，必先写天气。与儿子重人文不同的是，日记中的翁心存似特别留意天文，观察自然，天气变化、草木荣枯、雨雪与庄稼的关系、旱涝对收成的影响，皆细细记录。故而可以初步断定：翁氏父子对自然界的不同感受以及日记中不同的记录方式造成天气记录的较大出入，进而影响到北京沙尘天天数统计分析的结果。

《翁心存日记》因持续时间较长，并且对某些事情或人物有较系统的记录，故有一种史的意味。该日记应与其诗文并观，与翁心存师友所记以及官方文献联系，才有可能得到较为真实的历史信息。

作者简介

　　徐雁平，1968 年生，湖北浠水人。文学博士，现为南京大学文学院中国古典文献学专业教授，博士生导师。研究方向为清代文学与文化，清代文献学。

李鸿章甲午战前对日认识及其外交策略

李细珠

李鸿章（1823—1901），字少荃，安徽合肥人，道光朝进士、翰林，官至直隶总督兼北洋大臣、文华殿大学士。在晚清中国，李鸿章"入朝为宰相，在军为元帅，临民为总督，交邻为通商大臣"，有"东方俾斯麦"之称（蔡尔康《李鸿章历聘欧美记》）。作为晚清洋务派著名的代表人物，李鸿章号称中国"外交第一人"，一生荣辱多系于此，或毁之为"大卖国贼"，或誉之为"弱国外交的大师"。历史本来就是多面的，认识固可仁智互见。具体到李鸿章办外交，单纯的道德评判未免苍白无力，回到真实的历史场景，方可具了解之同情。本文仅从甲午战前李鸿章对日本的认识及其外交策略，观察其办外交的成败得失。

一、中日"修好"与联日制西

1871 年（同治十年），一衣带水的近邻中日两国订立"修好条规"，是近代中日关系的开端。当时中日之要"修好"，尽管两国对此所抱有的目的与态度并不尽相同，但在一定程度上可以说，这是两国在被迫进入近代世界之际，因面临西方列强侵略的压力而激发的共同需求。在此过程中，李鸿章扮演了什么角色呢？

李鸿章究竟何时与日本人发生接触，现在还难以确认。但可以肯定的是，至少在同治初年，日本人便开始关注李鸿章，李鸿章也注意了日本。一个显著的事例是，1862 年，李鸿章率领的淮军在上海与太平军作战，因战功升任江苏巡抚而在政坛崭露头角的时候，日本官船"千岁丸"首次访问了上海。"千岁丸"上的日本官员与藩士自然很关注李鸿章这颗冉冉升起的政治明星，并频繁观摩淮军阵营。当时，正在带兵作战的李鸿章非常看重西洋武器，尤其是轮船和开花大炮的威力。他一再举例说明，日本以一区区小国，能够学习西方的船坚炮利，故能与英、法等列强相抗衡。他还能从地缘政治的角度，深刻剖析近代中、西、日三方的国际关系大势。他曾敏锐地指出，日本在地理上远西近中，在中西两极竞争的格局中，中国能否自立、自强，将直接决定日本"附丽于我"还是"效尤于彼"的向背。在中国海禁大开之际，李鸿章深知既难以阻拒日本来华通商，似不如从容接纳以对抗西方。就这样，东邻日本走入李鸿章的视野，一开始便成为他构建近代东亚与世界国际关系框架的关键环节。

1870 年，日本使臣柳原前光到达天津，要求与清政府订约通商。其时，李鸿章刚升任直隶总督不久，正在天津处理教案。柳原前光拜见李鸿章，向他表示日本遭受欧美列强的侵略而"力难独抗"，想联络中国"同心协力"对抗外敌，正与李鸿章从中国处境而引发的同病相怜与同气相求的感受相合，也暗合其"以夷制夷"的外交思维。于是，李鸿章一面致函总理衙门，说明与日本订约的好处，以便联日制西。一面上奏清廷，详叙与日本订约的必要性。李鸿章之所以强调要与日本订约，与其说是为了笼络日本，更不如说是为了防止日本倒向西方，其联日制西的意图是非常明显的。当然，李鸿章对日本潜在的威胁也有清醒的认识，其联日之策既有制西的目的，也有防止日本侵略的意图。

1871 年，日本议约使臣伊达宗城来华，清廷谕令李鸿章与其在天津谈判。当时日本与中国一样，均深受西方列强不平等条约之害。但是，通过明治维新而开始近代化起步的日本，在中日订约中却想仿效西方列强从中国获取不平等的特权，其最为关键之处就是企图获取"一体均沾"的片面最惠国待遇。李鸿章洞烛其奸，据理力争，"其均沾一层决不许用"。在谈判过程中，李鸿章甚至不惜"罢议"，可见其艰难程度。李鸿章之所以能如此强硬，是基于他对日本仍持居高临下的心态，以及日本与西方列强尚不在同一量级的认识。当时的日本确实羽翼未丰，所以不得不有所屈服。随后，李鸿章与伊达宗城签订中日《修好条规》和《通商章程》。1873 年，李鸿章与日使副岛种臣在天津换约，中日关系正式纳入近代条约体系。

可见，在中日"修好"订约的过程中，李鸿章是一个关键的角色。这期间，他对日本的认识是复杂的，因而其联日制西的外交策略也有多面性。一方面，如上所述，李鸿章从地缘政治的角度看待中日关系，认为日本是调节中西关系的关键因素，对中国而言，"联日"也许难以"制西"，但至少可以少一强敌。另一方面，李鸿章看到了日本通过明治维新向西方学习而逐步强盛的事实，清醒地认识到日本终究为中国之患，中国只有变法自强。因此，尽管李鸿章也曾对联日制西心存些许幻想，但他并不迷信联日制西，认为所谓"以东制西"之说其实并不可靠。从当时国际环境来看，李鸿章对日本的认识是客观的，其外交策略也是务实的。

二、从台、琉事件看日本的野心

1874 年，中日《修好条规》换约不到一年，日本便借口琉球漂流民在台被杀事件，悍然出兵进攻台湾。在此前后，日本已着手吞并琉球。台、琉事件充分反映了日本对外侵略扩张的野心。在此过程中，李鸿章对日本的认识如何？其外交策略又有何变化？

日本出兵台湾后，李鸿章对其背信弃义的行径非常愤恨。在接见日本公使柳原前光时，李鸿章厉声诘责，明确指出台湾是中国的领土，琉球是中国属国，"生番所杀是琉球人，不是日本人，何须日本多事"。并严厉谴责日本反复无信，"你去年才换和约，今年就起兵来，如此反复，当初何必立约"。"若有约各国皆如是，天下岂不大乱了"（顾廷龙、戴逸主编《李鸿章全集》）。

究竟如何了结台事？总理衙门与柳原前光反复辩论而没有结果。英国公使威妥玛（Thomas F. Wade）等人提出开放台湾通商，总理衙门也有此意。李鸿章也很赞成，但他又敏锐地观察到，这并非日本所愿。于是，李鸿章提出"以抚恤代兵费"之策，就是给日军士兵一定的"抚恤"费，而不给战争赔款。实际上，李鸿章是想以赔款解决台湾问题，所谓"抚恤"云云，不过顾及中国作为"天朝上国"的体面而已。

其实，当时侵台日军因遭到高山族人顽强抵抗及热带病的侵袭，而陷入进退两难的困境，日本政府也想尽快从台湾脱身，便又派全权大臣大久保利通来华谈判。大久保利通抱着议和的目的而来，无非是要攫取一笔赔款。总理衙门大臣看破其心思，便抛出李鸿章"以抚恤代兵费"的方案。不料日使开口索要二百万两，后经英国公使威妥玛居间调停，总理衙门答应给五十万两，包括抚恤被害难民银十万两和收回日军修道、造房等银四十万两。随后，中日签订《北京专条》，中国如数付银，日本从台湾退兵。

台湾事件给清政府以巨大冲击，引起一场关于海防问题的大讨论。李鸿章从东南海疆危机中深感中国遭遇到数千年来未有之"变局"与"强敌"，必须变法自强。从此，李鸿章联日制西的幻想开始破灭，而对于日本潜在的侵略性有了更深一层的认识。

在出兵侵台的同时，日本阴谋处置琉球。琉球在明、清两代都是中国的朝贡国，后来也向日本萨摩藩朝贡，形成两属状态。1872年，日本擅自改琉球为藩。1875年（光绪元年），日本又强行阻止琉球向中国朝贡。琉球向中国求救，中日开始了琉球问题的交涉。

1878年，中国首任驻日公使何如璋就"阻贡"事件致函李鸿章，主张以积极态度应对此事。李鸿章虽然对琉球的命运非常同情，对日本的侵略行径很愤慨，认为从情理上中国不得不争，但实际上并无多大利益，因而态度比较消极。稍后，李鸿章又致信总理衙门，否定了何如璋"遣兵舶责问及约球人以必救"的强硬对策，而主张援用万国公法，采取外交手段解决。李鸿章的态度影响了清廷的决策，在琉球问题上并没有采取积极主动的措施。这样消极应对，助长了日本侵吞琉球的野心。

1879年，日本悍然改琉球藩为冲绳县。恰逢此时，美国前任总统格兰特（Ulysses S. Grant）来华访问，并拟游历日本，李鸿章顺势邀请格兰特从中调停。通过格兰特的斡旋，日本提出所谓"分岛改约"方案，就是将琉球群岛南部的宫古、八重山二岛划归中国，修改中日《通商章程》，允许日本人进入中国内地贸易，并享有"一体均沾"的片面最惠国待遇。其时，因中俄伊犁事急，清廷内外多有担心日俄联结，而主张速结琉球案。于是，总理衙门与日本公使宍（ròu）户玑议定了关于琉球问题的分岛改约草案。

总理衙门上奏后，引起了廷臣的一片反对，尤其是清流党人陈宝琛、张之洞均疏请缓结琉球案。李鸿章通过琉球使臣向德宏的求援哭诉，得知宫古、八重山二岛极端贫瘠，根本无法自立，因而也主张缓结。清廷以李鸿章为原议中日条约之人，饬令其统筹全局，筹议善全之策。李鸿章从当时中国外交全局考虑，认为俄重于日，应先了俄事，以借俄慑日。至于琉球案，可以用拖延的办法，待俄事了结之后再说。如果俄事三个月内未结，日来换约，可再议展期；俄事三个月内已结，就不批准日约。清廷将琉球案搁置不结，日本公使宍户玑悻悻归国。在法理上，虽说琉球案悬而未决，但日本却事实上侵占了琉球。

历经台、琉事件，李鸿章越来越认识了日本的侵略性。他看到日本正在效法西方，向中国侵略扩张，中国必须建立强大的海军。在他看来，从战略上考虑，日本对中国的威胁实际上更甚于西方列强，因此日本是中国海军建设最重要的假想敌。可见，李鸿章对日本的认识，已经从单纯的外交策略层面，上升到国防战略的高度。

三、开放朝鲜与以西制日防俄

从 19 世纪 70 年代中期开始，朝鲜问题逐渐成为东亚国际关系的重心。直到甲午战争结束，中日关系始终以朝鲜问题为中心环节。这期间，俄国与欧美列强也不同程度地卷进来，使朝鲜问题突破东亚地域性而彰显鲜明的国际性色彩。在朝鲜从中国的一个传统朝贡国走向近代世界的历程中，日本所起的作用，是非常关键的。李鸿章对这个时期中、朝、日三方关系认识如何？他在朝鲜进一步开放的问题上充当了什么角色？

朝鲜半岛地处中日两国之间，是日本向大陆扩张的战略要地，在地理上可谓中国东北地区的天然屏障。李鸿章对于日本觊觎朝鲜、侵略中国的阴谋早有洞悉，因而在中日签订《修好条规》第一条规定"所属邦土不可侵越",其战略防御目的显而易见。但是,残酷的现实远超出李鸿章的预期,一纸和约根本不可能阻止日本对外侵略扩张的步伐。日本很快就出兵台湾,侵蚀琉球,同时又把侵略的矛头指向朝鲜。1876 年,日本借口"云扬号事件",迫使朝鲜签订《修好条规》,即《江华条约》。这是日本效法西方列强对外殖民扩张过程中签订的第一个不平等条约,闭关自守多年的朝鲜被迫开港。

朝鲜被迫向日本开放,对中国是一个不祥的信号。1879 年,日本悍然吞没琉球。前福建巡抚丁日昌预感到中国海疆将面临着更加严重的危机,提出朝鲜既已向日本开放,不如再向西方列强开放,在朝鲜形成东西列强之间的"均势",以防止日本和俄国对朝鲜的侵略,从而维护中国东北地区的安全。对此,李鸿章深表赞同。总理衙门也赞同丁日昌的意见,并奏请清廷饬令李鸿章直接与朝鲜联络。

李鸿章接受总理衙门的建议与清廷的谕令,立即致信朝鲜原任领议政李裕元,将朝鲜半岛险恶的国际局势剖析精详,建议朝鲜与欧美各国立约通商,以牵制日本,抵御俄国。李鸿章的苦心劝导并没有得到李裕元的积极回应。他对于李鸿章所谓"以毒攻毒、以敌制敌之策"颇不以为然。面对李裕元的保守,李鸿章无可奈何。

其时,西方列强尤其是美国很想与朝鲜立约通商。1880 年,美国海军将领薛斐尔(Robert W. Shufeldt)来到朝鲜釜山,要求谈判开港通商,遭到拒绝。薛斐尔转而向日本政府寻求帮助,也没有成功。通过中国驻日本长崎领事的报告,李鸿章得知薛斐尔正在谋求美国与朝鲜立约通商,便邀请其到天津晤谈。在这次会谈中,薛斐尔提到俄国对朝鲜和中国的威胁,正说中李鸿章的痛处,更加促使他坚信必须劝说朝鲜与西洋各国立约通商,以牵制日本、抵御俄国。此次晤谈，李鸿章表示愿意协助美朝两国立约，以期借美国之力来牵制日俄两国。

1882年初，李鸿章在保定直隶总督署接见朝鲜领选使金允植，双方就议约事宜交换意见，并详细商议了朝美通商条约草案。随后，李鸿章与薛斐尔在天津就朝美通商问题进行具体谈判，双方争议的关键之处是：李鸿章要求在条约第一款声明"朝鲜为中国属邦"，薛斐尔坚不允从。李鸿章作出让步，与薛斐尔议定：约内不载明"中国属邦"，由朝鲜另外照会美国外交部，声明"朝鲜久为中国藩属，内政外交向来归其自主"。他还特别要求在约后写明"光绪八年"字样，以显示朝鲜"奉中朝正朔"（《李鸿章全集》）。李、薛草议约稿后，朝美谈判移到朝鲜。李鸿章派马建忠到朝鲜，协助朝美议约。是年夏，《朝美通商条约》签订。紧接着，英、德、意、俄、法等国也相继与朝鲜签订类似条约，朝鲜的大门遂向欧美列强开放。

值得注意的是，李鸿章积极推动朝鲜与美国立约通商，乃至向西方列强开放，以实现其以西制日防俄的外交策略，希望借助美国以及西方列强抵制日本、俄国对朝鲜的侵略，其根本目的还是维护中国的国防安全，所谓"保兹属土，即以固我藩篱"。日本在明治维新以后效法西方列强，逐渐走向对外侵略扩张的道路，朝鲜成为中国的最后一道屏障。李鸿章对此有非常清醒的认识，因而想方设法力保朝鲜不被日、俄侵占，以保证中国东北边疆的安全。

结　语

1885年，李鸿章在与伊藤博文谈判签订中日《天津会议专条》后，大赞伊藤治国之才的同时，内心却深以日本侵略为虑。

他致信总理衙门称："大约十年内外，日本富强必有可观，此中土之远患而非目前之近忧，尚祈当轴诸公及早留意是幸。"（《李鸿章全集》）果然一语成谶，中国在甲午战争中被日本打败，正好十年。尽管李鸿章一再呼吁要提防日本之患，但"当轴诸公"似乎并没怎么"留意"。更令人难堪的是，最后东渡日本收拾残局——签订《马关条约》的还是李鸿章。也正是因此，李鸿章身败名裂。他曾自述道："予少年科第，壮年戎马，中年封疆，晚年洋务，一路扶摇，遭遇不为不幸，自问亦未有何等陨越；乃无端发生中日交涉，至一生事业，扫地无余，如欧阳公所言'半生名节，被后生辈描画都尽'，环境所迫，无可如何。"（吴永《庚子西狩丛谈》）李鸿章对此深以为耻。此后，他再没有踏上日本土地一步。1896 年，李鸿章从欧美归国，在横滨换船，他拒不上岸。毋庸讳言，李鸿章对东邻日本的逐步强大及其对外扩张的侵略性有着深刻的认识，也在想方设法做出积极的应对。虽然甲午战争的结果证明，他的内政自强与外交钳制诸策都没有达到预期效果，对此，作为可以影响清廷决策的重臣，李鸿章当然难辞其咎，但这个后果绝非他一个人所能承担。毋宁说，这是那个时代的悲剧。

作者简介

李细珠，1967 年生，湖南安仁人。历史学博士，中国社会科学院近代史研究所研究员、博士生导师。主要研究中国近代政治史、思想史，兼及台湾史。出版专著《晚清保守思想的原型——倭仁研究》《张之洞与清末新政研究》《地方督抚与清末新政——晚清权力格局再研究》等，发表论文 80 余篇。

郑观应、盛宣怀和王之春的捐纳之途

邵　建

清代的捐纳制度实际上遵循了历代纳例粟办法，推而广之，成为捐纳常例，始于顺治、康熙年间，雍正、乾隆年间逐渐完备，嘉庆、道光年间循例进行，一直到咸丰、同治、光绪年间逐步泛滥铺开。清代的捐纳类别及用途五花八门不一而足，从大类上基本上可以分为暂行事例和现行常例，从捐纳实质上可以分为捐实官、捐虚衔、捐封典、捐出身（即功名）、捐加级纪录、捐分发、捐复、捐免等类，从捐纳用途上又可以大致分为军需、河工、赈灾和营田四类。

一

晚清时期，中国经济社会发生了巨大变化，传统的士农工商观念随之转变，此前作为末端的商人的地位开始上升，尤其是在口岸城市，一些身兼商人和知识分子且获得巨大财富的买办和民族资本家，日益成为社会重要群体。然而在晚清中国，个人社会地位的显达，仅仅靠财富积累远远不够，在中国人的传统观念中，谋得一官半职仍然是重要依据。就拿独具洋务才干和经世致用能力的郑观应来说，委身洋行明显不是长久之计，所以他通过捐纳获得候补官衔，通过参与赈灾得到地方大员好感，通过积极建言献策引起洋务派官僚的关注与认可，最终弃太古轮船公司就轮船招商局，投入洋务派阵营。尽管郑观应曾有述"只恐空囊消酸腐，何须射策求封侯"，但是他对于仕途的追求，从某种程度上能够代表晚清社会一批跨界绅商内心的真实想法。

尽管捐纳的名堂这么多，不过在清代，很大一部分富贾大户仍热衷于捐纳，甚至有时可以说趋之若鹜。对于他们来说，无论所捐官职最终是否能够兑现，但获得候选官员的身份还是有助于他们大幅提升自己的社会地位，与传统的"学而优则仕"相比，通过捐纳获得一定功名的确是当时最为有效的途径之一。同时，晚清时期由于西方列强的经济侵略，尽管商业贸易的重要性日益凸显，商人作为传统的"士农工商"之末的情况逐渐发生改变，但是长久以来形成的商人为末的思维定式在短时期内仍旧难以弭除，这也是一方面商人的社会地位上升，另一方面商人仍然热衷于捐纳的主要原因。在当时，大凡是有一定经济实力的商人，特别是口岸城市的买办及富商，大多有过捐纳的经历。例如，杨坊捐候补同知，王槐山捐二品顶戴，胡雪岩捐候补道台、二品顶戴、三代封典，唐廷枢、徐润捐候补道台，经元善、谢家福捐候补知府等等。

郑观应的历次捐纳及朝廷褒奖简历在其自述中有着详细记载，其一生共有三次捐纳实官，分别是同治八年（1869）在皖营捐从五品员外郎、同治九年在安徽捐局捐升正五品郎中、光绪四年（1878）由晋赈案内捐四品道员；一次捐纳虚衔，光绪十九年在顺直捐赈局报捐二品顶戴，至此在向朝廷捐纳一途中郑观应算是捐到了最高一级，后来郑观应的"二品顶戴候选道"头衔即由此而来。其中，在光绪八年年底，以"捐助直省工赈出力"获保奏，次年年初奉上谕"以道员不论双、单月尽先选用"；光绪十年年初，安徽巡抚裕禄也以郑办赈出力保奏，上谕"尽先选用道郑官应着加一级记录三次"。由此可见，郑观应获得功名的途径主要有三条，一是通过直接捐纳获得实职候补资格，二是通过办赈获得朝廷褒奖，三是朝中大员保奏推荐。这样通过历次捐纳以及朝廷大员保荐，郑观应获得朝廷的任用便有了很大希望。不过，残酷的现实是，对于捐纳而来的候选道员来说，无论是单月选用，还是双月选用，甚或是不论单月、双月尽先选用，获得实授道员一职难于登天，很多人一辈子都没有轮到实授，终身都是"候补"。

相对而言，郑观应无疑具备一定的人脉，例如李鸿章、左宗棠、彭玉麟、王之春、邓华熙、盛宣怀等大员都比较欣赏郑观应的能力和为人，特别是彭玉麟、盛宣怀、王之春与郑观应之间良好的私交，成为他能够多年在重要洋务派企业担任高级领导职务以及两次获得实质性官职的主要原因。

1898 年 7 月，"百日维新"中遭罢黜的帝师兼帝党首要成员翁同龢由京返苏路过上海，郑观应与之见面，翁告诉郑说"《盛世危言》一书经与孙尚书先后点定进呈，并邓中丞所上计共三部。今上不时披览，随后必当有内召之旨（《郑观应集》）"。而就在前不久的 4 月份，时任江苏巡抚的邓华熙又一次向光绪帝推荐郑观应，并请训示"应如何录用"。由此可见，郑观应的才能及《盛世危言》再三为急于变法的光绪帝所获悉，已引起皇帝的重视而有起用之心。但是，当时局势险恶，郑观应深知光绪帝及康、梁所推行的维新变法前途难料，所以对此并不抱有太大希望，甚至在与邓华熙的信中也实话实说"大局如此，即有意外遭逢，亦拟藏拙不赴，以遂草茅之初志而已"。也就是说，即使光绪帝正式下旨起用郑观应，郑也打定主意力辞。在这点上，不得不说，郑观应对于局势的分析和体会是冷静的。

郑观应真正与官场发生较为直接的关系是他在 1870 年代末办理赈灾工作时。1877 年以后的一段时间内,针对爆发在晋、豫、直隶、陕等省的灾荒,早已担任太古轮船公司总买办,经济实力大增,跻身上海知名绅商序列的郑观应在上海与经元善、谢家福、严作霖等联手创办筹赈公所,筹措了大笔救灾款项,深得李鸿章的赏识和信任。之后李鸿章力邀郑观应赴天津襄办堤工赈务,是为李意欲起用郑观应的标志性事件。此后,李鸿章又相继札委郑观应担任上海机器织布局、上海电报局、轮船招商局会办、总办等要职。不过,在织布局案发以后,郑观应此前以种种努力换来的李鸿章对于他能力和人品的信任与赏识,几乎丧失殆尽。李鸿章曾致函盛宣怀严斥郑观应,说"郑革道为织局创始之人,不思竭力经营,竟敢侵挪巨款,自便私图,致败垂成之局,实属丧尽天良,厥咎甚重。岂得听其置身事外,不追既往"。可见,当时李鸿章对于郑观应的看法已经非常负面了。甚至在 1892年,盛宣怀急需郑观应重返招商局,为此上书李鸿章极力请求给予札委。他知道此时李鸿章对郑观应有非常恶劣的看法,所以在禀帖中一再强调人才难得、郑观应有改进,而且是先给予一年试用期。为此,李鸿章再一次札委郑观应任轮船招商局帮办一职,在札委中李并未对郑有过只字褒扬,甚至还多加警告"郑道进局后,务当振刷精神,将局事殚心竭力、认真帮同经理,切勿徇私玩误,有负委任"(1892 年 12 月《禀谢直隶总督王夔帅札委会办招商局事》,《盛档》)。从这几句话中,李鸿章对于郑观应的不信任清晰直白,特别是"切勿徇私玩误",明指郑不要重蹈总办机器织布局时因经济问题而导致布局亏耗筹办延误的覆辙。

1884 年初,随着中法战争爆发,郑观应的仕途迎来了重大转机,时任粤防大臣的彭玉麟向朝廷力荐郑观应远赴南洋,联络各国策划"合纵抗暴(指法国)"事宜。同时又因王之春推荐和郑观应自荐，终被彭玉麟奏调赴粤差委。此时的郑观应身兼轮船招商局总办和机器织布局总办两个洋务企业要职，不过已经初见端倪的债务危机即将接踵而至，郑观应借此机会竟然完全不顾李鸿章要求他留沪清理织布局账务的命令，决然辞去轮船招商局和机器织布局的职务离沪赴粤，到彭玉麟军中工作。到广州后不久，郑观应又奉粤督张树声的委派赴香港交涉被扣留的军火，以他熟悉洋务的交涉能力，很快便顺利完成任务。返粤后于3月22日由彭玉麟札委，郑观应接替了王之春总办湘军营务处，正式开始了第一次做官的历程。

郑观应接任总办湘军营务处职位之后，并没有在营务处长时间滞留，而是在6月中旬接受了彭玉麟的委派，前往南洋了解敌情以及开展"合纵抗暴"活动。从当时的形势来看，实际上所谓的"合纵抗暴"根本就是不切实际的空想，尽管如此郑观应还是去了，而且还极为用心地将南洋经历写成《南游日记》。此次郑观应远赴南洋开展工作历时两个月，其间，张之洞、彭玉麟以及广东巡抚倪文蔚还札委郑观应再次赴港，开展租船、购买军械，办理支援台湾事宜。由南洋返回广州以后，郑观应又马不停蹄地张罗援助台湾抗法的工作，到年末彭玉麟又委派他到海南岛考察军务。自海南返回广州后，又即刻奉张之洞命令，准备赴汕头、厦门、福州等处考察军务形势，以便更好地援助台湾。郑观应所从事的都是极有难度的协调、考察等工作，事多且杂乱，但他凭借此前在商场历练出来的协调能力，高效而有序地开展了这项工作，并在工作过程中不断地思考各种难题，写了很多关于边防、抗法、洋务等方面的意见和建议呈交李鸿章、彭玉麟、张之洞、张树声、盛宣怀、王之春等官员。

就在郑观应全情投入地为抗法战争忙碌工作之际，在他由广州来到香港，准备出发远赴汕头、厦门、福州等地考察军务协调援台事务时，其行踪为太古洋行得知，太古洋行便以郑观应需赔偿当年保荐的接任总买办杨桂轩挪用洋行公款而亏欠 4 万元的理由向香港当局提出控告，香港当局接受了太古洋行的控告将郑观应拘留在港。郑观应被拘，直接导致他总办湘军营务处的第一次为官生涯戛然而止。此事的发生，对于郑观应来说损失极为惨重，特别是对他刚刚走上的仕途，可以说是毁灭性打击。

郑观应被拘在港，其所任总办湘军营务处并没有为他保留，当然无法为其保留职务的真正原因，除了被拘之外，恰恰是郑观应自己所欠织布局及泰吉钱庄的债务所致。当时南北洋大臣刘坤一和李鸿章及江苏巡抚卫荣光曾经多次催促彭玉麟，严催郑观应回沪清理债务，但彼时正值中法之战军情紧急、军务繁忙，彭玉麟急需用人之际，所以彭并没有按照他们的要求公事公办，而是仍然命郑办理援台转运事宜。可是，到了当年年底和次年年初之时，中法之战的和局大事已定，此前万分紧急的援台军务业已撤销，所以彭玉麟也就直接上奏请饬郑观应立刻回沪了。

可见，在中法战争和局大定的情况下，已经没有郑观应发挥作用的余地了，彭玉麟也不可能视南北洋大臣以及江苏巡抚的屡次敦促而不见，更不可能为了郑观应而得罪他们，所以趁此机会饬令郑观应回沪料理此前未完事务，也在情理之中。当然，这也并不能说明彭玉麟不够关照郑观应，实际上当郑观应深陷太古债务被拘在港之时，彭曾经代为筹款，郑观应有诗为证：

> 深感同人集巨资，为怜公冶困藩篱。竟辞高谊惊流俗，敢累群贤徇己私。一介自严存古道，二难愧附微浇漓（彭宫保筹资代余赔太古杨桂轩之累，余辞不受，人以二难见称）。冰心自矢盟天日，杨震清廉是我师。（《郑观应集》）

不仅如此，郑观应被拘在港的损失远远不止湘军总办营务处，他可能还失去了一次得到更高实职官位的宝贵机会，即郑观应在《致广肇公所董事书》所说的，左宗棠打算提拔他担任厦门道。如果左宗棠确有此安排，那么对于郑观应来说无疑痛失了一次很好的升官机会。

二

郑观应的仕途之路颇费周折显而易见，在这一点上，就连作为李鸿章心腹和洋务事业左右手的盛宣怀，同样也是相当波折，可以说照样是花了很大精力、等待了很长时间才最终获得实职。在功名的道路上，盛宣怀比郑观应好不了多少，并非进士也非举人出身，仅为秀才而已。但是盛宣怀父亲盛康的地位就比较高了，怎么也算清朝的中级官僚，官居浙江省杭嘉湖兵备道、按察使，在江浙官场具有很大的活动能量，而且与李鸿章也素有交情，在官场人脉方面盛宣怀无疑比郑观应更具家庭背景。盛宣怀到了27岁（1870年）时，由父亲的老友杨宗濂举荐成为李鸿章的幕僚，由于盛宣怀为人确有才干，外加父亲盛康的关系又被李鸿章视为"世侄"，所以很快被委以重任，从事军需后勤，并开始涉足洋务。次年，盛宣怀奉父命开展直隶赈灾工作，此后获以道员补用并被赏加三品衔及花翎二品顶戴，时年28岁，真正开始踏上仕途。此后，盛宣怀愈来愈为李鸿章重用，办赈灾，办轮船招商局，办电报，无一不是晚清政府工作的重中之重。然而，即便是盛宣怀这样的才干、背景与受到的器重，也不足以使他容易得到朝廷实授官职，而是在李鸿章幕府磨砺了9年之后才最终获任天津河间兵备道实职，之后才豁然开朗，逐步升迁，最后官居邮传部尚书、邮传部大臣、内阁成员。关于实授之难，从盛宣怀致军机大臣张之万的禀帖中能够切实体会到，盛在禀帖中请求这个位居高位的"年伯"说：

父亲耄年需次，既展布之无从，复归田之愿阻。日盼俟得一官，稍十分快慰。闻去年秋傅相入都时，曾蒙年伯恩赐吹嘘，父子中心默慰。傅相初意，俟将商局收回妥帖，即予裁成。侄现拟三月内回津，求销差使。但缺眼非由外出，傅相曾再密言之。此次随办陵差，退食之暇，或与年伯密商位置，伏求鸿施格外，早赐成全，免使夜长梦多，为人捷足。草木有之，敢忘所自。恃爱呼吁，惶惑万分。手肃寸丹，专丁呈赍。（吴伦霓霞、王尔敏编《盛宣怀实业函电稿》）

三

连盛宣怀这样背景的人物想要得到一官半职，都要如此低声下气地求人，更不用说其他人了。再看郑观应老友王之春的经历，王出身文童生，早年投笔从戎，先后入曾国藩、李鸿章和彭玉麟处，深受彭玉麟器重与信任，同样磨砺多年，最后才好不容易捞到彭玉麟湘军营务处总办的官职，之后又历任琼州道、湖北布政使和四川布政使，此后擢升山西巡抚，之后相继调任安徽巡抚和广西巡抚，成为地方督抚大员。其间，在1895年，王之春还作为钦差大臣、头品顶戴的"出使俄国大臣"由上海乘船，万里迢迢赴俄国吊唁俄皇亚历山大三世并庆贺尼古拉二世登位。在广西期间，因镇压起义，被传闻有"借法兵法款，以平内乱"的设想，激起了国内民众的"抗法"运动而被革职，后迁寓上海。1903年底，王之春遭爱国志士万福华刺杀未遂，黄兴、章士钊等牵连入狱，轰动一时。事后，王之春回乡静居，从此在政治舞台上淡出。

常言道"万事开头难"，从盛宣怀和王之春的仕途经历来看，他们与郑观应一样入仕做官并非出身"正途"，对于他们来说，在漫漫官途中最难跨出的一步就是获得实授官职。前二人在获得实授官职之后，稳扎稳打，步步为营，逐步升迁，对于官场规则的理解远胜于郑观应，特别是盛宣怀有着深厚的官场人脉，王之春也有彭玉麟的鼎力支持，且拥有军功、深谙官场之道，所以盛宣怀由李鸿章幕僚升任天津河间兵备道，王之春由总办湘军营务处升迁琼州道，这些都是郑观应无法相比的。郑观应"商而优则仕"，系半路出家，与官场素无渊源，等到好不容易由彭玉麟奏调入粤，担任总办湘军营务处，又恰逢织布局和太古洋行债务缠身，最后竟为太古债务拘留香港，而痛失大好局面，最终导致郑观应第一次为官生涯过早的夭折，可谓运势不佳、功败垂成。

而郑观应的第二次为官经历，时间竟然比第一次要短得多，仅五个月有余。1903 年，随着王之春调任广西巡抚，时年已经 62 岁"高龄"的郑观应又一次离开商界，义无反顾地向盛宣怀力辞招商局职务，再次踏入官场，应王之春奏调离沪赴桂，先是奉命赴港、澳、穗三地稽查私贩军械，而后署理左江道统带三江缉捕镇压会党，在广西为官期间，郑观应又一次显示了自己的能力和效率。

郑观应在广西，不但多次剿灭乱匪，还举办新式学堂、设立巡警，得以实践其维新思想，受到了广大乡绅的拥戴。但旋即因王之春广西巡抚职被革而去职，仅任左江道四十天，郑观应的第二次也是最后一次为官生涯就这样草草收场。而且，因广西左、右江水旱成灾，在郑观应赴桂之初，"除函致广东善堂劝募义捐外"，还"现变产业凑成库平银壹万两，充作广西赈抚之用"，换来了"交军机处存记"。郑此番自掏白银万两贡献朝廷，最终仅换来了清廷一纸空头表扬。

晚清时期，知府、道台一级的实职对于很多候补官员来说是一道难以逾越的门槛，有人终其一生也没有跨上这层台阶，《清史稿》中曾为谢家福列传，最后写道"家福历保至直隶州知州，卒不仕"。在这方面无疑郑观应比谢家福情况稍许好些，毕竟两次获得实职，但也仅此而已，很难如盛宣怀、王之春等人一样跨过这些台阶，获得更高的官位。相对于在商界的游刃有余，尽管郑观应在为官之时有一定政绩，但绝对算不上一个成功的官员，仕途对于郑观应来说，并不如从商一样能够给他带来丰厚的收入和很高的地位，也不如著书立说能够使得他声名远播，官场的艰险他还远未能够有机会直接面对和真正体会。盛宣怀与郑观应，加上王之春，从某种程度上在晚清众多通过捐纳获得功名的士绅群体中具有一定的代表性，这三个人都没有获得功名，即走上所谓的通过科举而仕途的"正途"，盛宣怀、郑观应通过赈灾和捐纳获得候补官衔，王之春弃学从军获得军功，三人由于不同的家庭背景、官场人脉以及对官场规则的理解，最终都获得了任用，但仕途之路却有天渊之别。而对于一般士绅来说，即便是通过科举获得了功名，但若既无过硬的家庭背景，又无良好的官场人脉，能够出头者也是百难有一，更不用说那些通过捐纳获得功名和虚衔的跨界绅商了。

作者简介

邵建，1975 年生，江苏常州人，历史学博士，上海社科院历史所研究员，研究方向为中国近代史、上海城市史。

张德彝的《五述奇》：留声机、赛金花及其他

钟叔河

张德彝八次出国，写了八部"述奇"。《五述奇》述的是他随洪钧出使德国三年（1887—1890）的见闻。

张氏在"述奇"的凡例中一再声明，他只述"泰西风土人情"，不论"各国政事得失"，却能"叙琐事不嫌累牍连篇"。最后这一句，确实是他写作上的一大特点，也是他这八部"述奇"都被收入《走向世界丛书》的理由。

因为"叙琐事不嫌累牍连篇"，《五述奇》逐日记载张氏之所见所闻，事实上并不限于风土人情的范围。比如说，爱迪生新发明的留声机来德展览，还有洪钧小妾赛金花在柏林的生活……这些想必都是能引起读者阅读兴趣的。

一、19世纪的新事物

如今人人熟悉的橡胶，张德彝到了德国，讶为初见（其时橡胶制品在欧洲广泛使用亦不过十来年）。《五述奇》述云：

> 德言"古米"者，英名"印甸洛柏尔"，法名"羔池乌"，乃印度所产之一种树汁也。其色初白，既而黄，黄而

后黑。熬成后不畏水，见热即软。其稀者，干则柔软如筋；稍粗者，如象皮；至粗者，则如木如漆。西国以之造物极多。

此时中文还没有"橡胶"这个名词，故只能用洋文对音，"洛柏尔"即 rubber，即橡胶（"印甸"指产地印度）。

有趣的是，张德彝对"古米"的注意，却是从德国禁止随处小便而引起的。《五述奇》云：

> 其道路洁净，行人不准随便出恭。故男女之乘火车与行路者，间有不能明言之苦。今见"古米"货铺中不惟出售桌垫、雨衣、水鞋、篦子、木梳、气褥、气枕，以及小儿玩物如小人、圆球、鸡、犬、猴、猫之类，更有男女二种小便兜。其色黑，其形作双口瓶，长约一尺。

这种"小便兜"，19 世纪中叶也传入中国，却属于医疗器械，只供给病人使用。书中接着还介绍了用"古米"制作的避孕套（此物由来已久，原以动物肠膜或绸制成，古时中国也有，但只用于性事，并不能避孕），云：

> 前在泰西，知有一种免胎之物，英曰"法国信"，法名"英国帽"。……昨在"古米"铺中，其人取出与看，见造以"古米"，自内向外，卷而成饼，周约四寸，长逾半尺。

《五述奇》记述"古米"之时还是 19 世纪，在清光绪十三年至十六年（1887—1890）；又十年，狂喊灭洋的义和团大闹北京；又十年，大清国便闹完了。而在西洋，现代化却正在发展，新事物也层出不穷。书中还述及了"德利风"：

> 前丁丑年，当余在英时，见西人创一种传声筒，曰德利风。用者无非于楼之上下，房之内外，彼此传声交谈，即如觌面，已觉便当。且无论识字与否，有是器具，即可传音矣。今见德国不惟都城四鄙，虽各乡各村数千百里外，亦可

传声，如同面谈。现在官设总局，各处有分局，较"电线"为尤快，且更便当，盖无须信局照抄分送也。其用法：买此器置壁上，外线通入分局，各局有总簿，由通城至各省；或某宅，或某铺，住址第若干号，所用德利风为第若干号，而各铺各家门首窗外，亦须书明德利风第若干号。其欲交谈者，先向筒口吹气，即将筒口置耳边，以待风局答吹。答吹到，则告以欲向何处某号交谈，该局即将此筒接结彼筒，即可向所欲言者，畅所欲言而言之。往来问答，多寡任便。至其价，每年付局一百五十马克，官局器具不计费。

德利风为 telephone 之对音，源自希腊字根 tele（远）和 phone（声音）。早在 1876 年贝尔发明电话前数十年，欧人已经"创一种传声筒曰德利风"，互相通话，即张德彝丁丑年（1877）所见。此时则贝尔的发明经过改进，已定型为电话（仍称 telephone），构成话音的空气振动可转变为电脉冲进行传输，"数千百里外亦可传声"，这就比先前发明的电报（张德彝称之为"电线"）更加便于使用了。《不列颠百科全书》称电话为"世界专利史上最有价值的一项"，其成为张德彝心目中值得介绍的新事物自非偶然。

书中还述及了"佛诺格拉甫"即留声机：

> 近有美国纽约人艾的森者，新创一种留音器，洋名佛诺格拉甫。机势不大，如手转之铁裁缝，横五寸，长尺余，高四寸。中横一圆筒紫色，似古米造者，粗约四寸，长亦四寸馀。此筒弦动，则当时屋中之声，或语言，或歌唱，或音乐，皆即收入。音既入筒，百年不遗，欲闻其声，则上弦筒动，自一一述之，与原音不差。欲改音则换筒，似与八音盒同，因一筒便留一音也。器旁通有古米管作字形者二三，听者须将管之两岔分塞左右耳内。在厂间欲多人齐听，乃在器

旁通一大马骨铁敞口喇叭，则声自内响而外放，极属宏畅。其人兹将造成者分送各国，令人赏视传扬，以便出售。

佛诺格拉甫为 phonograph 之对音，张德彝译作留音器。"美国纽约人艾的森"即发明家爱迪生，他"新创"的留音器，跟"手转之铁裁缝"即手摇缝纫机一般大小，这时还是既录音（使因声音振动的针头在转动圆筒表面上留下纹路）又放音（使另一针头与此纹路接触再转动圆筒使之振动发声），"欲改音则换筒，……因一筒便留一音也"。这和后来只用圆盘形唱片放音的留声机尚有区别，但已经用上"大马骨（口）铁敞口喇叭"，"声自内响而外放，极属宏畅"，则亦相去不远了。

如今，工程塑料已经广泛取代橡胶，日新又新的手机数量已多于固定电话，电子录音和光盘更早将留声机淘汰了；但《五述奇》关于"古米"、"德利风"和"佛诺格拉甫"的记述，却仍然具有鲜活的文化价值。因为它们能告诉我们：现代文明并非一蹴而就，科学技术有其发展过程；人们今天即使已经能够攀登高峰，也无妨回顾一下先前在泥泞小路上留下的脚印。

二、在柏林的赛金花

张德彝是作为"出使俄德奥荷国大臣"洪钧的随员，于光绪十三年九月十三日（1887 年 10 月 29 日）从上海乘船赴德的，《五述奇》述当日情形云：

> 早起收理行装，诸友送别。午正，发行李。未正，驾小船行里许，登德国公司"萨轻"轮船。察点行李，下舱。……申初，诸同事皆来。陶榘林偕其夫人、令子涵宇亦上船。酉正，星使官眷到，彼此分住各舱，戌初，晚餐。
>
> 此次星使携有如夫人一、女仆二、男仆二、庖人二、缝

人一、剃发匠一。统计当时同船前往者，上下共三十六人，内住头等舱者三人，住二等舱者一十五人，住三等舱者一十八名口。

"星使"即洪钧，所携"如夫人"即后来有名的赛金花（为了行文方便，本文即称之为赛金花）。

洪钧出使四国，任期三年却常驻柏林，馆舍在万德海街，为一栋租用的三层楼屋：

> 本公馆西傍房东，东南北三面皆有敞院，院虽不广大，而花木甚繁，布置可观，正东一面为尤甚。头层楼前敞厅一大间，厅前横一白石桥，左右各石阶十九级，桥洞内通楼下小间存煤处；桥对面一水法，系园池中立一抱鸭石孩，水自鸭口出，高五六尺。四面花木，有木笔、迎春、茶花、牡丹、红黄玫瑰……南面除花木外，在西南角有台，可以眺望。盖南临小河，河之两岸，碧树两行，整齐可观。对岸大道，多是高楼，河中舟艇亦多。北临万德海街，左右二铁栅栏门，其中花木无多，地以石墁，他处皆铺以小石子，盖正面为出入之大门也。

在德国的三年中，洪钧和赛金花便住在此屋的三层楼上；三楼另一头，住着带有家眷的陶谢二位随员；张德彝和其他未带眷属的官员，则住在二楼。

"叙琐事不嫌累牍连篇"的张德彝，对于赛金花，也一样地见闻必录。到柏林后第六天，使馆旧人"迎新"，请全体新来的人看戏：

> 星使及余与众同事，乘马车行十二三里，在喀尔街兰滋园看马戏。园颇宏敞，其式与他国同。共演一十七出，分二节，先十二出，后五出。其跑马、拉胡茄、踏软绳各技，男女所演，与他处无异。……又马十二四一色，能两腿立行，

尚不为奇；最奇者，能穿火圈，闯火门耳。……亥正回寓。又，当晚陶、谢二夫人陪洪如夫人另坐一间。

进戏园看戏，赛金花由二夫人陪着"另坐一间"，不与洪钧同一包厢；《五述奇》后来所记三十八次看戏，包括洪钧请看戏，亦未见她再进戏园。这说明，洪钧并未给她和自己相匹配的身份，而且很注意"严男女之大防"；赛金花的活动空间，其实是很小的；但作为"钦差太太"，同人仍不能不以礼相待。

两个多月后，光绪十四年元旦，洪钧在使馆设晚宴招待同人，《五述奇》记云：

> 戌刻，星使招饮，同席二十人，除诸同事外，有程鞠存、李体乾、联文泉、金楷理。楼上有女客六，为金楷理之妻、女，银行主人蒲拉坨之妻、女，及陶、谢二夫人。

"同席二十人"，除了主人洪钧，还有十九位，其中金楷理（Carl T. Kreyer）为使馆聘用的洋人；这十九位都是男人，都坐楼下。"楼上有女客六"，包括金楷理之妻、女（均美国人），主人当然是赛金花。楼上楼下，界限分明，来作客的洋人一家子尚男女不同席，"星使如夫人"自然更不会应酬男客。

使馆同人之间的关系，则可于光绪十四年十月初一、二两天赛金花过生日之记述见之：

> 十月初一日己卯，晴。因明日为星使如夫人之寿辰，经支应通知参赞，除支应外，代同人具知单，谓：明日为钦差太太生辰，拟具礼物恭贺，云云。各人书一"知"字，礼归恩仲华办，所具何物未闻。

> 初二日庚辰，大晴，冷。先是支应亲赴武弁卧房，令其登楼通报，言明众人祝贺。既于午正约众下楼食面，六碟四碗，金楷理亦在座焉。

同人具礼物恭贺寿辰，主人设寿面六碟四碗，礼文都十分周到。可是双方互不见面，只由洪家的随从从中传话。同处一栋楼中，男女隔绝如此，现代人真难以想象。洪钧不善外交，极少交际，张德彝到德国后不久，即对此不以为然：

> 窃思奉使驻扎外国，原为考查情形，办理事件，苟孤身独处，自然无所见闻。况语言不通，即知一二，亦归无用。尝见北京各国使馆混如一家。前随郭星使驻英，不时尚有他国公使、随员以及本地官绅往拜。至此将及两个月，面晤者既无，而投刺者亦少。

后来又一再表示不满：

> 余自到德以来，已逾二载，自本地官绅以至各国驻扎之公使，除新年往来换送名片不计外，其他与星使往来者，各国公馆无一人。至本地，本来官有兼商，商亦充官，其来者皆小官，关乎交涉财物者，如招在中国充当文武教习者，办矿务者，造船者，铸炮者，制铁道者，卖机器者，诸如此类。至德人之间或往来者，亦只税务司夏德、银商普拉坨而已。不知德人不喜与人往来耶，因有交涉财务始行往来耶，何与前在英、法、俄三国之迥异如是。

因为洪钧的应酬交际少，十六七岁的赛金花，除了雇来的"洋丫环"和金楷理的妻女外，她所能接触的，便只有"税务司夏德、银商普拉坨"这几位跟洪钧往来的洋人家的"洋妇"了。遍阅《五述奇》，此类接触亦仅三次。一次为：

> （光绪十五年十二月十三日）酉初，星使之如夫人披粉红银鼠讷勒库，乘双马大车，携洋仆，赴税务司夏德家吃茶。

此应是赴夏德太太之请。又一次为：

> （光绪十六年四月十一日）酉正，星使之如夫人约普拉坨之妻、日本参赞井上胜之助之妻、瑞乃尔之妻、李宝之妻

及杜蒂母女并陶夫人晚酌，酒菜与昨同（钟按：昨系洪钧请男客）。惟届时井上之妻因在巴里，瑞妻因明早即赴汉柏尔，皆辞谢未到。

又一次则为：

（光绪十六年五月二十日）巳初，星使偕其如夫人及三洋妇，乘车赴五道门内照相馆中，由窗内看枪会人经过。

租临街窗口看游行，亦当是"三洋妇"的作为。很可能是洪钧想要去看，才带上了赛金花。

至于使臣必须参加的一些礼仪性的活动，夫人们按常规是应该要一同前往的。但赛金花本非洪钧之夫人，洪钧从未假以名分，所以一次也没有同去过。兹引《五述奇》两次记述为例，第一次是刚到德国不久后的王宫朝会：

四日前，由外部送帖九张，请星使、汪芝房、金楷理、姚子樑、陶榘林、恩仲华、洪禹山、赓韶甫与余前往。其帖横六寸，竖四寸，纸厚色白，四围金边，上印王章，下印请某人于某年月日赴某宫朝会。

到期前往，进入皇宫内厅，只见：

正面德皇左右，先坐各国头等公使夫人，再则本国各大臣之夫人及各国二等公使、参赞、随员之夫人，至各国公使及本国文武各员，亦如此按次而立于妇女座后。

大清国的公使并未带夫人，陶谢二随员的夫人自亦未便同去，洪钧张德彝等人便只能"立于左鄙玻璃门前"了。

第二次则是两年后一位德国亲王的婚礼：

（亦系先行）帖请各国公使夫妇、随员等在广泽园看戏。至晚，星使率参赞一，翻译二，随员二，支应、供事各一，着蟒袍前往。亥正回寓。

（次日）申初一刻，与诸同人着蟒袍，随星使乘车进五道门，走恩得林敦街、过桥转南入菊泥弗仪尔汗宫西门，下车登楼，步梯盘旋入礼拜堂，即前去过两次者。各国头等公使及其妻女等，或坐或立于池边正面，二三等公使及随员、领事，皆立于讲经台左。

"帖请各国公使夫妇"，"各国头等公使及其妻女等"都去了；大清国使馆头天晚上去看戏和当天进宫去观礼的，则并无一位女性也。

洪钧和张德彝于光绪十六年回国。三年后五十四岁的洪钧死去。第二年二十一岁的赛金花重入风尘，庚子年八国联军入京，她一时大出风头。文人们无中生有，将她在德国的经历和同德国人的关系，越说越离谱。此次《五述奇》整理出版，总算为赛金花在柏林三年的情形，提供了一份可信的原始记录，一切臆想编造之词，应该会不攻自破了罢。

关于赛金花，《五述奇》还叙述过她怀孕生女、"喜洋婢而厌华姬"和对二庖人（厨工）一弃一取等事实，原书具在，本文就不详及了。

作者简介

钟叔河，1931 年生，湖南平江人。编辑、学者、散文作家。1984—1988 年任岳麓书社总编辑。以编辑《走向世界丛书》闻名出版界及史学界。

美国汉学之父卫三畏与《中国总论》

顾　钧

《中国总论》（*The Middle Kingdom*）是美国第一部全面介绍中国历史和现状的著作，也是 19 世纪美国汉学的代表作。20 世纪美国汉学权威费正清评价此书说："它简明细致地描述了中国社会生活和历史的方方面面，在今天看来仍然是一部有重要价值的著作。"（《中国沿海的贸易与外交》）

一

此书作者卫三畏（Samuel Wells Williams，1812—1884）是美国最早的来华传教士之一。1844 年（道光二十四年），他已经在中国工作了十一年，按照规定可以休假一次，父亲每况愈下的身体状况更让他急于回国一行。

1844 年 11 月卫三畏踏上了归国的旅途。他这次回国不仅为了省亲，也要为他主持的印刷所购买新的中文活字筹措经费。回到美国后，卫三畏四处活动，但资金还是有所短缺。于是他决定在家乡及其附近地区发表一系列关于中国社会生活、历史和制度的演讲来挣点钱。此时鸦片战争刚刚打开中国的大门，有识之士对中国兴趣浓厚，卫三畏的演讲大受欢迎。从 1845 到 1846 年，卫三畏一共讲了一百多场，演讲地点也从家乡扩展到周边的一些重要城镇。这一番奔波劳累的意外收获使他多年积累起来的有关中国的知识系统化了。1846 年底卫三畏决定将演讲内容写下来出本书，为此他来到纽约，除偶尔发表演讲外，专心写作，直至书成。这就是 1848 年出版《中国总论》一书的由来。

《中国总论》分上下两卷，长达 1200 多页（上卷 590 页，下卷 614 页）。全书分 23 章，比较全面地介绍了中国的政治、经济、文化和社会状况。卫三畏能够在短短两年内写出这样大部头的著作，原因是多方面的。首先他在中国已经生活了十多年，特别是经历了鸦片战争前后中国的深刻变化，具有丰富的感性认识。此外他利用工作之余的时间不断地研究汉语和中国社会文化，积累了越来越多的理性认识。笔者曾在耶鲁大学所藏卫三畏档案中，看到过他的一份书单，其中包括《史记》《文献通考》《本草纲目》《今古奇观》《大清会典》《瀛寰志略》等五十多种著作，这些应该只是卫三畏读过的一部分书；除了中文书籍，卫三畏阅读和参考的西文书籍也为数不少，这从《中国总论》的注释中可以窥见一斑。

《中国总论》的出版为卫三畏赢得了不小的学术声誉，1848 年夏天，纽约州的协和学院授予他荣誉法学博士学位。

二

早在独立战争之前就有一些美国人表现出了对中国的兴趣，但他们关于中国的知识完全来自欧洲人的著作。18 世纪末中美直接贸易关系建立后，美国商人开始把他们在中国的所见所闻记录下来，美国人终于有了自己的信息来源。美国出版的最早一部关于中国的著作出自范罢览（Andrew E. van Braam）之手。范氏出生于荷兰，1758 年（乾隆二十三年）被荷兰东印度公司派往中国，在澳门和广州先后工作了 15 年，他早在 1777 年就表现出对美国的兴趣，1783 年英美签订《巴黎和约》宣告美国正式独立后，他就移居美国并于次年成为美国公民。此后他又重新效力于荷兰东印度公司，在广州出任代理人。1794 年他作为荷兰使团的一员前往北京庆祝乾隆帝登基六十周年。这次特别的经历为他提供了写作素材，1797 年他的著作翻译成法文在费城出版，书名是《1794—1795 年荷兰东印度公司赴中华帝国使团纪实》。但这本书出版以后没有引起太大反响，一则它是法文著作，在美国不容易打开市场，更重要的是就在同一年斯当东爵士出版了他那部广受欢迎的《英使谒见乾隆纪实》。英国的马戛尔尼使团在荷兰使团前一年出发，虽然没有达到与中国建立正式关系的目的，但产生了几部名噪一时的纪实作品，斯当东的这一部以其记录的翔实最为知名。此后美国商人又出版了几部关于中国的作品，均反响平平。

19 世纪以来，欧洲来华传教士凭借他们熟练的汉语技能和丰富的中国经验写出了多部有影响的作品，继续在美国大行其道。德国人郭实猎（Karl Friedrich Gutzlaff，1803—1851）于 1831 年至 1833 年不顾清政府的禁令三次沿中国海岸航行，其冒险经历以日记的形式于 1834 年结集出版，受到热烈的欢迎。此后英国人德庇时（John Francis Davis，1795—1890）于 1836 年推出了《中国人：中华帝国及其居民概况》，为希望了解中国的西方人士提供了重要的信息来源。

德庇时的《中国人》成为卫三畏必须面对的最重要的"前文本"。从某种意义上来说，《中国总论》的价值的大小就在于它比《中国人》前进了多少。卫三畏在"前言"中没有回避这个问题，他说："《中国人》是值得大力赞扬的一部著作，但这本书出版于十年前，那时中国还是一个不容易接近的国家，美国人即使读过这本书，了解的也是那个时期的情况，面对今天中国的开放，美国人会对中国产生更浓厚的兴趣，也会很乐意了解那场带来中国开放的战争的前因后果。"鸦片战争虽然没有彻底改变中国社会的性质和中国人的生活方式和思维习惯，但却大大改变了中国和西方的关系，卫三畏抓住了这个契机大做文章，在整合前人成果的基础上结合自己的知识和经验完成了《中国总论》这部后来居上的著作，不少评论者认为该书是美国最好的对中国的介绍文字。《中国总论》出版后受到了欧洲人士的关注和欢迎，先后被翻译成德文、西班牙文，使西方世界在中国问题上首次听到了美国的声音，改变了美国长期以来依赖欧洲了解中国和一味进口欧洲汉学的局面。

卫三畏在《中国总论》"前言"中说，他写这部书的目的之一，在于"剥离中国人和中国文明所被给予的那种奇特而无名的可笑的印象"。18世纪欧洲大陆（特别是法国）的"中国热"虽然影响了美国的一些高端人士（如富兰克林），而对美国民众影响很小。18世纪末美国建国时欧洲的"中国热"已经基本上过去了。欧洲的这股"中国热"在很大程度上归功于法国来华耶稣会士对中国的赞美，他们写的大量书信和著作给欧洲带去了一个文明昌盛的中国形象。但18世纪下半叶以来，随着耶稣会士影响的减弱，特别是1773年耶稣会的解散，中国形象开始走向负面。鸦片战争以后中国的形象更是一落千丈，美国人在欧洲特别是英国的影响下逐渐形成了一种以轻蔑的口气谈论中国人的风气。早期来中国贸易的美国商人向美国民众传递的是这样一种中国人形象：衣着滑稽、迷信、狡猾、残忍、对官员的贪赃枉法和社会的停滞不前束手无策。

在这样的时代风气中，熟悉中国的卫三畏显然觉得有必要纠正本国人的看法。例如他在第 11 章《经学》中对孔子学说是这样进行评述的："孔子哲学最大的特点是对尊长的服从，以及温和正直地和同辈人交往。他的哲学要求人们在现实世界中，而不是从一个看不见的神灵那里，寻找约束力，而君主也只需要在非常有限的范围内服从一个更高的裁判。从子女对父母的责任、荣誉和服从出发，孔子进而向人们灌输妻子对丈夫、臣民对君主、大臣对国王的责任，以及其他社会责任。孔子认为，政治的清白必须建立在个人正直的基础上，在他看来所有进步的开始都蕴藏在'认识你自己'之中。无庸置疑，他的许多思想是值得赞扬的。就是与希腊和罗马圣人的学说相比，他的作品也毫不逊色。"这段论述十分准确也很精辟，抓住了以"礼"和"仁"为核心的孔子思想的精髓。这样的例子在《中国总论》中还有很多。

与由于无知而对中国产生偏见的美国人相比，因为无知而对中国漠然置之的人可能更多。这可以解释为什么《中国总论》在被威利和帕特南公司接受之前会遇到种种挫折——许多嗅觉不灵目光短浅的出版商拒绝这部著作的理由就在于担心它不会引起人们的兴趣；而这部书出版后受到热烈欢迎的事实，则表明 19 世纪上半叶的美国人其实很愿意了解欧洲以外的世界，他们正缺少一本好的入门书。出版家必须有自己的眼光，最好能有一点前瞻性。事实上随着中美《望厦条约》的签订，越来越多的美国人已经开始关注中国，《中国总论》的出版是适逢其时的。

三

多年以后，德庇时的《中国人》已经难得一见，《中国总论》成为经典，它不仅是学者们的标准参考书，而且被一些教育机构采用为教科书，多次再版。

　　但随着时间的推移，《中国总论》的一些信息的不完整性和论述的不准确性也逐渐显露出来。1876 年（光绪二年）卫三畏离开北京时就萌发了修改旧作的想法，毕竟 30 年过去了，中国已经发生了很大的变化。如果从他本人来到中国的那一年算起，43 年已经过去，今昔对比，卫三畏不胜感慨："1833 年我初抵广州时，我和另外两个美国人被作为'番鬼'（洋鬼子）报告给行商。1874 年作为美国驻华公使馆参赞，我陪同艾忭敏阁下面见同治皇帝，公使先生在完全平等的基础上向'天子'呈递了国书。"（《中国总论》1883 年版序言）按照外交礼仪，艾忭敏公使在递交国书时发表了简短的"颂词"，由卫三畏当场翻译成中文，对于卫三畏来说，这无疑是难忘的一幕。中国的变化当然远不止于政治外交方面，社会生活的方方面面都发生了程度不同的变化。从个人方面来讲，卫三畏对中国的了解和认识也同样今非昔比。1876 年离开北京时，他已成为在中国生活和工作时间最长的外国人，从资历上来说超过了其他所有的英美传教士和外交官。

　　修订版《中国总论》于 1883 年 10 月面世，由初版的 23 章增加到 26 章。新增加的三章是：（24）天平天国；（25）第二次鸦片战争；（26）最近的事件。这三章近 200 页的内容使现实问题在《中国总论》中的比例大大提高，现代中国的形象在古代中国的背景中更加凸显出来。原先各章的修改程度不等，有的基本信息未变，有的则重新编写。开头关于中国地理情况的几章则属于这两极之间的中间状态：有修改，也有保留。当初作者对一些地方的描述（比如长城）是来自书本和耳闻，而现在则可以结合实地的考察，因此分量也加重了。例如对于北京的描述从原先的 15 页增加到了 22 页；在介绍中国教育情况的第九章中还附上了一幅北京贡院的插图，也是旧版所没有的。卫三畏对博物学一直比较偏爱，关于这一部分的介绍在旧版中本来就相当充实，现在则更加丰富，从原先的 56 页增加到 84 页，也增加了插图。其他章节也都有大小不同的修改。

与多年前屡遭出版商拒绝完全不同的是，新版的推出十分顺利，查尔斯·斯克莱布诺家族公司（Charles Scribner's Sons）在推出新版前就大做广告，予以宣传。如果说在出版过程中还有什么问题的话，那就是原版的出版方威利公司认为自己对于修订版拥有一定的权益，于 1881 年 12 月向斯克莱布诺家族公司提出协商，但问题很快就在卫三畏出面澄清的情况下得到了解决。另外一个问题则是出现在卫三畏和斯克莱布诺家族公司之间。尽管卫三畏对旧版做了重大的修改，但在"前言"的初稿中，他只是做了轻描淡写的交代，这自然引起了出版社的不满，写信给卫三畏道："'前言'这样写很可能会引起读者的误解，使他们无法正确了解我们修订再版这部书的目标和所做的工作。您的大著在近四十年的时间里一直是这个领域的经典，而您称之为'浅见'，这是不恰当的。同样不恰当的是，您把一些章节说成是'在篇幅允许的范围内提供的尽可能准确的信息'，而实际上它们是最为权威的论述。但最重要的问题还是您的'前言'几乎没有强调增加和修订部分的重要性，谈老的部分太多，而谈新的部分太少。"出版商总是很难欣赏和接受作者的虚怀若谷。卫三畏不愿意自吹法螺，但也不得不考虑出版方的利益，于是他请儿子卫斐列来修改自己的"前言"，我们现在看到的这个前言就是父子合作的产物。实际上，由于卫三畏晚年身体欠佳，卫斐列在修订工作中给予父亲很大的帮助。修订《中国总论》是卫三畏晚年最主要的工作，他的生命和活力似乎也与这项工作联系在了一起。1883 年 10 月，他这部一生中最重要的著作以新的面目问世后，他的身体和精神状态均急转直下，于 1884 年初去世，享年 72 岁。

《中国总论》一书很早就进入了中国学者的视野，莫东寅在

1949 年出版的《汉学发达史》中就提到过这部著作。2005 年上海古籍出版社推出了中文译本（陈俱译，陈绛校），为读者提供了很大的便利。该中文版是以 1883 年的修订本为底本的，所以对原本感兴趣的研究者还必须去寻找两种英文本；从研究出版史和汉学史的角度来说，尤其有必要找来一读。

作者简介

顾钧，1972 年生，江苏人。文学博士，北京外国语大学中文学院副教授。译有《沉默之子：论当代小说》《卫三畏生平及书信》。主要研究兴趣为近代中西文学交流史、美国汉学史。

李提摩太与山西教案善后

张德明

光绪二十六年（1900）夏，发生了震惊中外的山西教案，其中外国传教士被杀者达 159 人，占了义和团运动期间在华被杀传教士的绝大部分。为此，八国联军在攻占北京后，兵分四路进逼山西，形成了"联军压境，全省岌岌"的严重局面。

参与处理教案

在此局势下，为防止山西遭到武力报复，作为议和全权代表的庆亲王奕劻与李鸿章，急忙电邀在上海的英国基督教新教浸礼会传教士李提摩太，赴京协助解决山西传教士被杀赔偿问题，希望和平解决此事。而接任山西巡抚的岑春煊也在 1901 年春通过上海道台及总理衙门电请李提摩太来太原协商解决教案。实际李提摩太为确保在山西的英国传教士安全，曾把英国政府关于各省督抚有义务保证境内外国人安全的电报发到山西，但为时已晚，未能阻止山西教案发生。

在多方邀请下，1901 年 5 月，李提摩太应邀由上海抵京，经与英美等国公使协商，并与基督教各教派代表叶守真、文阿德共同拟定教案章程，后将其面交李鸿章。该章程主要内容涉及如何对山西教案进行善后，包括赔偿、安抚死伤的教士、教民及约束官绅、教民行为等七条，如提出了惩办匪首、赔偿教民财产损失、为被害者立碑纪念、官绅应对传教士以礼相待、对教民应当同教外人一视同仁等。

在协商教案章程中，尤其是第三条规定值得注意："共罚全省银五十万两，每年交出银五万两，以十年为止。但此罚款不归西人，亦不归教民，专为开导晋人知识，设立学堂，教导有用之学，使官绅庶子学习，不再受迷惑。选中西有学问者各一人总管其事。"在最后的第七条中，李提摩太还强调："经此次议结之后，凡以前作乱首从之人，皆有名单存案，若不悔过，再行难为教民，必当按律严办不赦。"李鸿章对这一章程表示赞同，而在1902年出任山西巡抚的赵尔巽后来在给朝廷的奏报中也称其拟定的章程七条，是平允的。

此章程拟定后，李鸿章电令山西巡抚岑春煊迅即办理，然李提摩太此时并未应邀赴晋，而是由基督教在山西的7个教派推选出敦崇礼、史密斯、文阿德、叶守真等八位代表于1901年7月到达太原，与岑春煊商谈赔偿办法，基本内容则以李提摩太所提章程为参考。双方围绕赔偿金额、墓地选址等问题多次协商，最终山西当局分别与各教会代表签订了《议结教案合同》。山西基督教索赔数额也大为减少，岑春煊曾在给清政府的奏折中提及赔款数额："统计七会被毁教堂及教民所失财物，应赔银819000余两。除减让银464000余两拨归大案赔款，抵付银116000两，实共银238000余两，陆续清结。"（《奏请将晋省赔款五十万两交英人设学折》）

山西当局为义和团运动中被杀的传教士举行了隆重的殡葬仪式，并建筑新茔，刻碑纪念。1901年，李提摩太为杜绝教案，也应李鸿章要求专门提出了《教案善后章程》，其中条文规定：

"传教章程万不可与和约相背，相背则必不能安……教士不可干预词讼；地方官不可将教中教外自行其是，均当持平办理……除外国教士外，中国国家宜于教中另行选派一人与各国教士协办一切教务，则教事与国事无异，教案必减少。"这些建议也是根据当时各地教案实际情况提出的，比较有针对性。他在同年出版的《五洲教案纪略》一书中，提出《议息中国教案新章》，主张使各教自由、请教士协办学校、京师设立教务部，但多未被清政府采纳。

筹办西学专斋

李提摩太在《办理山西教案章程》中提出使用"赔款"创办学堂的主张，获得李鸿章同意。1901年11月，岑春煊派人到上海与李提摩太专门签订了《创办中西大学堂合同》八条。后岑春煊即交付李氏办学经费10万两，供其在上海用以聘请教习、购买教学设备等准备。1902年春，李提摩太等抵达太原，准备筹办"中西大学堂"事宜。但当时山西大学堂已经提前开办，后双方磋商决定分别成立中学、西学两个专斋，并于该年6月签订《中西大学堂改为山西大学堂专斋合同》二十三条，合同规定将中西大学堂改为西学专斋，山西从赔款中拿出50万两作为西学专斋经费，由李提摩太代为经理十年。十年期满则交由晋省官绅自行经理，学生数以200名上下为额。

西学专斋得到岑春煊的大力支持，并暂借皇华馆（山西学政衙署的西院）作为教室，山西乡试贡院则临时为学生宿舍。1902年6月26日，西斋校舍整理完毕，正式开学，首期有98名学生注册入学。李提摩太任西学专斋总理，英国传教士敦崇礼任总教习，后由苏慧廉继任。9月，李提摩太等还同山西官方就西学专斋的教室、办公用房、图书馆、礼堂、体育馆、博物馆的修建达成协议。1904 年，山西大学堂新址建成，中西两斋同时迁入。

山西大学堂西学专斋创办时，制订课程、聘任教习、遴选学生及经费管理均由李提摩太负责。他从上海、天津招聘了毕善功、新常富、裴爱仁等 10 多名各有所长的英美及瑞典等国的教师，分别开设西学课程，其中很多教师是传教士出身。他在借鉴引进英国教学模式基础上，还兼顾中国教学传统，特别强调西斋内所有的教学都用汉语，以保证学生可以最快的吸收所学内容。西学专斋按照英国学制，分预科、专门科两个阶段，其中预科三年，相当于中学水平，专门科四年，相当于大学水平。该校专业设置不断完善，实行分科教育，逐渐形成了法律、格致（物理、化学）、工程和医学共 4 个专门科。课程开设有文学、数学、历史、地理、英文、工学、矿学、物理、化学、法律和体育等。西斋开办初期，"各科无中文本，由外国教员讲授，中国人任翻译，学生笔记，下课后互相对证。每星期上课 36 个小时，星期日休息"（王家驹《山西大学堂初创十年间》）。

西学专斋的英式教学对中国学生来说非常新颖，特别是物理、化学等科的实验教学更为有趣，而且定期进行考试，多采用问答形式，并对学习成绩优异者给予奖励。学生学习期满，经考试合格毕业后，同中学专斋的毕业生享受同等待遇，在李提摩太的坚持下，清政府也赐予西斋首期毕业生 25 人为举人。而且西学专斋还先后派出 50 名毕业生赴英国留学，学习铁路、交通、采矿等实用专业，开近代山西留英之先河。

1902 年 6 月，山西大学堂西学专斋成立后，李提摩太针对缺乏教材的窘境，特从西斋每年经费中拨出一万两白银，在上海设立了山西大学堂译书院，专门翻译教材。他还于 1903 年 5 月间到日本访问考察，搜集了大量日本学校翻译使用的西方国家学校教本，被用作译书院翻译教材的底本，并聘请日本与中国的学者进行翻译，甚至有些教科书直接由日本印刷机构制版印行。

译书院由英人窦安乐负责，开办六年间，共翻译 20 多种教科书，并公开出版发行，比较重要和流行较广者为《迈尔通史》《最新天文图志》《最新地文通志》《世界名人传》等。该院当时翻译的书籍，还有植物学、矿物学、生理学、物理学、教学法等方面的教科书，及《中国编年史表》、《欧洲商业史》、《藤译算术教科书》两册、《代数》两册等书（李提摩太《留华四十五年记》）。1908 年，译书院因经费紧张被迫停办。该院所译各类教科书，也供其他师范、高等学堂之用，为当时新式学堂教学提供了急缺的基本教材，更通过教材促进了中西文化交流，部分教材在民国时期仍为各新式学校沿用。

教学成效显著

需要指出的是，李提摩太虽然聘请很多传教士参与教学，但并没有借赔款将西学专斋建成一所基督教大学。早在建校的谈判过程中，山西官员曾提出严禁在西学专斋传播基督教，李提摩太以宗教自由为清政府在条约中承认为由，给予坚决拒绝，最终经交涉在办学合同中去除了这一条款。李氏坚持"宗教信仰自由"的原则，既不强迫学生信教，也不开设神学课程，但也不同意山西官绅阻止学校内的宗教活动。他认为教师可以用基督教的精神影响学生，通过讲座与学生探讨基督教，或邀请学生参加礼拜，但信仰与否需要学生自愿，他们有绝对自由去加入或拒绝基督教（苏慧廉《李提摩太在中国》）。

西学专斋的十年合同本应于 1911 年（宣统三年）春天结束，但李提摩太经与山西官绅商议，在 1910 年 11 月，将西斋提前交由山西当局自行管理，他也辞去总理一职，但专斋课程设置及章程等都不变更。至此，李提摩太倡导和参与创建、经办山西大学堂西学专斋的活动结束。时任山西巡抚丁宝铨为表彰他的办学功绩，曾专门在1910年奏请赏给其"三代正一品"封典，获得清廷批准，而李氏早在1907年还曾因办学获得清政府颁发的"二等第二双龙宝星勋章"。西学专斋在开办十年间毕业学生300多人，培养了山西最早的一批留英学生，为近代山西经济、文化和教育事业做出了贡献。

作者简介

张德明，1985年生，山东青州人。历史学博士，中国社会科学院近代史研究所助理研究员，主要研究方向为近代文化史。

同盟会元老冯自由及其辛亥革命史著

王　鹏

冯自由，原籍广东南海，1882 年（光绪八年）生于日本横滨华侨家庭，其父主要从事文具印刷业。冯幼年时曾回国求学，1895 年夏回横滨，是年 11 月孙中山广州起义失败后抵横滨设兴中会分会，冯自由之父冯镜如担任会长。当时 14 岁的冯自由亦入会，做分送信件的工作，为最幼的会员。1897 年他进入横滨华侨大同学校学习，1899 年秋转入东京高等大同学校，次年升入东京专科学校（后改名早稻田大学）政治科。

一、从事政治活动

从 1900 年开始，冯自由投身于政治活动并得到孙中山的指导。为反对康梁保皇言论，他与郑贯公等创办《开智录》（半月刊），公开宣传资产阶级革命，反对清朝专制，鼓吹自由平等思想，发挥天赋人权学说，并易名自由。1901 年他又与粤籍留日学生王宠惠、李自重等组织了广东独立协会，反对清政府把广州湾出卖给法国，主张广东脱离清政府而独立。同年，他还与沈翔云、秦力山等合办《国民报》，宣传孙中山的民主主义纲领和主张。1902 年以后，他被聘为香港兴中会机关报《中国日报》和旧金山美洲致公堂机关报《大同日报》驻东京记者，从事在各革命组织间传递消息、联络党务的工作。

1905 年 7 月，冯自由在东京参加同盟会成立大会，被推为评议部评议员。8 月，他受孙中山指派至香港、澳门、广州等地从事组织工作，旋在香港建立同盟会分会，陈少白任分会长，冯任分会书记兼《中国日报》记者。次年 7 月，《中国日报》社改组，冯任社长兼总编辑，并任同盟会香港分会会长。嗣后西南各次起义，香港分会实负联络运动之责，他亦亲自参加了潮州黄岗之役、惠州七女湖之役、惠州之役的指挥工作，并间接参加了钦州防城、广西镇南关、钦州马笃山、云南河口、广州黄花岗等历次起义的筹划工作。1910 年夏他赴加拿大，任温哥华《大汉日报》总撰述（主编），与保皇派《日新报》展开论战，使得革命声势大增。1911 年 4 月，加拿大同盟会支部成立，冯被举为支部长。他在协助孙中山联络华侨、筹募革命军费及与美洲洪门致公堂合作等方面做了很多工作，取得了很大成绩。

武昌起义后，他被推为旅美华侨革命总代表回国参加组织共和政府事宜。1912 年 1 月南京临时政府成立，他任总统府机要秘书。袁世凯任临时大总统后，他改任临时稽勋局局长，翌年七月"二次革命"爆发，他被捕入狱，获释后赴香港。1914 年他在东京加入中华革命党，任党务部副部长，后被孙中山派去美国推行党务及筹款，任国民党美洲支部长，在旧金山出版党的机关刊物《民国杂志》，宣传反袁。1917 年，他以华侨代表身份当选为参议院参议员，随孙中山南下护法，失败后旅居香港。

二、埋头著述

1923 年 10 月，孙中山着手改组国民党，成立了中央临时执行委员会，冯自由任中央候补执行委员，参与对国民党改组问题的讨论。1924 年 1 月，他出席中国国民党第一次全国代表大会。后与国民党左派发生政见分歧，他被开除国民党党籍，从此开始埋头著述。

1935 年，国民党中央党部恢复了冯自由党籍，但他在政治上被冷落。在这种郁郁不得志的境遇中，他走上了"写将逸史寄平生"的撰史道路。1948 年 12 月，冯自上海迁居香港，1951 年 8 月到台湾定居，1958 年在台北病逝。

三、出版《中华民国开国前革命史》

20 世纪 20 年代末期以后，冯自由主要从事有关辛亥革命历史的撰述工作。1928 年至 1930 年，他出版了从 1895 年广州起义至 1910 年黄复生、汪精卫谋炸清摄政王止的《中华民国开国前革命史》。这是一部研究国民党早期活动的重要著作。此著出版后他又获新史料，如关于孙中山及诸先烈事迹、兴中会同盟会及诸革命团体斗争史实与国内外革命报刊创办经过等，乃择其有价值者编为"续编"，以补原书所未及，1946 年在上海出版。这部书信息量大，写作之前冯自由曾经收集了革命活动中的大量报道、通讯、私人文件，以及当时党内人士的回忆记录。他充分利用这些资料并根据其对民国成立前重要人物和事件的广泛了解，撰写了辛亥革命前的革命党史及其活动。所述事件皆有所本，从而使得该书具有很高的史料价值。

关于这部书的命名，章炳麟在序言中写道："其以'开国前'名者，以为情有诚伪，事有轻重，事后之所为者，不得与事前比；且将前之艰难，晓示后进……"章太炎的这段文字，从侧面说明了两个问题：其一，晚年的冯自由作为国民党的右派是落宽的；其二，这本书没有为个别领袖作传、为个人崇拜涂脂抹粉的意思。后来的学者也认为这部革命史"不虚构、不夸张、不隐晦，是尊重事实的"。冯自由在其"自序"中写道："余不敢谓此取材之丰富出于一切载籍之上，然自信此书实较出版以前之任何记载为详细确实，此余可以负责公言者。"这也表明此书的内容之确切、翔实。

1990 年上海书店曾以影印版的形式再版《中华民国开国前革命史》。

四、撰述《革命逸史》

1936 年，冯自由基于国人对于辛亥革命"多数典忘宗，喜谤前辈"的现状不满意，遂开始编撰《革命逸史》。这部书直到 1948 年才得以全部完成，历时 12 年。此书与其前著互为补充和印证，前著主要记载了海内外革命党人起义始末，而《革命逸史》则侧重个人传记和逸事，为辛亥革命提供了大量鲜为人知的一手材料。曾经连载过《革命逸史》的上海《逸经》杂志、香港《大风》杂志的主编陆丹林认为，这部书"全在事实为本，绝不以个人道听途说来做依据"。这种以亲身经历为基础的历史研究不仅具有史论价值，还具有很高史料价值，对后人而言是一笔丰厚的遗产。

关于《革命逸史》的命名，冯自由在其"自序"中说："史有正史逸史之区别，吾国自周秦迄今三千年来，除官书而外，举凡民间记载及历代相传之遗闻轶事，皆逸史也。逸史又称野史，其所以异于正史者，则正史以简约明达要言不烦为主，而逸史之旨趣，则在于搜罗世闻之典章、故实、嘉言、懿行、旧闻、琐语、奇谈、艳迹，一一倾囊倒箧以出。体例无须严谨，记载不厌琐细，既可避文网之体裁，亦足补官书之阙漏。"因此，他在写作的过程中，根据自身的实践和长年的资料积累，一事一议，一事一题，共计269篇。1939年至1948年沪渝商务印书馆分别出版，第六集因国内政治形势发生了变化而未及付梓。

《革命逸史》一直是学术界研究国民党早期历史的重要参考资料。它功在辑佚钩沉，所记除读者熟知的孙中山、黄兴、宋教仁等人的掌故逸事之外，更多的是那些鲜为人知的无名英雄。其实他们也并非"无名"，在那个热血沸腾的年代，他们也曾是满怀壮志的革命翘楚，为共和事业作出过卓越贡献，只因早亡或目睹革命中的种种不如意而愤然退隐，以致在后来的史籍中湮没不彰。在写作《革命逸史》的过程中，冯自由并未受自己不被当局重用情绪的影响，而是以史学家的严肃态度，广泛搜集辛亥史料，写作时抛弃偏见，力求准确。章太炎评价他治史"阿私之见少矣"。

由于1949年前出版和印刷的《革命逸史》数量有限，所以一些出版机构仍在不断再版这部书，且均出版第一至六集的全部内容，如1969年（台北）商务印书馆再版，1981年（北京）中华书局以"内部发行"的形式再版，2009年新星出版社再版。

此外，冯自由撰述和出版过的史籍还有1920年香港社会主义研究所出版的《社会主义与中国》、1945年重庆海外出版社出版的《华侨革命史话》、1947年上海商务印书馆出版的《华侨革命开国史》、1948年上海商务印书馆出版的《中国革命运动二十六年组织史》等。

作者简介

王鹏，1958年生。北京市文化局副局长。

"新清史"若干观点辨析

杨益茂

清史是对我国清代历史的记录。清史研究是要通过对清代遗留下的史料进行搜集、整理，力图恢复其真实面貌，进而探讨其发展变化的规律，为社会发展所借鉴。然而，近年来美国几位学者提出"新清史"的命题则令人茫然。1996 年以日裔美籍学者罗友枝发表的《再观清史：清朝在中国历史上的重要性》为开端，相继出现欧立德、米华健等主编：《新清帝国史：内陆亚洲帝国在承德的形成》和米华健：《嘉峪关外：1579—1864 年新疆的经济、民族和清帝国》，以及"新清史四书"等为代表的著作和论文。他们以"新清帝国史"简称"新清史"相标榜，甚至以新"学派"自称。在我国学术界正致力于清史研究与编纂之际，理应予以正视和回应。简单地说，如果就客观的整体清史而言，"新清史"的提法，尚欠考虑。

"三强调"以旧充新

"新清史"究竟"新"在哪里？据"新清史"的代表人物欧立德等人归纳，从清史研究的角度看，主要体现在"三强调"：一是"强调全球化视角"；二是"强调满洲因素的重要性"；三是"强调使用满语和其他少数民族语言的重要性"。我们姑且按照这三个方面讨论。

(一) 所谓"全球化视角"

这不是"新清史"的发明。所谓"视角",即观察问题的角度。这是随着人类社会发展不断进化的命题。当人类还是处于各自相对"独立发展阶段",他们观察问题、分析问题的角度自然是本地区、本民族和本国的。不会或很难出现"超越"。只有随着人类生产与交流的扩大,贸易的发展,人们的观念才会逐渐扩大。对于中国来讲,中国人的观念自然是中国本土的产物。只是随着世界经济、贸易、文化、宗教及军事征服的进行,人们才会逐步扩大自己的视野,逐步产生和扩展自己的世界观。这应当是人们观念发展的规律。

鸦片战争之前,中国人的观念基本上是封闭的,同不少国家和地区民众一样缺乏真实的"世界观"。但是,不排除仍然通过一些渠道,诸如少量的国际贸易、宗教传播等了解一些域外的世界。当帝国主义列强用枪炮和鸦片打开中国大门之后,一些先进的中国人即开始了扩大眼界,睁眼看世界的过程。用"新清史"的说法,中国人开始采取"全球化视角"看待外部世界。他们开始将眼光转向俄国、转向欧洲、转向日本等地,出现了一批又一批睁眼看世界的研究成果,诸如魏源的《海国图志》、何秋涛的《朔方备乘》、黄遵宪的《日本国志》等。与此同时,一些有志之士开始重新审视历史。他们深切感到中国遭遇"数千年未有之强敌",面临"数千年未有之变局",不得不面对现实,调整政策,出现了一系列探讨清代历史的言论和著作,产生了诸如"自强新政""戊戌维新""清末新政"等改革。这一时期诸多奏疏、言论和著作,开始将清王朝与世界各国联系起来,进行思考对比。中国早期维新思想家、改革家、革命家的一系列著作，无不打上这一时代的烙印。其后，中国历史学家、思想家乃至政治家对清史的研究和表述，逐步摒弃了思想封闭状态，"全球化视角"逐渐根植于中国文化中。所以，"新清史"学者提出的"强调全球化视角"并不是什么"新观点"或"新命题"。

（二）所谓"满洲因素的重要性"

"新清史"宣称要"强调满洲因素的重要性"。其实，对满洲在清史中的作用，仅仅用"因素"来概括显然是不够的。几乎所有熟悉或研究"清史"的人，都应当清楚，清王朝是满洲统治者创建的。在大清王朝历史中，"满洲"始终处于统治地位。其创立的"八旗"等独具一格的军事、政治制度；所强调的"国语""骑射"传统和风俗习惯等，曾长期发挥作用。可以说，在清代历史中，八旗兴则清盛，八旗衰则清亡。这是历史事实。

在我国对清史资料的整理及研究中，所谓"满洲"也绝不仅仅是一个"因素"，而是直接面对的"中心"或"重心"。清代统治者曾花费很大的精力组织整理、宣扬"满洲"的丰功伟绩，编纂了一系列史书，诸如《八旗通志初集》《钦定八旗通志》《开国方略》《亲征平定朔漠方略》等，目的是使其王朝永垂千古。清朝被推翻后，我国研究者也一直正视"满洲"在清代占据主导地位这一历史事实，出版的一系列清代通史或专门史，从没有抹杀或否认"满洲"的重要作用。

（三）所谓"使用满语和其他少数民族语言的重要性"

这一点也无需多费笔墨。在清史研究中，最早重视和利用满语、满文资料的就是我国学者。清代统治者为了保存自己的历史，很早就采取措施，对满文资料进行收集和整理，并对满语的发音进行核对；将满文及一些其他民族文字译为汉字，进行了大量卓有成效的工作。这为学界利用满文等资料提供了便利。

以清代早期的重要历史资料《满文老档》为例，早在清末民初，我国学者已经开始翻译和利用。其后，台海两岸的学者花费大量精力相继出版了汉译《满文老档》。此外，近年来我国东北地区的一些学术机构、中国第一历史档案馆、《历史档案》杂志等，出版大量汉译满文史料，可见对满文资料的重视。现在，利用满文资料研究清史和满族史的机构和人员不断涌现，一批又一批的研究成果面世，何须"新清史"学者再来强调呢？

"满洲异族论"罔顾事实

"新清史"学者的"三强调"，核心是围绕清代的民族和边疆问题。他们有一个重要观点，认为"满洲"不是中华民族的成员，而是"异族"，即"满洲外来论"。其代表人物宣称："满洲人征服中原建立大清国"是"异族入侵破坏了中国主权"；进而提出"不应直接把清朝称为中国，或是把大清皇帝称为'中国'的皇帝"，主张在"清朝"与"中国"间"划下一条界限"，从而将中国与"清朝"分开。清朝是"满洲帝国"，"中国仅是其中一部分"。

对中国历史稍有常识的人都知道，自古以来，"满洲"都是中华民族大家庭的重要成员。中国的历史典籍清楚地记载了"满洲"的发展与传承，无需在此赘述。他们与汉族及其他民族共同生活在中国大地上，或和谐、或矛盾乃至征战，但从未从中华民族大家庭中分离出去。这一点清朝的"满洲"统治者自己都一再申明。我们要补充一点的是，"满洲"不仅是中华民族大家庭中的一员，而且他的领袖人物努尔哈齐还曾是大明王朝正式任命的官员——建州左卫都指挥使、都督金事，乃至被明王朝晋封为"龙虎将军"，曾担负为明朝管理下属，守卫疆土的职责。这是历史事实。

按照"新清史"的逻辑，既然"满洲"是"异族"，那么其入主中原、开疆拓土就都是"侵略"。事实并非如此。

首先，近代国家观念是鸦片战争后才逐渐传入中国，并勉强为清王朝接受的。此前中国历史上的王朝更迭不是近代观念上国与国之间的关系。各民族、部落为了生存和发展，为了各自的利益，为了抢夺资源常常发生矛盾乃至征战。中国历史上的"春秋""战国"时期；"五代十国"时期等均是如此。

其次，中国历史上实现统一或兼并的这些政权，并不都是汉族政权。占据中央统治地位的统治者也不都是"汉族"。难道不是汉族当皇帝就不是"中国"吗？清朝皇帝一再申明自己是中国皇帝，康熙帝也以自己是在位最长的中国皇帝为荣。

在"满洲"入主中原的 268 年时间里，他们靠勤奋、勇敢与智慧，靠与各民族的合作与结盟，实现了中国空前的统一，建立了多民族统一的国家，造就了中国历史上著名的"康乾盛世"。这不仅是中国的骄傲，也为世界所仰慕。

到晚清时期，随着西方列强的入侵，为了抵御侵略，"满洲"作为中华民族的代表，与之进行了长期、艰难的斗争。这种斗争，无可辩驳的是维护中国主权与领土完整的斗争，也是维护中华民族整体权益的斗争。

最后，尤具深远意义的是，当辛亥革命爆发，各族民众反对帝制时，清朝皇帝不仅宣布退位，而且顺应民意，期望实现汉、满、蒙、回、藏五族共和。

宣统三年十二月二十五日（1912 年 2 月 12 日），隆裕皇太后宣布的皇帝退位诏书称：

> 今全国人民心理，多倾向共和，南中各省既倡议于前，北方诸将亦主张于后。人心所向，天命可知。予亦何忍因一姓之尊荣，拂兆民之好恶。是用外观大势，内审舆情，特率皇帝将统治权公诸全国，定为立宪共和国体……总期人民安堵，海宇乂安，仍合满、蒙、汉、回、藏五族完全领土为一大中华民国。

从而终结了中国几千年的专制统治，并期望实现立宪共和和领土完整。这样的清王朝，难道不是中国吗？无论是对外还是对内，他能不是中国的代表吗？其后的中华民国不正是接续了这一政治遗产吗？

因此，"新清史"将"满洲"与中国割裂开来，既不符合事实，又误导广大民众。其后果难以想象。

清朝与中国区隔，不足采信

"新清史"学者将清王朝分为两部分：一是中原地区；二是"亚洲腹地"。中原地区指汉人集中居住的"中国"；"亚洲腹地"则指新疆、西藏、蒙古及东北等少数民族居住的地区。按照这样的逻辑，"新清史"认为中国不能与清朝划等号，清朝是"满洲帝国"，"中国仅是其中一部分"。

事关中国疆域与主权，不得任人妄说。此前，有关"中国"与"清朝"的关系，已有诸多史学家以丰富的资料进行了极具说服力的论述；对"新清史"的诡辩，进行了有力的批驳。这里要强调的是，"新清史"将清王朝的"亚洲腹地"——新疆、蒙古、西藏等地排斥在中国之外，别有用意。

清王朝经历顺康雍乾四朝的努力，不仅奠定了广阔的疆土，而且形成了多民族统一的国家。特别需要指出的是，这种统一在很大程度上得到边疆民族的认可和欢迎。因为地处边疆的蒙古、西藏、新疆等民族，从来没有自外于"中国"。他们长期以来或与中原保持着密切的经济、文化乃至宗教的联系，或也曾与"满洲"同样受到过明朝政权的歧视与压迫，感同身受而相互存在天然的亲和力。清王朝大一统局面的形成，不单纯是军事征服，也包括了政治联姻、宗教共享、经济、文化互惠等。

应当指出的是，清王朝对于自己的疆域早就有精确的表述。在清代编撰的《大清会典》《大清一统志》等著述中，分别记载了不同时期清王朝疆域的变化及管理的方式，但从未将自己的领土分为"中国"与"亚洲腹地"。

清王朝依据各地、各民族不同的历史、宗教和习俗，创造性的实施不同的管理制度。他们尊重各民族的宗教习俗和生活习惯，用各民族便于接受的方式实施统治和管理。在军事要地"八旗驻防"与设省府州县管理相结合；对"蒙古"采取"盟旗"制度；对西北新疆等地采取设置将军及"伯克"制度；对东北地区则设置"将军"管理制度；对西藏采取设置"驻藏大臣"与宗教领袖相结合的管理制度；对西南地区采取驻地官员与"土司"并存制度等。可以说是"一国多制"。但是，不论管理方式如何多样，始终维持和保证了清王朝政权的统一，创造了中国历史上"大一统"的盛世。这在中国历史上是空前的，在世界历史上也是少见的。

在清代史料中，我们从未看到像"新清史"那样，将自己的版图与管辖的臣民分为二类的记载。"新清史"使用"亚洲腹地"一词，看似有"世界视角"的"新意"，实则歪曲了清代疆域与主权的真实面貌，不足采信。

以上我们考察了"新清史"的若干"特点"和成果，结论是他的"新"难以成立，他的一些"成果"难以采纳。由此不得不使我们对于学风问题予以认真思考。

创新是学术发展的动力。但创新必须是在前人研究基础上的"超越"，而不是脱离实际的自我标榜；更不是照搬西方某种研究模式。它需要对研究对象的深入了解与剖析，而不是简单地套用名词或概念。历史学是科学殿堂的重要组成部分。他的最基本特点是要凭事实讲话。一旦离开真实可靠、全面系统的资料，任何观点、思想都失去存在的基础。

这里所强调的真实可靠，就是采用史料一定经过考证、考察，能够反映历史的真实面貌。这里强调的全面系统，就是不能仅仅凭借一点或一方面的资料而是能够反映历史的真实而内在联系。换句话说，就是历史学凭借的史料，必须是真实的而非虚幻的；全面的而非片面的；系统的而非点滴的。否则，仅凭一点、一线或一方面的资料就想得出全面性的结论，那是不可能站得住脚的。即以"满洲因素"而言，如果仅仅靠"满洲因素"对"清史"得出全面性的看法，是难以成立的。因为，中国不全是"满洲"组成的，还有大量的、数量远远超过"满洲"的其他民族。不考虑或忽略其他民族或群体，不考察他们的相互关系，就对中国历史妄加评论，显然缺乏基本常识，是不可能为学术界接受的。

中国是极为重视史学的国度。因为，历史能够为人们提供知识和智慧，更能够提供借鉴，以促进社会的进步。这就要求历史研究应当坚持"实事求是"的原则，奉献真实可靠而又充满睿智的作品。它既不应以种种"戏说"来"取悦"或"愚弄"民众，也不应该用缺乏严谨、科学态度的"观念"来混淆视听。像"新清史"那样，将"满洲"变成"异族"；将"满洲"入主中原统一边疆称为"入侵"；将"清朝"与"中国"区隔等，这样的结论是经不起史实检验的，是虚构的。不管"新清史"的研究者们主观动机如何，其后果不仅干扰和影响了清史乃至历史的研究和编撰，同时也会误导民众、特别是青少年，更会为试图分裂中国者张目。这是不能不予以郑重指出的。

作者简介

　　杨益茂，1948年生，天津人。中国人民大学历史系教授，国家清史编纂委员会篇目组专家。主要研究晚清史、台湾史及方志学。合著《中国近代史料学稿》《中国方志学纲要》《台湾——历史与现状》等，发表论文多篇。

"新清史""内陆亚洲"研究视角述论与辨正

刘凤云

近年，伴随北美"新清史"将满洲及清史研究纳入到"内陆亚洲"的研究领域，"内陆亚洲"字样频频出现在各类文章中，其核心主张是以满人为中心的新王朝与之前大部分王朝（特别是与明朝）有根本上的不同。清朝有意识地将自己视为一个普世帝国、多民族的政体，而中国（前明属地）不过是其中的一部分。

"内陆亚洲"（简称"内亚"）是20世纪90年代中期以来西方史学界研究世界史以及清代中国的一个重要概念，美国学者司徒琳在《世界史及清初中国的内亚因素——美国学术界的一些观点和问题》一文中指出，"满清政权代表了蒙古传统的精华"，这些"精华"包括，通过社会政治与军事组织八旗制强化军事；承认不同民族的政治习俗与文化特征的合理性；灵活多维的世界统治概念；相对平等地看待不同政体及对外国人；使用多种语言的表达形式等。她直言满族保留、扩展并创造性地运用了从蒙古人学到的东西，故在宗教、文化、军事等方面充满了"内陆亚洲"的民族特色，而不是"汉化"特点。这使得满洲人更容易获得"内陆亚洲"诸多民族的认同和支持，并由此在内亚获得了极大的地域扩张并保持了和平与稳定，建立了一个强大王朝。

这样就产生了几个问题，诸如何为内陆亚洲研究？满洲是怎样被拉入到内亚研究的学术体系中的？是否清王朝学到了上述的所谓"蒙古精华"，就可以解释满洲建立的清王朝就是内陆亚洲帝国？清朝是否只具有内亚属性或内亚文化，而拒绝其他所有的文化呢？换言之，是否内亚文化一定与以汉文化为主流的中华文化或其他文化处于截然对立、互斥的状态而没有任何融合的可能呢？

一、"内陆亚洲"研究对象及其与清朝（满洲）的关系

概念认知是学术研究的重要过程，一直以来，"内陆亚洲"概念缺乏清晰度和统一的认知标准。"内陆亚洲"在被美国"新清史"学者视为理论基础之前，有"阿尔泰模式"（Altaic model）之称，以语言与历史为中心，擅长对文献的精准考释，是民族学、阿尔泰语言学等领域经常使用的概念，研究对象主要是亚洲北方的游牧民族及其建立的草原帝国，如匈奴、突厥，以及草原政治发展的巅峰蒙古帝国等。诸如被称作阿尔泰语言学家、内亚学的领军人物丹尼斯·赛诺（Denis Sinor），在其主编的《剑桥早期内亚史》中，明确将研究对象在空间上扩展到"中央欧亚"，增加的部分有俄罗斯草原民族、黑汗王朝，还有匈人、阿哇尔人、葛萨人等，将一些严格说来属于欧洲的民族也列入其中。在最后一章中出现了"满洲的森林民族：契丹和女真"，但仅在说明满洲的先世，并非完全意义上的清史。

最先将清朝的满洲与内陆亚洲连接起来的学者是欧文·拉铁摩尔（Owen Lattimore）。他的成名作为《中国的亚洲内陆边疆》，该书对内陆亚洲的概念没有直接给出定义，但讨论的主要地区除

了中国内地外，还包括"蒙古、满洲、新疆、西藏"。拉铁摩尔的"中国内陆亚洲"专指中国北部和西部的草原游牧民族（包括渔猎民族）。在他的叙述中，若用"游牧世界"或者是"非农耕世界"代替"内亚"，也是毫无问题的。

另一项研究出自哈佛大学中亚史教授傅礼初（Joseph Fleteher），他撰写了《剑桥中国晚清史》第二章，认为："在1800年，亚洲腹地包括四个主要地区，即满洲、蒙古、新疆和西藏。"学者张广达认为傅礼初所界定的"内陆亚洲"，包括如下区域："哈萨克斯坦、新疆北部准噶尔盆地和蒙古高原的所有平原及山间的草原地带；新疆南部的塔里木盆地；苏联中亚的沙漠和绿洲相间地带，阿富汗；西藏高原；东北（满洲）森林地带；西伯利亚苔原。"（《评剑桥早期内陆亚洲史》）可知傅礼初所谓"内亚"，就是指欧亚大陆东西两大定居文明之间的广袤草原、森林、沙漠等不适宜农耕的地区。在这一区域，精耕农业不能大规模推广，最终形成了以游牧为主体的经济模式和与之适应的社会体制。

上述研究虽然都旨在从边疆发现历史，但无论是丹尼斯·赛诺，还是傅礼初，在他们的内亚研究中，满洲并没有被作为中心议题进行讨论。

二、民族融合以及"汉化"并未被否定

在对学术传承与演进的考察中，可以看到"内陆亚洲"概念由出发到途中已经发生了许多转变，内亚研究或者说内陆亚洲视角并非就等同于去汉化。诸如丹尼斯·赛诺的老师、语言学大师伯希和对契丹人汉化的肯定态度就说明了这一点。他认为经过几代人之后，契丹人已经趋于文明化和汉化。丹尼斯·赛诺也有同

样的论述，他说："只有文明世界的中心对野蛮人是禁地，如果他愿意，他能够进入文明的边缘并形成外围群体，这就有希望最终被同化进核心部分。在文明的边缘，有一条经常性的蛮族集聚带，它不断增大文明世界的范围，同时在早先的中心周围形成一个保护层。"（《内亚研究文选》）

即使是被新清史视为内亚转向先行者的傅礼初，其研究也并非将"汉化"的观点完全排除在外。他同样指出："在1800年以前，清代历史的焦点集中在亚洲腹地，即集中在它的征服，它的政治活动，以及一个幅员辽阔而文化迥异的地区，被一个单一的、不断汉化的中华帝国所吞并和消化的过程。在1800年以后，重心开始转向中国本土和沿海。清代的亚洲腹地在十九世纪开始慢慢地被吸收入扩张中的中国版图，并且开始受到汉文化的影响。"（《1800年前后清代的亚洲腹地》）傅礼初讲了两个汉化的过程，一是清朝在征服中原的过程中是与自身汉化同步的，这主要在18世纪以前。二是在19世纪内陆亚洲被征服之后，也开始接受汉文化的影响。

此外，拉铁摩尔可以称为是西方学界对中国边疆史学建立起整体解释模式的第一人。他虽然推倒了"统一"与"分裂"的边疆研究模式，但并非是汉化与内亚视角的截然分割者。拉铁摩尔认为，无论是草原民族还是汉人农耕民族，一旦长期深入对方，最终都会被对方的环境所征服。而草原世界与农耕世界或者两种文化却不会因民族之间的彼此征伐而消失或改变。他的另一重要观点是，边疆民族有两类：一类接近中国，受汉族影响；另一类是远离汉族，而不受其影响。故他反复强调，游牧民族征服中国，并不是起源于大草原，而是来自草原边境，是邻近亚洲内陆边疆的混合文化民族。他举例说，匈奴在雄据大草原时，并没有征服中国。辽不是突然出现在大草原，而是在长城外面逐渐兴起的，金也是在辽的边境逐渐兴起的，就连伟大的成吉思汗也不是兴起于蒙古草原的深处。最后他说，努尔哈赤（齐）起先组织并率领的也不是东北远处的通古斯族，而是临近南部东北"汉边"的通古斯族。边境的混合文化，在长期战争中虽然倾向于游牧制度，但在长期的和平之后却倾向于定居社会，于是草原边境又与大草原分离。可以认为，作为开创中国内亚研究先河的学术前辈，拉铁摩尔并非是内亚视角与汉化论的对立者，也没有对中国的王朝史叙事，包括清朝接续明朝的历史进行否认。而"新清史"学者在"民族融合""汉化"与"满洲特性"，或者说是"内亚视角"之间制造了一个断裂式的二分法，非此即彼。

由上可知，拉铁摩尔的"中国内陆亚洲"的研究与"新清史"表达的"内陆亚洲"概念有着实质性的区别。"新清史"的所谓"内亚视角"不过是在欧洲中心观、中国中心观之后的满洲中心观或者是蒙古中心观而已。但是，即便是从满洲出发，也并非就意味着满洲文化的一家独大，而否定汉文化在满洲兴起直至建立统一国家中的作用。因此，"新清史"学者建立在概念史学基础上的推断与推论难以令人信服。

三、回归史学研究的常态，从史实出发

回顾以往的研究，学界从没有把边疆特别是北方少数民族对中国的贡献置之度外，也从未单纯地强调汉化的作用，相比"汉化论"，讨论最多的正是中华多民族国家这一共同体形成过程中民族融合与文化多元的历史。

在 20 世纪 20 年代，史学家陈垣发表了《元西域人华化考》一文，提出"华化"的概念，主要阐述元代西域各族人大批东来，在中土定居生活后，不可避免地要接触并学习汉文化，使用

汉字，于是不少西域人在文学、艺术、哲学、史学等方面取得很高的造诣。其论点得到国内外学者的瞩目和认同。事实上，"华化"与"汉化"并无实质性的区别。"华"又称"华夏"，通常认为，华夏的祖先就是生活在黄河流域的黄帝和炎帝，后由于融合了蛮、夷、戎、狄等民族，构成后来汉族的主体，汉族由汉王朝而得名，但汉族本身是由不同民族融合而成的。史学家吕振羽在 20 世纪 50 年代出版《中国民族简史》，以史实为例，指出华族的政治、经济、文化等各种力量促成了他族融化于华族之中，成了华族的构成部分。所以，汉化不是简单的汉人化，在一定意义上代表的是融合后的中华民族主体。

抗日战争时期，史学家陈寅恪从"民族（种族）—文化"的研究视角，探讨中国中古时期民族因受迁居后环境的影响而产生双向的"同化"现象。他一再强调，"北朝胡汉之分，不在种族，而在文化"。并举史例为证，凡关于胡汉之问题，实为胡化、汉化之问题，而非胡、汉种之问题。

1989 年，费孝通发表的《中华民族的多元一体格局》一文，提出"中华民族多元一体理论"，这是他对中国民族史深入思考后的精论，他特别指出："任何一个游牧民族只要进入平原，落入汉人精耕细作的农业社会里，迟早就会服服帖帖地主动地融入汉族之中。""汉族的形成是中华民族形成中的一个重要阶段，在多元一体的格局中产生了一个凝聚的核心。"

学者们同样关注到中华民族形成过程中的非汉族因素，以及文化及族群的多样性和复杂性。例如，田余庆《拓跋史探》、荣新江《中古中国与粟特文明》，同样是关注了从草原到中亚的多族群发展的历史关系，从中考察来自西部和北部的非汉族因素的脉络。

因此，无论从中国出发，还是从草原出发，研究都应该建立在扎实的实证基础之上，而不是空洞的概念和高架的理论。本文前几部分的讨论旨在证明，满洲接受汉文化无论在被动或主动中，都会受到客观环境及其政治目的的制约，而且他们接受汉文化并将满文化带入中原都是不争的事实。

对于满洲人而言，他们在进入中原之后，必须也只能先完成文明的转换，即"汉化"，然后再回过头来考虑如何保持其满洲特性。所以，当"新清史"学者强调是内陆亚洲共性及其族群认同使得清朝的征服战争完成了"内亚帝国"的构建时，就自然对清朝自身与中原以农耕为主的汉文化融为一体、并以中国皇帝的身份号令四方的事实视而不见。清朝完成对边疆的统一，主要依靠的是中原强大一统国家的综合国力，以及对中原王朝行之已久的所谓宗藩体制的进一步改良。换言之，满洲人是先当了中国皇帝，完成了他们征服中原的第一个洪业之后，再以中国皇帝的能力去实现第二个洪业，就是完成对蒙古、新疆、西藏的统一。所以，自康熙、雍正到乾隆帝，他们都是以中国皇帝的身份地位被尊为可汗及佛的化身的。

综上所述，"内陆亚洲"转向，或者"政治形态中非汉族因素"的提出，并不等于"新清史"学者所强调的"内陆亚洲因素"足以左右清朝"大一统"政治和文化的格局。草原文化确实对满洲崛起产生了重要影响，这也并不等于清王朝存在结构性与主体性的"内亚因素"。满洲在进入辽沈后，在官僚体制中施行满汉复职制度，其内部的"汉文化"成分及其产生的作用不可低估，辽阔疆域版图内的农耕世界是清朝国家经济基础、赋税主要来源的事实更不容忽视。而从内亚研究的结果来看，来自蒙古世界的所谓"精华"，明显不如儒家的汉文化对清朝的影响更大。

作者简介

刘凤云，女，1952 年生，哈尔滨人。中国人民大学清史研究所教授、博士生导师，国家清史编纂委员会传记组专家。主要研究方向为政治制度与历史人物。出版《清代三藩研究》《吴三桂传》《明清城市空间的文化探悉》等专著。

也谈清史研究中的内陆亚洲因素

刘文鹏

近些年来，"内陆亚洲"一词在清史研究中非常活跃。美国印第安纳大学司徒琳教授在《世界史及清初中国的内亚因素》一文中认为，自1990年代中期以来，"内陆亚洲"是西方人研究清代中国历史的一个核心概念，它构成所谓"新清史"的理论基础：即汉化不是清代历史的主要演变趋势，满洲人在宗教、文化等方面充满了"内陆亚洲"地区民族的特色，他们所建立的清朝保持了鲜明的内陆亚洲特点，而不是汉化的特点，这使得满洲人更容易获得在内陆亚洲的认同，并取得那里诸多民族的支持，然后以此为基础实现对中国的统治，并建立一个强大的王朝。

所谓"内陆亚洲"，在地理上主要指西起伏尔加河，东至兴安岭之间的广阔区域。20世纪关注"内陆亚洲"这一概念比较早的是美国汉学家拉铁摩尔，他从经济发展的视角将长城沿线的边疆地区视为中国历史发展的"贮存地"，论证了这一地区与内地之间在经济上的互相依存性及密不可分的关系（《中国的内陆亚洲边疆》）。拉铁摩尔所理解的"内陆亚洲"包括了中国的内外蒙古、新疆、西藏、东北等长城以外的地区。

与拉铁摩尔不同的是，20世纪70年代哈佛大学著名学者傅礼初教授想引入一个世界史的概念，更倾向于把内陆亚洲看作世界历史的一部分，更倾向于探讨这一地区自身历史发展的规律，而不仅仅是作为中国历史的一部分（《清朝在亚洲腹地》）。在傅礼初看来，内陆亚洲由很多不同的地区组成，每个地区都有自己历史发展的动力和内在因素，但在16世纪到18世纪，欧亚大陆的各个地区，呈现出一种平行的整体史的发展规律。

傅礼初之后，20世纪90年代以后形成的"新清史"思潮，则把"内陆亚洲"当作一个基础概念。"新清史"的学者们抓住了过去在"大汉族主义"史观下，边疆民族历史被边缘化的缺陷，通过对诸多民族语言文字资料的研究，沿着傅礼初的路径，继续探索这些地区的满洲、蒙古、西藏等独特历史及其与汉人居住地在宗教、文化等方面的不同。由此，内陆亚洲从一个地理单元，转变成一个政治的、文化上的单位，拥有了完全不同于中原汉地的内在特质。在他们看来，大清王朝（或者说是大清帝国），是由内陆亚洲（Inner Asia）和内地（China Proper）两部分组成的，而王朝的建立者满洲人，自然会对内陆亚洲的特性有着巨大的天然亲和力和认同，而与汉人之间有着不可逾越的鸿沟。清代的理藩院等制度被认为是解决与内陆亚洲民族之间政治认同的关键措施，而他们对汉文化的接受与推崇，对汉人的笼络政策，则被解释为为政治统治服务的战略上的考量和手段，而非心甘情愿的主动变为汉人的"汉化"。这样思维的逻辑结果必然是：清朝的统治者只有获得在内陆亚洲地区的成功才能获得在中国的成功，或者说，在内陆亚洲的成功是清朝建立和强盛的基础和关键性因素。于是，一种以解构"汉化观"为目的的史学观念得以建立，对清代政治史的研究产生深远的影响。这种影响主要表现在，对清代中国东、南、西、北各个边疆地区的研究成为热点（柯娇燕《帝国边缘：中国近代初期的文化、民族和边疆》）；每个边疆地区都被作为一个区域史研究的对象，来探讨它们与"中国"以外地区内在的经济、文化联系，以及与中国的不同（包括艾玛·J·滕《台湾想象地理学：中国殖民时期的旅行文字和图片（1683—1895）》；劳拉·霍斯特勒《清朝的殖民事业：近代中国早期的民族志和制图学》；C. 帕特森·吉尔希《亚洲的边地：清代中国云南边疆的变迁》等）；清代诸多历史问题的研究都开始到"内陆亚洲"特性中寻找解释与答案。如美国学者狄宇宙将满洲人的成功入关解释为火器、白银、理藩院等具有世界性因素的结果。美国学者张勉治（Michael Chang）认为乾隆的南巡不是汉化的表现，而是为了展现满洲人忠诚、勇敢、敬业的内陆亚洲特性，是为了体现清朝满洲至上的国策，并受到满洲人在内陆亚洲地区建立霸权进程的影响。

然而，这些"新清史"著述忽略了一个更为重要的因素，即汉人在大清王朝中的作用，不管他们是有意还是无意，"汉人"，或者说一个人口占 95% 以上、掌握着经济和文化主导权的汉民族，无论如何也不应该在大清王朝历史的构建中显得无足轻重。我们不妨借助于所谓的"内陆亚洲"的视野，重新思考清代历史的几个问题。

一、清朝统一事业如何完成？

满洲人在入关前后的统一战争中，并没有领导全部的蒙古族，只是借助了东部蒙古族的力量，以此形成的满蒙联合力量非常有限，相反，借助汉人的力量，对满洲成功显得更加重要。美国伯克利加州大学魏斐德教授对此论述得非常清楚，没有八旗汉军的建立，满洲人便不能使用火器，无法在明清对峙的东北战场和入关后各地的战争中获胜。满蒙铁骑虽然勇猛，但在李自成军队把守的潼关下一筹莫展，直到汉军火炮到来，才击溃了对手的防御。而在从湖南向云贵进军过程中，满蒙军队更是损伤惨重，被李定国"两蹶名王"。顺治帝一度不得不把前线军队的统率权交给明朝降将洪承畴，让他"节制五省"满汉兵力，又经过近五年的筹备后，才得以顺利平定西南。

二十年后，当吴三桂叛乱于西南时，八旗满洲和八旗蒙古在战场上的表现仍然差强人意，清朝仍是更多的依靠汉人将领的忠诚和绿营兵的奋勇征战，才度过入主中原后最为严重的一场危机。

过多的实例不必一一列举，可以说清朝近三百年的统治中，每次严重危机的化解，都离不开汉人的身影。之所以产生这种情况，是因为虽然 17 世纪的满洲人与 13 世纪的蒙古人看上去都是在内陆亚洲，但前者的力量远远不如后者，即使它赢得了部分蒙古人的效忠，但还远远不足以在全中国范围内形成军事优势，没有汉人的加盟，他们的宏业难以想象。

所以，清朝统一宏业的完成，不仅依赖于满蒙之间的亲密关系，更主要依靠满汉之间的联盟。

二、清朝如何在内陆亚洲取得成功？

"新清史"的一个主要观点，认为清朝之所以能够建立一个庞大的帝国，主要得益于在内陆亚洲的成功，而不是以往认为的那样，是汉化的结果。

在没有一个明确的标准下，满洲人是否汉化姑且不论，现在的问题是有两个方面：第一、清朝在内陆亚洲地区获得成功了吗？第二、即使清朝在内陆亚洲获得了成功，其根本原因是什么？

首先，清朝在内陆亚洲的成功是一个动态的、长期逐步实现的过程，不是一蹴而就，而且是以成功入主中原为前提的。

从时间先后顺序上看，清朝在入主中原前，并没有真正征服内陆亚洲地区。虽然从努尔哈赤到皇太极一直在采取各种措施来构建满蒙联盟，但实际上真正和满洲人建立了联盟关系的只是东部的科尔沁蒙古各部。蒙古人分布的地域极其辽阔，各部落之间关系复杂，元代以后的蒙古并没有保持真正意义上的统一，而是各自为政，满洲与蒙古的联盟也只能是与其中一部分的联盟。皇太极时期的三次远征，虽然也确实击溃了蒙古最后一个大汗林丹汗，但那只是以察哈尔部为主的蒙古力量，漠北的喀尔喀蒙古和漠西的厄鲁特蒙古各部都还保存着强大的力量，他们将是满洲人在内陆亚洲地区争夺霸权的主要竞争者。尤其是厄鲁特蒙古各部，他们不仅实力强大，而且是藏传佛教忠实的拥护者。当满洲人忙于平定中国的战争、不惜一切代价和吴三桂等进行鏖战时，一个与格鲁派黄教联盟的准噶尔汗国势力迅速上升，他们征服南疆地区的穆斯林，击败西部的哈萨克，甚至阻挡了正在东进的俄国哥萨克骑兵，建立起在内陆亚洲地区的霸权。

清朝在入关之初，直到康熙平定三藩之乱后，仍远未取得在内陆亚洲边疆地区的成功。康熙十四年（1675）察哈尔部的布尔尼之乱，在一定程度上证明了满蒙联盟的脆弱性，也说明清朝在内陆亚洲地区的统治远未稳定和成功。从康熙到乾隆，三代皇帝用了近80年的时间才击败所有的蒙古人。在此期间，满洲人与汉人的联盟、清朝在内地的统治已经获得极大成功，甚至达到盛世局面。

其次，清朝在内陆亚洲成功的原因不仅在于满洲人自身与蒙古人接近的特性，更重要的在于获得了汉人的认同和支持。没有从中原、江南获得的巨大支持，清朝征服蒙古的战争是难以想象的，也不可能在内陆亚洲取得成功。

美国学者濮德培在《中国西进》一书中指出，清朝在康熙时期是在受到准噶尔部的威胁后才逐步卷入到与噶尔丹的交战中的，而且他的研究表明：对这场战争来说，后勤补给显得至关重要。深入漠北寻找准部主力决战的清军，在耗尽补给几乎陷入绝境的时候，遇到了噶尔丹的军队。濮德培认为，再晚些天，补给断绝的清军将不战自溃。而为了这一天，康熙帝从 1690 年就开始，用了六年时间做准备，通过内蒙古的五路驿站，将后勤补给源源不断地送到前线，来支撑这场战争。

雍正时期的十三年，清朝一直秘密筹备在西北与准部的决战，这也是军机处成立的最初目的。但雍正帝到底为筹备西北战事花了多少钱，耗费了多少物力、人力，到现在还是个谜。乾隆时期清朝击败准部、回部的战争共花费了 1000 多万两银子，乾隆帝在谈到这个问题时曾表示，这种财政支出与雍正时期在西北地区的耗费相比，节省多了。幸运的是，乾隆赢得了战争，而雍正时期清朝败绩累累。

所以，与 13 世纪蒙古人席卷亚欧大陆的征服战争不同，满洲人的战争是靠其不断扩大的联盟来获胜的。战争的长期性、巨大耗费，决定了清朝只有在平定了中国南方各地的敌对势力、取得了统治权后，在有了一个坚实的满汉联盟以及由此而来的充裕的财政支持后，才有能力展开和准噶尔争夺内陆亚洲霸权的战争。美国学者张勉治在研究乾隆帝南巡时，指出前三次南巡都有西北战事的背景，同时皇帝在南方获得诸多盐商的资金报效，这些资金被用于西北战事。在整个 18 世纪，清朝从内地获得的资金，仅捐纳一项就达 1000 万两。没有这种强大的经济支持，清朝在内陆亚洲的成功难以想象。

所以，与汉人联盟，有内地的支持，是清朝获得在内陆亚洲边疆地区成功最关键因素。

三、"内陆亚洲"是一个统一的政治概念吗？

由上述内容可以看出，从拉铁摩尔到傅礼初，到"新清史"的各位代表，"内陆亚洲"并不是一个统一的概念，包括它的地理范围也各有说法。与之相关的概念还有"亚洲腹地""中亚""中央欧亚""阿尔泰地区"等，仅从这些概念上的分歧我们就可以看出这个地域历史文化的复杂性。

实际上，并不存在一个有确切政治意义上的"内陆亚洲"，美国学者罗友枝等人强调的内陆亚洲特性，主要着眼于这些民族的宗教、文化，这是这些民族获得政治认同的基础，就像乾隆帝被视为很多象征：满蒙的大汗、藏传佛教的活佛、汉人的皇帝等等，他甚至还在平定回部后娶了一位和卓家族的女子作妃子，希望以此获得维族人的认同。这个例子说明，并不存在一个统一的"内陆亚洲"，满、蒙古、藏、维吾尔，甚至哈萨克、布鲁特等，都有各自的宗教、文化和价值取向，满洲人甚至不能取得所有蒙古人的认同。

"新清史"的学者也努力构建一个具有独特意识形态的满洲形象，这种意识形态具有强烈的内陆亚洲特性，完全不同于汉人的儒家文化。然而，满洲人有什么东西可以被视为意识形态呢？是像罗友枝所说的满洲礼仪、萨满教、藏传佛教？还是张勉治所说的"勤政""忠诚""勇敢""满洲至上"？我们知道，满洲人最大的优点就在于善于学习和利用，他们总是通过很勤奋地学习，掌握其他民族的思想精华，在每个民族的信仰中占据制高点。

所以，"内陆亚洲"并非一个统一的政治概念，内陆亚洲的各个民族也没有统一的特性和价值取向，"新清史"学者在对

"内陆亚洲"概念使用上存在"泛政治化"的主观臆断倾向。

"内陆亚洲"的视野非常有利于我们深入审视边疆地区各民族的特点及其在中国历史上的作用，并能够更加全方位地理解各个民族的历史，有利于我们打破"大汉族主义"史观的局限。然而汉人也是中国历史的主体力量，这种客观史实当然不能被忽略。中国边疆各个民族与汉族之间是一种既互相矛盾又互相依存的关系，并没有一个不可逾越的鸿沟，更不是截然对立的，他们之间那种跌宕起伏、英雄史诗般的历史，是中国历史最美丽的一部分。

作者简介

刘文鹏，1972生，河北宁晋人。历史学博士，中国人民大学清史研究所教授，主要研究方向为中国古代政治史。出版《清代驿传及其与疆域形成关系之研究》等专著。

《嘉峪关外》是一部什么样的书？

——评"新清史"几个观点

李治亭

美国乔治城大学历史系教授米华健是美国"新清史"代表人物之一。其著作《嘉峪关外：1759—1864 年新疆的经济、民族和清帝国》，于 2006 年由国家清史编纂委员会印作"内部资料"，专为纂修清史做参考使用。2017 年，该书中文版由香港中文大学出版社印行，其前言称："这是一本'新清史'的经典之作，开创了清帝国边疆研究的先河。"对于该书存在的问题，本文仅摘取几个观点，稍加剖析。

一、清朝是"帝国主义"吗？

19 世纪末 20 世纪初，世界主要资本主义国家进入帝国主义阶段，这些国家是英、法、德、美、意、日、俄等国。列宁把它称为"垂死的资本主义"，它们具有帝国主义的共同特征：它们对本国无产阶级及其他劳动人民经济上残酷压榨、政治上剥夺自由；其对外尤为疯狂，大量输出资本，掠夺他国资源；大肆向外扩张，抢占殖民地、瓜分世界，划分势力范围；穷兵黩武，发动侵略战争，夺取弱国领土，帝国主义国家间相互争夺，终于两度引爆世界大战，把世界人民推入战火之中。关于对帝国主义的认识与定位，从学术界到社会各界，已成共识，没有疑议。同样一个共识是：没有人会认为清朝中国是"帝国主义"。

《嘉峪关外》一书却改变以往人们对"帝国主义"的固有概念，重新界定，"我的主要目标是要理解清朝……在新疆发展了清帝国主义。因此，我们断续考察'清帝国主义'，不再对帝国主义现有的定义作进一步辩论"。他的意思是说，不论以往对"帝国主义"怎样定义，他认为清朝中国为"清帝国主义"。他甚至声称："我相信那里存在一个帝国，而且一定是帝国主义的帝国。"

米华健把清朝认定为"帝国主义的帝国"，理由是："清朝明显具有帝国概念的大多数特征：巨大的领土、强大的中央集权、官僚管理机构、正规的普救制度、拥有一切权力的政治结构中所含有的多元文化和政治地域。"按照这些特征，与清朝同时代的诸如英、法、德等国不是帝国主义，唯有清朝才是。

我们所说的帝国主义，与米华健的所谓"帝国主义"，有着本质的不同。帝国主义是指 19 世纪末 20 世纪初世界资本主义发展的一个特殊阶段。与此同时，清朝的中国基本上既无近代化，亦无工业化，还处在一个封闭的、生产力落后的农业自给自足阶段，与资本主义相距遥远。更有甚者，米华健竟然说"近代中国是一部帝国主义的重写本"，换言之，就是帝国主义史。近代中国明明是被西方包括日本帝国主义野蛮侵略与奴役，从第一、二次鸦片战争，到中法战争、中日甲午战争、八国联军侵华……，列强又威迫中国签定了诸多不平等条约，掠取中国难以计数的各种权益与无尽的财富，真是罄竹难书。米华健对中国近代所遭受的苦难只字不提，却把近代中国诬为"帝国主义"，有违史实。

二、边疆不属于清朝吗？

《嘉峪关外》是研究 18 世纪中叶到 19 世纪下半叶清朝与新疆地区相互关系的历史，实际是研究这百年新疆地区史。作为一部学术著作，米华健背离通行的学术法则，将学术引入政治，引进现实的国与国之间的关系，将矛头直接指向中华人民共和国。他在本书的《导言》中毫不掩饰地表明了他的政治立场："纯种'中国人'和现在的中华人民共和国认为：新疆和西藏自古都是'中国的'。这恰好是意识形态和历史诡辩的两个例子。"在米华健看来，新疆、西藏等地是中国用"意识形态"与"学术诡辩"等手段，掠为国家领土。换言之，不承认新疆、西藏等边疆自古以来即属于中国固有领土的事实。

世界诸国疆域的最后形成是一个或长或短的历史过程，这中间疆域或扩大或缩小，也难免发生变化。中国疆域的演变，更为复杂，但也是明确的。从尧舜时代的九州、十二州之划分，为中国疆域的初始时期。历夏、商、周至秦，中国早期疆域形成，构成未来中国疆域的基础。应当指出，秦时已把南方地区如今之广西、广东、云南等大部收入版图之内，惟西北、北部及东北部分地区为胡人亦即匈奴所领有，与农耕民族即华夏族争战不已，以致秦始皇筑长城，限华夷，将游牧民族限隔在长城以外。

至汉兴，这种情况才有了更大的变化；遣使通西域，遂使西域各民族归向汉朝，进入汉朝的疆域。这个"西域"其范围远比今之新疆地区更广大。西域之名，为其后历代所沿用，即使改用新名，也不时以"西域"称之。汉以后，西域地区或为强族崛起，与中原王朝不时发生战争；或中原王朝衰弱，失于控制，致其双方关系失联，中断一段时间。但总的情况是：西域—新疆隶属中央王朝却从未改变。直到清初，西域诸部纷纷归附，接受清朝皇帝赐封。康熙时，始有厄鲁特蒙古及准部割据势力向清朝挑战，皆被清军一一消除，历雍正至乾隆初始将割据势力根除，于二十七年（1762），以伊犁为"新疆都会"，仿东北地区建置，设"总管伊犁等处将军"，管理这一广大地区军政庶务。在新疆南部地区，即天山以南，称"回疆"，以"伯克制"管理当地。"伯克"为"长官"之意，原为当地回人世袭制，现改为由朝廷任命，隶属伊犁将军管辖。

至于西藏地区，与中原王朝早有政治关系，唐初文成公主远嫁西藏松赞干布，是汉藏关系史上的一段佳话。至元代正式归属中国疆土，历明至清，受赐封，派大臣驻守。清继承前朝，西藏无可争议地当然属于清之疆域的组成部分。

有关新疆、西藏收入中国古代疆域版图的记录，详载于中国二十四史，此外在《明实录》《清实录》及《大清一统志》等都有原始记录。还有清代绘有多种包括新疆、西藏等舆地图，也明载其地归属中国版图。

新疆、西藏可以用"自古"就属于中国的一部分来说明。这些地区是在中国疆域演变过程中相聚进入"中国"，成为汉以后历代王朝统治体系中的组成部分。中华人民共和国所领有的疆土，包括新疆、西藏，不过是对中国遗产的合法继承，换言之，就是对清—民国疆域的继承。根本无须如米华健所声称的要以"意识形态"与"学术诡辩"来为自己所领有的疆土做辩护。

三、严重的政治后果不容忽略

《嘉峪关外》专题研究清代新疆，将研究时限设定在 1759 年至 1864 年，共百余年。如改换成清帝纪年，应是乾隆二十四年至同治三年。这是两个重要年代，前者为乾隆帝平定南疆回部霍集占之乱。始自康熙二十八年（1687）噶尔丹之乱，历雍正朝，至乾隆二十四年，清朝先后扑灭噶尔丹策零、阿睦尔撒纳、达瓦齐等不断发动的叛乱，平定南疆回部，至此统一全疆。乾隆二十七年在新疆地区全面设治，开创新疆历史的新纪元。至于同治三年，其重要之处，是年太平天国灭亡，称之为"同治中兴"。作者就在这两个年代之间的百余年展开对新疆历史主要是对清朝在新疆的实践活动的研究。

此书写作意图有二：其一，米华健力图论证清朝是不折不扣的"帝国主义"，其实践表现为对新疆的"大规模武装侵略""对准噶尔的征服和对南疆的吞并"，"通过对新疆的征服和占领，并确立了对蒙古的控制……"，"强化了它在西藏的地位"。米华健称："我的主要目标是要理解清朝根据新疆的情况在新疆发展了清帝国主义。"不仅如此，他还进一步指责清朝在新疆搞"殖民主义"，"即指在新疆实际建立的既包括农业，也包括商业的汉族移民定居点"。总之，清朝在新疆的用兵，就是侵略、扩张、征服、吞并；在新疆的经济活动、商业活动，以及汉族向这里移民，统统是"殖民主义"。这也是米华健所称"近代中国是一部帝国主义重写本"的重要依据。

其二，证明新疆等边疆地区是不属于中国的独立的经济文化实体，故清对新疆的用兵与经济等活动，就是非法的侵略行径，亦即实行"帝国主义"的政策。

"新清史"的另一个代表人物罗友枝表述了同一观点，她写道："清朝除开继承了明朝的领土之外，还开拓了大片疆土，那些土地和土地上的人民基本上没有长期被汉族王朝统治过，他们也未曾接受过任何儒家的思想和文化。"（《历史学评论》第1卷）她所说的"那些土地"，是直指中国的边疆地区从来就不属于中国，儒家思想文化也从来不曾进入边疆地区，边疆与中国华夏文化不发生任何关系。

《嘉峪关外》一书想证明罗友枝的观点，米华健用大量文字来描述从清初到清中后期的军事活动与经济活动，包括内地商人进入新疆、大批民众从内地来此垦荒，又从事其他活动等等，这在该书作者看来，都是经济"渗透""殖民""掠夺""侵略"。甚至追述汉唐等王朝如何向西域"扩张"，又如何衰弱。同时又详解西域各族人民为其"独立"而不断地与中央王朝展开斗争，阐述他们的经济、文化、政治诉求，揭露清朝在新疆的种种"殖民"活动。作者认为嘉峪关外的新疆"是一个被清帝国主义重新塑造的世界"。

我们同该书作者的根本分歧就在于，清朝在新疆的一切活动，都是在中国的固有领土上进行的，皆属一国主权行为，如，用兵新疆是国家的统一；镇压噶尔丹等数十年之乱是维护国家一统，消除割据势力的破坏，完全合法合理，有利于国家的安全与发展。清朝在新疆实行的各项政策，以及内地商人入疆从事商业活动，是国家行使主权的行为。其政策与做法是否合适，可以鉴别，但不可否认清朝的国家主权。这些基本认识，古已有之，而至今日，尤为清楚。

米华健等"新清史"学者，完全颠覆中国古今传统而不易之论，连中国几千年，特别是近二三百年来的历史事实也不予承认，伪造历史、另立谬说，全面更改新疆、西藏、蒙古的历史进程，尤其切断这些边疆地区与中央王朝的天然联系，想从中国疆域中把他们分割出去。

毋庸讳言，近年来在新疆、西藏的一小股分裂势力，鼓吹"独立"，寻机闹事。不论米华健出于何种动机，他的论证无疑给这些分裂分子提供了"历史依据"，供给思想武器，助长他们的分裂活动。此论，危害在此。

综观《嘉峪关外》，其错谬观点远不止上列几点。该书除提供可资利用的少量资料外，并无可取之处。质言之，这是一部十分有害的书，我们理所应当地予以拒绝。

"新清史"对"汉化"的又一说

——柯娇燕《孤军》读后

刘姗姗

　　柯娇燕（Pamela Kyle Crossley），美国常春藤院校达特茅斯学院历史系教授，为美国"新清史"学人群体的代表之一，撰写了《孤军：满人一家三代与清帝国的终结》（下文简称"《孤军》"）《晦昧之鉴：清帝国意识形态中的"历史"与"身份"》等作品。她在美国学术界的影响力较大，也颇富争议。

　　《孤军》是柯娇燕的早期成名作，也是重要代表作之一；甫一问世，便在美国学术界引起不小的轰动。其英文原作最早出版于 1990 年，于 2016 年被译为中文，使其在中国影响更为广泛。由于美国"新清史"热议频生、争鸣不止，全面而深入地了解《孤军》一书十分必要。

一、考察族群认同轨迹

　　阐释"族群"与解构"汉化"是柯娇燕写作《孤军》一书的两个重要目的，其中关于"族群认同"的讨论更是书中主线。本书分作两个部分，第一部分描述了清朝前期国家权力控制下的族群构建情况；第二部分则通过阐述生活在清后期一家三代人观成、凤瑞、金梁，揭示其族群认同过程。在时间划分上，书中揭示的清代满人族群认同至少经历了四个重要阶段。

第一阶段是在清朝入关之前，努尔哈齐、皇太极时代宣称，被吞并的与其氏族相关联的军事追随者，都被平等地视为"满洲人"。在这一时期满人身份更直接地与军事、地理范围以及满人先祖们在社会组织与文化基调上的相似面有关。

第二阶段是在入关以后。作者描述了入关后的氏族成为政治、文化上的象征符号，以此区别于入关之前。然而氏族也对当时政体改组为帝国产生羁绊，清除残余的氏族因素在雍正时期被重视起来，继而通过一系列如编纂宗谱的政治手段，满人生活中诸多传统自治因素受到打压，其自我认同空间逐渐缩小，也由此造成乾隆时期满人文化上的困境。

第三阶段则以乾隆时期对族群的构建为代表。1755 年（乾隆二十年）后，新疆平定，"随着帝国领土拓展的终结，大规模的人口迁徙停止，满人就此进入空前的稳定时期"。但随之而来却是旗人身份认同的困境。18 世纪中叶，旗人中新兴的文化与社会多样性，使乾隆帝采取"保守的、复古主义的"措施，通过出版《八旗通志》《八旗满洲氏族通谱》等书，逐渐控制、引导满人的种族以及文化认同。在柯娇燕看来，乾隆帝是致力于构建一个真正的"满洲性"，而作为"满洲性"重要标准的语言、宗教等文化因素被族谱之类政治构建方式所代替。此为《孤军》着力描述的满洲族群认同的一个阶段。

第四阶段发生在 19 世纪。面对八旗经济危机、太平天国等外部压力，从 17 世纪到 19 世纪，清朝开国重臣费英东这一脉的苏完瓜尔佳氏在杭州的历史舞台上扮演了重要角色。其后人观成、凤瑞、金梁三代深受中国儒家文化影响，入关前后满人在社会、文化、生活各方面均受到政治、军事制度的冲击，但氏族谱系却从未消失，无论是观成还是凤瑞、金梁都从他们先祖的事迹中感受到无限荣光。满人身份认同虽经历从外在形塑到内在认同之过程，但这两者并不是完全隔绝的，满人正是利用一切可用的历史资源，为自己的族群身份进行多方强调，他们也始终保持着与满人群体的紧密联系。观成出生时，其父年迈得子，他的到来无疑给这个家族带来了希望。然而在嘉庆时期，已步入成年的观成也面临一个困境，那就是旗人经济日渐窘迫。与此同时他逐渐进入了贵族群体中，因能参加名流社交可为自己招揽些刻书生意而维持生计。凤瑞成年后，帮助照看其父观成的刻书生意，但是随着太平军的攻入，很快其家族就在这场混乱中受创惨重。凤瑞选择保留满人身份，在经过太平军战争之后，这成为了他的一个选择性难题。其子金梁与汉人交往十分密切，并与章炳麟结下终生友谊，尽管后者是个激进的"排满"分子。正是由于20世纪初的民族主义革命，金梁学习到许多新的概念，包括"民族"一词，这也是他重新反思自己身份的关键。

在观成、凤瑞、金梁这三代人身上我们看到，随着身份认同外在形塑力量的衰落，他们对其历史和文化的自觉认知、践行在自我认同方面表现明显。也借此证明，一个人的文化符号往往是复杂的，无论观成等三代人身上满洲特征或汉化特征哪个更为明显，文化选择并不能决定族群的自我认同。这便是在柯娇燕看来"汉化"已经无法客观阐释清朝历史的重要原因。

二、对"汉化"的解构

1967年，美国华裔学者何炳棣在美国亚洲研究学会的年会上提交《清代在中国历史上的重要性》一文，指出清朝成功正是由于满族统治者采取了一系列汉化政策。此后，1996年，美国学者罗友枝在年会上发表了《再观清代：清代在中国历史上的重要性》，认为随着非汉文尤其是满文档案越来越频繁地利用，可以得出清朝的成功与何炳棣的满族汉化观点恰恰相反的结论。对此，何炳棣又于1997年发表了题为《有关汉化问题的再思考》一文，对罗友枝的观点进行驳斥，继续强调满洲汉化对清朝成功的重要作用。何、罗二人围绕满族是否汉化以及清朝统治是否存在一个满洲因素等进行了长期争论，在中、美学界都引发较为深远的影响，也由此为"新清史"出现埋下伏笔。

在中国学者解读"新清史"的大部分学术论著中，对"新清史"反对"汉化"说的批评异常激烈，但在对"新清史"的"汉化"观进行批判之前，必须清楚"新清史"学人对"汉化"概念的理解。罗友枝与何炳棣的那场争论，至今看来依然蕴藏一种各说各理的味道。在几年前笔者对柯娇燕的一次访谈中，她明确提出："汉化"是我认为在中国学者里讨论最不清晰的一项。在我的书中，首先对"汉化"进行批评的是《孤军》。这些批评是特别针对美国学者费正清以及芮玛丽的历史分析的，其中反对的一种历史解释就是"汉化"。费正清和芮玛丽曾经使用此术语来形容一整套概念，但这其中实有不合逻辑之处。

这也成为笔者进一步考察柯娇燕对"汉化"态度的根本缘由，并延伸至她对"文化"在清政府运作过程中作用的看法。《孤军》可以说正是柯娇燕思想最清晰的表达。在导言中，作者即指出在金梁的家乡杭州，岳飞因被奉为英雄和神祇而备受敬仰，并且金梁在童年时，即坚信自己是岳飞转世。可见在金梁成长的环境里，文化是极其复杂的，作者也认识到汉文化对金梁产生的深刻影响。然而作者同时指出，"实际上，在金梁出生前的一个半世纪里，清廷便不断地提升对岳飞的膜拜……18世纪中叶，清廷已决意超越文化上是忠汉还是忠金的狭隘性，而强调忠诚的绝对价值"，文化在多大层面上对族群认同起到决定性作用，这个时候已经并不重要，重要的是清朝的文化必然是多元的，无论是汉文化抑或满洲文化，在柯娇燕眼中都是在为清朝的形成、统治而服务，换句话说，文化是服务于"帝国"与"皇权"的。在柯娇燕看来无论是汉化还是满洲文化构建，都不过是一个多元国家文化的注脚，"在清朝统治者构建的天下秩序观里，'满洲'或者'中国'是没有任何意义的"。最为重要的是，在柯娇燕看来，实现偌大一个帝国的真正原因来自军事征服，而非汉文化的魅力所致。因此，柯娇燕认为，文化既不能决定一个人的族群，也无法超越或代替军事功能。

由此可知，《孤军》一书虽主要是对观成、凤瑞、金梁一家三代满人身份认同过程的讨论，但其实却延伸出一个关于文化功能的话题。如其认为乾隆帝对满洲"种族"的建构既是对历史资源的选择，也是对文化功能的选择。美国"新清史"学人欧立德的具有"种族"特征的骑射文化描述在柯娇燕看来，实际上只是有助于"帝国征服"才被选择，并不能算作真正的"满洲特征"。

在本书的最后，作者再次指出："满人的'汉化'被作为事实加以接收，但对于'汉化'概念本身，或是清朝后期满人现实中的种种情形，都少有探讨……且不说未能分辨出'同化'和'涵化'之间具有很大的差异，'汉化'一词亦忽略了自我认同这一重要维度。"并且"'汉化'一词的持续使用阻碍了对清代政治和文化发展的诸多探讨"。

三、结论

总而言之，柯娇燕此书有较大的研究价值，是我们研究"新清史"的重要读物。柯娇燕语言天赋很高，她的作品在美国学界也常被认为用词生僻，需要较强的逻辑以及抽象思维能力方能理解。虽然欧立德等人对书中史实或资料解读谬误之处提出看法，但并未影响它在美国清史学界的地位。

目前中国学术界对"新清史"的理解大多还停留在欧立德等人的"满洲特性论"上，容易使我们忽略其他"新清史"学人的学术研究。柯娇燕认为自己不同于欧立德等"阿尔泰学派"，亦不同意用"阿尔泰学派"的观点来研究清史问题。她试图站在更加宏观的"帝国"视角，将文化功能予以一一解构。鉴于这种差异性，她也因此否认自己属于"新清史"，而这一切都缘于她对文化功能的深入研究。因此，对柯娇燕的学术理论做进一步探讨，不仅可以更好地认识"新清史"，也能够更加全面地了解美国学者学术研究的传统，以求知己知彼，进而在与之进行学术讨论时做到有理有据。

作者简介

刘姗姗，女，1985年生，安徽人。中国社会科学院中国边疆研究所博士后，主要研究中西关系史、边疆史地。

清末民初"国家构建"问题再阐释

刘 文 鹏

　　研究晚清史会面对一个非常重要的问题：当清朝结束民国初建时，多民族国家的统一是如何延续的。清朝建立起来的将满、汉、蒙古、藏等主要民族融入到国家之中的政治框架，为何没有随着清朝的结束而崩溃？在革命史观下，民国建立是革命的结果，清帝发布诏书退位，不过是革命形势使然而已，诏书的作用有限。另外，很久以来，这也是"新清史"学者特别关注的问题，罗友枝等从族群认同的视角出发，本着"去国家层面的叙事"，认为清朝皇帝致力于保持满族特性，并依赖在内亚边疆地区推行灵活的文化政策，来获得蒙古、藏族的认同与效忠，这与在近代民族主义之下产生的中华民国有质的不同。因此，蒙古、藏族上层"对清帝国的忠诚并不等同于对于新成立的中华民国的忠诚"（罗友枝《再观清代：论清代在中国历史上的重要性》），这是"新清史"所谓"清朝不等于中国"这一代表性观点的代表性表述。也就是说，"新清史"认为从清朝到民国并不存在历史的延续性。然而，近些年来，法律史学者对清帝逊位诏书在从清朝到民国合法性延续方面的作用给予了更多的关注与思考，他们研究这份退位诏书的出台过程与其在政权合法性传递上的意义，特别是它在安抚蒙古、西藏地区上层势力、使他们由谋求独立到赞成共和过程中的重要作用。以退位诏书为标志的“大妥协”不但极具世界史意义，也包含着从清朝到民国的深刻的历史延续性。

人们对历史认知的局限性往往囿于观察历史的视角，更换视角会提升对历史客观性的认知程度。对于清末民初政治转型这样一个重大历史问题，除了以上几种叙事模式，不妨借助政治史学界“国家构建”的理论，从关注政府主动性的角度，再做一番观察。

自 20 世纪 70 年代以来，“国家构建”（state building）作为一种视野和方法，对于打破社会史一统天下的格局起到重要作用，极大推动了欧美政治史的研究。几代政治史学家从西达·斯考切波（Theda Skocpol）到塞缪尔·亨廷顿（Samuel Phillips Huntington），再到查尔斯·蒂利（Charles Tilly）和弗朗西斯·福山（Francis Fukuyama），更加关注国家能力提升、政府力量强化在历史发展与社会变革中的主动性作用。这种理论提醒我们，对一个国家历史的阐释，需要超越族群认同问题，更多关注国家政治构架在容纳不同族群的包容性方面的能力。当这种理论被运用到清朝历史的观察上，会发现相对于族群认同而言，对清朝来说，维护多民族统一格局更为关键的，是其在政治、军事政策制定与制度动态调整方面的主动性。清朝从建立开始，便一直处于“国家构建”的过程之中。通过不断调整其以皇帝为核心的政治框架，在保证国家整体利益的同时，也为各族群利益提供保障，由此获得他们对清朝的效忠。我们不妨对此做个简单回顾。

现在很多研究表明，在清初崇德年间，满人政权性质从部族走向国家的趋势已经非常明显。但相对皇权强化、国家制度的创建而言，解决根深蒂固的八旗私属性质问题是这一趋势中最大的障碍，而接受汉文化并用于国家制度建设则是推动这一趋势的关键所在。皇太极上台以后，强调坚持满族文化的同时，一直试图建立一套与努尔哈齐时代不同的政治体制，对八旗制度改造并建立八旗蒙古和八旗汉军；变革旗主制度，通过改革封爵制度，把宗室贵族与异姓功臣的利益来源从八旗部属私属性质转移到制度化的封赏、进阶体制下；通过建立六部制度将国家政务从旗主政治中剥离出来；还通过仿效汉人，完善礼制，以凸显皇帝的地位。贯穿其中的一个核心理念是通过接受和利用汉人文化与制度，尽量去除满族本身的内亚特点，这成为弱化八旗旗主私权，扩大国家公权的主要途径。清朝在入关前后的很多活动，都围绕这个核心理念展开。以"皇帝"一词的使用为例，崇德年间在指代君主的场合中，汉语的"皇帝"和满语的"汗"以及蒙古语的"可汗"大体处于平行的地位，暂时尚不能看出皇帝明显高于汗的迹象。然而自从入关以后，皇帝一词在地位和重要性上逐渐开始凌驾于汗之上。又如，八旗私属性质在很大程度上决定后金与清政权的经济分配原则，大汗、皇帝作为一旗之主，在这方面并不具有优势。所以，皇太极时期清朝入关掳掠明朝的规模和频率都大大超越努尔哈齐时期，因为唯有如此，皇帝与国家才能掌握更多的财富进行利益分配，才能更好地维系封爵制度，弱化旗主地位，改变皇帝以一旗旗主的身份仰食各旗的状况。这一政治理念为后来的多尔衮等人继承，其终极目标是对农业区稳定的赋税体制的掌控。从这个角度讲，入主中原是清朝进行国家构建的必然选择。

清朝进行国家构建的第二个关键阶段是康熙、雍正、乾隆时期。这一时期，清朝逐渐将内亚边疆地区蒙古、西藏、新疆等地纳入版图，标志着清朝的大一统事业走向顶峰。中国学者常把理藩院体制视为一种"因俗而治"的羁縻统治，"新清史"则谓之为清朝在内亚边疆地区实行殖民统治的机构，其主要根据是清朝通过代理人来实现对这些广大地区的治理，实行大规模汉人移民等。但笔者以为，理藩院体制并不具备西方殖民主义的那种经济掠夺、组织大规模移民的功能，也不能代表清朝边疆管理制度的全部。清朝至少在雍乾之际已经开始密集地、大规模地在蒙古、新疆地区派驻将军、大臣，并以新疆平定、伊犁将军军府体制的设置达到高潮。这些驻防将军大臣位高权重，直属军机处统辖，直接对皇帝负责，其管理边疆地区的权力也已经渗透到边疆地区基层事务的方方面面。这与康熙时期通过理藩院进行管理的"羁縻"方式大相径庭，与"新清史"学者所谓殖民地管理的代理人制度亦完全不同。现在看来，这种边疆管理体制的变化，是清朝为适应疆域、族群扩大而采取的强化国家制度、推进国家构建的措施。在这种体制下，中央对边疆地区管理不仅没有松弛，反而更加直接、紧凑。它甚至反作用于中央机构的调整，军机处的产生及其职能的逐渐定型，在很大程度上也是以为适应西北内亚边疆的战争和管理为背景的。后来军机处权力能够扩张到所有军政要务，也是以对内亚边疆军政、人事事务的管理为开端和路径的。而且，这种体制也并非与近代新疆建省的制度完全脱节，龚自珍在《西域置行省议》所谓新疆建省的政论，便是完全以以往驻防体制为基础的。后世学者不能因为推崇行省制度，而否认乾隆时代清朝在内亚边疆管理体制的合理性，应该看到两者之间前后相继的关系。因此，把在大清王朝的领土中占一半面积的内亚边疆地区纳入国家构建体系，是康乾时代留给后人最大的政治遗产。

及至晚清到清末，清朝虽然经历了很多割地赔款、丧失主权的屈辱，但大一统的格局得以保持。而且，清朝从未放弃把近代化的大量成果用于对内亚边疆地区稳定的维护上，左宗棠西征非常有力地证明了这一点。这也印证了美国著名的内亚史、清史专家傅礼初所说，除了对外关系和人口翻倍，能否对内亚边疆地区进行有效管辖，是影响中国近代化历程的三种重要因素之一。这个问题的重要性在民国初年的国家构建中得到了充分体现。

清末民初，当清朝统治趋于瓦解之时，蒙古、西藏地方也表现出一定的分离倾向，如外蒙古寻求独立，西藏达赖喇嘛等也开始接触俄国人，但初建的民国北京政府，采取一系列应对措施，终于度过危机，保证了国家领土的完整性。具体而言，包括以下主要措施：

一是怀柔蒙古、西藏、新疆民族上层，明确颁布《待遇蒙藏条例》，通过劝谕、册封、厚给利益等手段，缓和了他们与中央政府的关系。二是通过设立专门机构加强对蒙古、西藏等边疆事务的管理。三是通过立法确定蒙古、西藏等边疆地方的法律地位。1914 年，中华民国召开约法会议期间，蒙藏联合会向会议提出，将《待遇蒙藏条例》的主要内容写入约法中。他们的意见受到民国政府高度重视，以此列为《中华民国约法》的第 64 条、65 条。"中华民国元年三月十二日所宣布之满、蒙、回、藏各民族待遇条件，永不变更其效力"。同时，蒙古、西藏、新疆各地在民国的国会中也有自己的议员名额。

从民国初年立法活动内容来看，当初清帝逊位时所颁布之诏书并不是一个孤立的文件，它不但是当时各方势力博弈的结果，在很大程度上也影响着后来民国宪法的制定。现在看来，它在维系蒙古、藏族对民国认同方面的作用远远大于它对皇室利益的保证。对于民国政府来说，新一轮国家构建不仅表现为宪法制定、国会制度、总统制度、内阁制度等现代国家制度的初建，还要在这些新的国家制度中为内亚边疆地区各民族留下足够多的政治空间。蒙古、西藏地区的领袖人物通过提请将《待遇蒙藏条例》写入《中华民国约法》，在中华民国的政治体制中重新找到各自地位，构成他们放弃独立倾向、认同并留在中国之中的重要原因。与清代一样，中国政治体制对多民族的包容性再次发挥出独到的功能。至少有一个事实可以认定，尽管外蒙古自清末以后一直寻求独立，但直到苏联的介入压力下，外蒙古才真正实现从中国的脱离。因此，对从清末到袁世凯时期，再到蒋介石时代的国家政权来说，维护多民族统一格局最大的阻力应该是来自于国外列强势力的介入，而非来自政权内部的族群认同或民族主义问题。而这一史实暴露了民族主义革命叙事逻辑的主观性。

很多学者对于清末民初的国家构建，常常归入所谓传统国家向现代国家转变的范畴，然而从民国初年蒙古、西藏地区认同中国并留在中国政权之内的过程来看，并不存在一个传统——现代的突变，中华民国在国家构建中仍然延续了清代以来优礼蒙古、西藏上层以稳定内亚边疆的政策。从清帝退位的优待政策，到中华民国约法的制定，都充分考虑了内亚边疆地区在国家构建中的重要地位。因此，从清朝到民国初年，国家构建是一个动态过程，动态的调整使清朝的政治体制在容纳不同族群方面具有弹性，使得不同族群都能够获得各自的利益。清朝所依赖的是政治制度的调适，民国政府在1912—1914年之间的及时作为也是通过制度保障来化解危机的。所以，并非"新清史"所谓族群认同，而是政治制度的包容性，以及由此形成的对中国国家的认同，才是清至民国维系国家大一统的关键所在。

后　记

　　清史纂修工作自 2002 年启动以来，一大批新的科研成果相继产生。为发挥清史纂修在资政襄政等方面的作用，我们从 2006 年 7 月开始编发内部资料《清史参考》（周刊），择要刊登在清史纂修和研究工作中形成的部分科研成果。其内容包括典章源流、名人史事、资料考证、学术争鸣等，力求如实反映清代的政治、经济、文化、社会等各方面情况，为有关部门和领导同志提供参考。

　　2008 年，我们将已刊发的《清史参考》结集出版，取"以史为鉴"之意，定名为《清史镜鉴》。之后每年一编，先后出版了《清史镜鉴》的前十一辑。现将 2018 年的《清史参考》合刊为《清史镜鉴》第十二辑。我们将所收文章进行了分类，对文中的生僻字词酌加注释，并重新校订了原文。

　　《清史参考》编发十二年来，得到了许多读者的关心指点，也得到各地清史专家的大力支持，值此《清史镜鉴》第十二辑出版之际，谨表示衷心的感谢！

国家清史编纂委员会

文化和旅游部清史纂修与研究中心

2019 年 1 月